2025年度版

青森県の国語科

過去問

協同教育研究会 編

協同出版

本書には，青森県の教員採用試験の過去問題を収録しています。各問題ごとに，以下のように5段階表記で，難易度，頻出度を示しています。

難　易　度

非常に難しい　☆☆☆☆☆
やや難しい　☆☆☆☆
普通の難易度　☆☆☆
やや易しい　☆☆
非常に易しい　☆

頻　出　度

◎　ほとんど出題されない
◎◎　あまり出題されない
◎◎◎　普通の頻出度
◎◎◎◎　よく出題される
◎◎◎◎◎　非常によく出題される

※本書の過去問題における資料，法令文等の取り扱いについて

本書の過去問題で使用されている資料や法令文の表記や基準は，出題された当時の内容に準拠しているため，解答・解説も当時のものを使用しています。ご了承ください。

はじめに～「過去問」シリーズ利用に際して～

教育を取り巻く環境は変化しつつあり、日本の公教育そのものも、教員免許更新制の廃止やGIGAスクール構想の実現などの改革が進められています。また、現行の学習指導要領では「主体的・対話的で深い学び」を実現するため、指導方法や指導体制の工夫改善により、「個に応じた指導」の充実を図るとともに、コンピュータや情報通信ネットワーク等の情報手段を活用するために必要な環境を整えることが示されています。

一方で、いじめや体罰、不登校、暴力行為など、教育現場の問題もあいかわらず取り沙汰されており、教員に求められるスキルは、今後さらに高いものになっていくことが予想されます。

本書の基本構成としては、出題傾向と対策、過去5年間の出題傾向分析表、過去問題、解答および解説を掲載しています。各自治体や教科によって掲載年数をはじめ、「チェックテスト」や「問題演習」を掲載するなど、内容が異なります。

また原則的には一般受験を対象としております。特別選考等については対応していない場合があります。なお、実際に配布された問題の順番や構成を、編集の都合上、変更している場合があります。あらかじめご了承ください。

最後に、この「過去問」シリーズは、「参考書」シリーズとの併用を前提に編集されております。参考書で要点整理を行い、過去問で実力試しを行う、セットでの活用をおすすめいたします。

みなさまが、この書籍を徹底的に活用し、教員採用試験の合格を勝ち取って、教壇に立っていただければ、それはわたくしたちにとって最上の喜びです。

協同教育研究会

CONTENTS

第１部

青森県の
国語科
出題傾向分析

青森県の国語科　傾向と対策

出題内容は、現代文(評論)・古典(古文・漢文)および学習指導要領・学習指導法で、現代文と古典は中高共通。なお現代文は従来、一年おきに小説と評論が出題されていたが、二〇一八年度は随筆が、二〇一九年度以降は評論が出題されている。学習指導要領と学習指導法は大問として中高別々に出題されている。

評論は、髙柳克弘『究極の俳句』からの出題。漢字の書き取り、文法的説明、内容説明、理由説明などが出題されている。全問記述形式。難易度は標準。

論理的な文章である評論は、論理的、体系的な表現を特色とする。そのため、語句の意味を正しく理解し文脈との関連をとらえ、文と文のつなぎ(順接・逆接・添加・並立・転換・例示など)を考え、形式上、内容上の段落相互の関係を把握し、要旨や大意をつかむことが大切である。

また、今後出題が予想される小説は、文芸的文章に属する。文芸的文章は、評論と異なり、非論理的・非構造的であり、情緒的な表現を特色とする。文芸的文章を読む際には、人物(だれが)、場面(いつ、どこで)、出来事(何を、どうした)などが、どのように設定され、どのように描かれているかを把握する必要がある。作中人物については、その行動や性格、物の見方や感じ方、ひいては生き方を的確にとらえ、風景では人物の心情の反映や象徴、物事が起こる予兆として設定されることが多く、これを把握することは、人物の言動、置かれている状況を理解する重要な手がかりとなる。作中人物の心情の変化と言動との関わりも正しく読み取ることが大切である。

随筆は文芸的文章に属し、表現方法が非体系的であり断片的である。日常の具体的経験を取り上げているが、単に特殊・具体であるにとどまらず、一般性や本質の把握につながる。随筆の中心は人間への興味であり、人間についての新しい発見を語る特色をもつ。

古文は、『建礼門院右京大夫集』からの出題。古語の語彙と読み、文法、語意、表現技法、内容説明、理由説明などが出題されている。全問記述形式。難易度は標準。

古文の学習では、古語の読みと意味、文法(用言・助動詞の意味と活用、助詞の意味とはたらき、敬語の種類と敬意の対象)、主語の識別、係結び、現代語訳および和訳の修辞(枕詞、序詞、掛詞、縁語、本歌取り、句切れ)などを学習して理解しておくことが大切である。

和歌については、三大和歌集(万葉集、古今和歌集、新古今和歌集)の歌風と関わりがあり、また物語(歌物語、作り物語、この両者の流れを汲む物語、軍記物語、歴史物語)および随筆や日記におよぶまで、和歌が話の流れの頂点に置かれている。

漢文は、『晏子春秋』からの出題。漢語の読みと語意、空欄補充、内容説明、人物像などが出題されている。記述式中心。難易度は標準以上。

漢文の学習は、漢語の読みと意味、漢文の基本構造、漢文の基本句形、重要助字、訓点と書き下し文と現代語訳などが大切である。

また、漢詩では、古体詩と近体詩(唐代に成立した四句の絶句・八句の律詩・十句以上の排律の形式)と修辞(五言律詩では、偶数句末の字の押韻、七言律詩では、第一句末と偶数句末の字の押韻や第三句と第四句(頷聯)と第五句と第六句(頸聯)の対句)等についても学習しておく必要がある。

中学校の学習指導要領は、「指導計画の作成と内容の取扱い」に関する学習指導要領解説の当該項目に関する空欄補充や配慮事項などが出題されている。全問記述形式。高等学校の学習指導要領は、「言語文化」の「内容」及び「内容の取扱い」の空欄補充(選択形式)、学習指導要領解説当該項目に関する空所補充と学習活動(記述形式)が出題されている。

全体的な対策としては、中高の教材を用いて基礎知識と応用力を身に付けるとともに学習指導要領・学習指導法を計画的に学習した上で、青森県の過去問を分析し、その傾向を把握することを勧める。

過去5年間の出題傾向分析

●：中高共通　◎：中学　○：高校

分類	主な出題事項	2020年度	2021年度	2022年度	2023年度	2024年度
現代文	評論・論説	●	●	●	●	●
	小説					
	随筆					
	韻文（詩・俳句・短歌）					
	近代・文学史					
古文	物語	●		▲●		
	説話				●	
	随筆		▲●			
	日記					●
	和歌・俳句					
	俳論					
	歌論					
	能楽論					
	古典文学史		●			
漢文	思想・政治	●	▲●			●
	漢詩文					
	漢詩					
	歴史					
	説話			▲●	▲●	
	中国古典文学史					
	学習指導要領	◎　○	◎　○	◎　○	◎　○	◎　○
	学習指導法	◎　○	◎　○	◎　○	◎　○	◎　○
	その他					

▲は，学習指導要領・学習指導法に関する設問。

第２部

青森県の
教員採用試験
実施問題

二〇二四年度　実施問題

【中高共通】

【一】次の文章を読み、(一)～(七)に答えなさい。

言葉は、最大公約数的な道具でしかない。誰でも使える言葉で、詩人は、唯一無二の表現をしなくてはならない。

言葉への不信を、当然、俳人もまた持っている。

白牡丹《はくぼたん》といふといへども紅《こう》ほのか　　高浜虚子《たかはまきょし》

まっしろな牡丹を「白牡丹」と名付けた先人に、「といふといへども」と、虚子は異議申し立てをする。
たとえばあなたが牡丹園をサンサクしていて、一緒にいる相手に、牡丹の純白の美しさを伝えようとすれば、「きれいだね」のひとことで、じゅうぶんだ。

それがじゅうぶんに通じているのは、あなたが、あなたの声で、それをいっているからだ。そして、牡丹園を吹きわたる仄《ほの》かな芳香を乗せた風や、花びらを白く輝かせる日ざしを、共有しているからだ。

しかし、その場を離れると、通じにくくなる。家に帰って、待っていた家族に伝えようとすると、「牡丹が見ごろだったよ」「きれいだったよ」では、じゅうぶんではなくなる。相手は相槌《あいづち》を打ってくれるだろうが、それはあなたの伝える牡丹の美しさをわかったわけではなく、牡丹をみて嬉《うれ》しそうにしているあなたの顔が嬉しいからだ。

遠くに住む友人に、手紙で書こうとすると、さらに感動は逃げていく。とはいえ、「肉筆」という字が示しているように、あなたの文字の②クセは、あなたの肉体の刻印だ。たとえ③ツタナい表現ではあっても、相手の心をつかむことは、難しくない。

メールでは、伝わりづらさに、拍車がかかる。PC画面に映る文字の鮮明さとはうらはらに、牡丹の感動は、そこには乗らない。無意識にそのことがわかっている私たちは、メールの文章では、個人的な内面を吐露しようとはしない。スラングを使って、逆に自己を大衆に溶かそうとする。あるいは、絵文字やスタンプといった、言葉以外のものに頼ろうとする。

紙の上に噴きつけられたインクによって伝えようとすれば、どうか。ほとんど、砂漠で水遊びをしようと言い出すに等しい、はかない願望といってもいい。

うだから、俳人は言葉を信用しない。虚子は「白牡丹」という言葉を疑った。真っ白な牡丹を「白牡丹」というう。「白牡丹」――美しい響きと字面を具《そな》えた言葉だ。でも、「白」ということで、本当にその白さが伝わるのか。「紅ほのか」、つまり白とは異なる紅色を内包しているといったほうが、かえってその奥深い白さが伝わる。その結果、「といふといへども」という再定義に至る。

この「といふといへども」は、じつは名句と呼ばれるもの多くに、隠されている。

古池や蛙《かわず》飛びこむ水の音　　芭《ば》蕉《しょう》（『蛙合《かわずあわせ》』）

柿食へば鐘が鳴るなり法隆寺　　正岡子規《まさおかしき》（『寒山落木《かんざんらくぼく》』）

芭蕉の句は、「蛙」というものが「山吹」と結びつけられていたことに、反抗している。弟子の支考《しこう》が書き留めていた逸話によれば、芭蕉が「蛙飛びこむ水の音」と思いつき、上《かみ》の五音を置きあぐねていたところに、一番弟子の其角《きかく》が「山吹や」としたらどうか、と提案した。しかし、芭蕉は其角に賛同せず、自分で「古池や」と置いて、よしとした。

支考は「古池」に直したことの意義を、次のように語る。

しばらく論ルニレ之ヲ(これを論ずるに)、山吹といふ五文字は風流にしてはなやかなれど、古池といふ五文字は④シッソにして実也《じつなり》。実は古今の貫道《かんどう》なればならし。(『葛《くず》の松原』)

「しばらく論ルニレ之ヲ」とあるから、弟子たちはこの置き方の⑤ザンシンさに驚き、納得するまでに時間がかかったことがうかがえる。支考は、芭蕉が「実」を取ったからだとみた。現実を言葉によって美化するのが和歌であったから、俳諧では、現実により近い言葉を使おうとした。

かはづなくゐでの山吹ちりにけり花のさかりにあはまし物を　読人しらず(『古今和歌集』)

「蛙飛びこむ水の音」のフレーズを耳にした其角の頭の中には、たとえばこんな和歌が過《よぎ》ったはずだ。井出《いで》の玉川《たまがわ》は、京都府綴喜《つづき》郡井手町に今も流れる。奈良時代の公卿《くぎょう》の左大臣橘諸兄《たちばなのもろえ》がこの地に別荘を建て、山吹を植えて、風流を楽しんだという。読み人しらずの歌は、その名高い山吹の花ざかりをみられなかったことを悔やんだもの。

平安時代の蛙の和歌は、ほとんどがこの井出の玉川の蛙を詠んだものだ。清流として名高く、河鹿蛙《かじかがえる》の澄んだ声も聞こえたにちがいない。鴨長明《かものちょうめい》が「かはづと申す蛙は、ほかにはさらに侍《はべ》らず。ただ井出の川にのみ侍るなり」(『無明抄《むみょうしょう》』)と書いているように、蛙といえば井出の玉川で鳴く河鹿蛙の声であった。

強い連想関係にあった、蛙、井出の玉川、そして山吹。古き世のうたびとたちがそう詠みならわしているとはいえども、それだけではあるまい。そう考えた芭蕉は、「古池や」と付ける。山吹が清らかに咲く川べりで、美しい声で鳴くだけが蛙ではない。清らかな川ならぬ「古池」に、鳴くのではなく飛びこむ音だって、情趣があるのではないか。

芭蕉は、え山吹と結びついた「蛙」という言葉の美しさを、そのまま信用しなかった。「蛙」という言葉にまとわりついていたぼろぼろのペンキを、実感を通して、自分の納得できる色にあざやかに⑥ヌリ替えてしまったのだ。

このことは、正岡子規も同じである。子規の「くだもの」という随筆には、「柿食へば」の句が生まれたときの事情が書かれている。(中略)

柿などというものは従来詩人にも歌よみにも見離されておるもので、殊に奈良に柿を配合するというような事は思いもよらなかった事である。余はこの新たらしい配合を見つけ出して非常に嬉しかった。

(「くだもの」、『飯待つ間――正岡子規随筆選』岩波文庫、昭和六十年(一九八五))

子規のいうとおり、古典文学上、柿はあまり存在感を持たない。育てやすく、手に入りやすい果物として、どこの家でも柿の木を植えた。あまりに庶民的で、詠むにあたいしないと考えられたのだろう。とはいえども、奈良でみる柿には風情がある。法隆寺(実際には東大寺)のような由緒ある寺の鐘を聞きながら食べれば、その味もいっそう甘露に思えてくる。

(高柳克弘「究極の俳句」より)

(注) ○スラング…特定の社会や階層、仲間の間だけに通じる特殊な語や語句。

(一) 二重傍線部①～⑥のカタカナを漢字で書きなさい。
(二) 点線部「使える」は可能動詞である。可能動詞について文法的に説明しなさい。
(三) 傍線部あ「言葉は、最大公約数的な道具」とはどういうものか、四十字以内で書きなさい。
(四) 傍線部い「異議申し立て」の内容について、具体的に六十字以内で書きなさい。
(五) 傍線部う「だから、俳人は言葉を信用しない」とあるが、その理由を六十字以内で書きなさい。
(六) 傍線部え「ぼろぼろのペンキ」とは何のことか、三十字以内で書きなさい。
(七) 波線部「「といふといへども」という再定義」とあるが、子規が再定義したことについて、五十字以内で説明しなさい。

(☆☆☆◎◎◎)

【二】 次の文章を読み、(一)～(七)に答えなさい。

同じ人の、あ四月御生《みあれ》のころ、藤壺に参りて物語せし折、権亮維盛《ごんのすけこれもり》の通りしを、呼びとめて、「このほどに、いづくにてまれ、心とけて遊ばむと思ふを、かならず申さいむ」など言ひ契りて、少将は、うとく立たれにしが、少し立ちのきて見やらるるほどに、立たえれたりし、ふたへの色濃きお直衣、指貫、若楓の衣、そのころの単衣、常のことなれど、色ことに見えて、警固の姿、まことに絵物語に言ひ立てたるやうにうつくしく見えしを、中将、「あれがやうなるみざまと、身を思はば、かいかに命も惜しくて、なかなかよしなからむ

うらやまし見と見る人のいかばかりなべてあふひを心かくらむ

」など言ひて、「きただ今の御心の内も、さぞあらむかし」と言はるれば、物の端に書きてさし出づ。

なかなかにく花の姿はよそに見てあふひとまではかけじとぞ思ふ

と言ひたれば、「思しめし放つしも、深き方にて、心ぎよくやある」と笑はれしも、けさることと、をかしくぞありし。

（「建礼門院右京大夫集」より）

（注）○同じ人…藤原実宗。作者が仕えていた中宮の御所にいつも参上していた。本文中の「中将」も同一人物。

○御生…賀茂神社で旧暦四月の中の午の日に行われる神事。このあと酉の日の葵祭となる。

○権亮維盛…平維盛。平清盛の孫。中宮権亮として中宮に仕えていた。本文中の「少将」も同一人物。

○ふたへ…二藍。紅花と藍とで染めたやや青みがかった紫色。

○見と見る人…見る女性。

○なべて…誰も彼も。

○思しめし放つ…つき放してお考えになる

○心ぎよく…心は潔白だ。

(一) 傍線部あ「四月」は月の異名を、お「直衣」は読み方をそれぞれ現代仮名遣いで書きなさい。
(二) 傍線部い「む」、え「れ」の文法的な意味を書きなさい。
(三) 傍線部う「とく」、か「いかに」の本文中における語の意味を書きなさい。
(四) 二重傍線部「あふひ」は掛詞であるが、何と何をかけているか書きなさい。
(五) 傍線部き「ただ今の御心の内も、さぞあらむかし」とあるが、実宗は作者が「御心の内」でどのようなことを思っているというのか、説明しなさい。
(六) 傍線部く「花の姿」とあるが、これは誰のどのような様子を表したものか、具体的に説明しなさい。
(七) 傍線部け「さることと、をかしくぞありし」とあるが、作者が「をかし」と感じたのはなぜか、「さること」の内容を明らかにした上で、具体的に説明しなさい。

(☆☆☆◎◎◎)

【三】次の文章を読み、(一)~(五)に答えなさい。なお、設問の都合により訓点を一部省いてある。

荘公問《ヒテ》晏子《ニ》曰《ハク》、「威《シテ》当世《ヲ》而服《スルハ》天下《ヲ》、時耶《ト》。」‖a 晏子対‖b 曰《ハク》、「行《ヒ》也《ト》。」公曰《ハク》、「何《ヲ》行《フト》。」対曰《ハク》、「能《ク》愛《スル》邦内之民《ヲ》者《ハ》、能《ク》服《ス》境外之不善《ヲ》。重《ンズル》士民之死力《ヲ》者《ハ》、能《ク》禁《ズ》暴国之邪逆《ヲ》。聴《キ》賃《スルモノハ》賢者《ニ》、能《ク》威《ス》諸侯《ヲ》。安《ンジテ》仁義《ニ》而楽《シム》利《スルヲ》世《ヲ》者《ハ》、能《ク》服《ス》天下《ヲ》。不《ル》能《ハ》愛《スルコト》邦内之民《ヲ》者《ハ》、不能《ハ》服《スルコト》境外之不善《ヲ》。軽《ンズル》

士民之死力ヲ一者ハ、不レ能ハレ禁ズルコト二暴国之邪逆ヲ一。愎《もとり》レ諫メニ傲《あなどル》レ賢ヲ者ハ、不レ能ハレ威ス二諸侯ヲ一。倍《そむキテ》二□ニ一而貪ル二名実ヲ一者ハ、不レ能ハレ威スコト二当世ヲ一。而服スル二天下ヲ一者ハ、此其道也已。」

c而公不レバレ用ヒ、晏子退キテ而窮処ス。公任ジテ二勇力之士ニ一、而軽ンジ二臣僕之死ヲ一、用フルコトレ兵ヲ無ケレバレ休ミ、国罷《つかレ》民害《そこなハル》。期年ニシテ、d百姓大イニ乱レテ、而身及ブ二崔氏ノ禍ヒニ一。

君子曰ハク、「尽スモレ忠ヲ不レ予《あらかじメセ》レ交リヲ、不レバレ用ヒラレ不レ懐《おもハ》レ禄ヲ、其レ晏子ハ可シレ謂フレ廉ト矣。」

（「晏子春秋」より）

（注）
○威…威厳をもって。
○境外…国外。
○愎諫…諫めに逆らうこと。
○臣僕…家来。
○予交…あらかじめ主君の歓心を買うこと。
○邦内之民…自国内の民。
○聴賃…話を聞いてその通りにすること。
○窮処…貧しい暮らしをすること。
○崔氏禍…宰相である崔杼による反乱。

㈠　二重傍線部a「耶」、b「対」、c「而」の読み方を、送り仮名も含めて現代仮名遣いで書きなさい。

(二) 二重傍線部d「百姓」の読みと意味を書きなさい。
(三) □に適する語を文章中から選んで書きなさい。
(四) 傍線部「此其道也已」について、「此」と「其道」が指す内容を明確にして口語訳しなさい。
(五) この文章から分かる晏子の人物像について、荘公と対比させながら説明しなさい。

(☆☆☆◎◎◎)

【中学校】

【一】 次の文は、中学校学習指導要領「国語」の「指導計画の作成と内容の取扱い」の一部である。以下の(一)～(四)に答えなさい。

> 1 指導計画の作成に当たっては、次の事項に配慮するものとする。
> (1) 単元など内容や時間のまとまりを見通して、その中で育む資質・能力の育成に向けて、生徒の主体的・対話的で深い学びの実現を図るようにすること。その際、①言葉による見方・考え方を働かせ、言語活動を通して、言葉の特徴や使い方などを理解し自分の思いや考えを深める学習の充実を図ること。
>
> (中略)
>
> (6) 第2の第1学年及び第3学年の内容の〔知識及び技能〕の(3)のオ、第2学年の内容の〔知識及び

技能〕の(3)のエ、各学年の内容の〔思考力、判断力、表現力等〕の「C読むこと」に関する指導については、様々な文章を読んで、自分の表現に役立てられるようにするとともに、他教科等における読書の指導や②学校図書館における指導との関連を考えて行うこと。

(7) 言語能力の向上を図る観点から、③外国語科など他教科等との関連を積極的に図り、指導の効果を高めるようにすること。

(8) 障害のある生徒などについては、学習活動を行う場合に生じる④困難さに応じた指導内容や指導方法の工夫を計画的、組織的に行うこと。

(9) 第1章総則の第1の2の(2)に示す道徳教育の目標に基づき、道徳科などとの関連を考慮しながら、第3章特別の教科道徳の第2に示す内容について、国語科の特質に応じて適切な指導をすること。

(一) 傍線部①「言葉による見方・考え方を働かせ」について、中学校学習指導要領解説国語編で解説している次の文の（ a ）～（ d ）に適する言葉を書きなさい。

> 言葉による見方・考え方を働かせるとは、生徒が学習の中で、対象と言葉、言葉と言葉との関係を、言葉の（ a ）、（ b ）、（ c ）等に着目して捉えたり問い直したりして、言葉への（ d ）を高めることであると考えられる。

(二) 傍線部②「学校図書館」について、読書センター以外の機能を二つ書きなさい。

(三) 傍線部③「外国語科など他教科等との関連」を図るために考えられる工夫を二つ書きなさい。

(四) 傍線部④「困難さ」について、生徒が自分の立場以外の視点で考えたり他者の感情を理解したりするのが困難な場合の配慮事項として、中学校学習指導要領解説国語編に示されているものを二つ書きなさい。

（☆☆☆◎◎◎）

【高等学校】

【一】次の文は、高等学校学習指導要領「国語」の「各科目」の「言語文化」の「内容」及び「内容の取扱い」の一部である。以下の(一)～(三)に答えなさい。

2　内容
〔知識及び技能〕
(2)　我が国の言語文化に関する次の事項を身に付けることができるよう指導する。
ア　我が国の言語文化の特質や我が国の文化と外国の文化との関係について理解すること。
イ　古典の世界に親しむために、作品や文章の歴史的・文化的背景などを理解すること。
ウ　古典の世界に親しむために、古典を読むために必要な文語のきまりや訓読のきまり、古典特有の表現などについて理解すること。
エ　時間の経過や地域の文化的特徴などによる文字や言葉の変化について理解を深め、①古典の言葉と現代の言葉とのつながりについて理解すること。
オ　言文一致体や和漢混交文など歴史的な文体の変化について理解を深めること。
カ　我が国の言語文化への理解につながる読書の意義と効用について理解を深めること。

3 内容の取扱い
(1) 内容の〔思考力、判断力、表現力等〕における授業時数については、次の事項に配慮するものとする。
ア 「A書くこと」に関する指導については、（ a ）単位時間程度を配当するものとし、計画的に指導すること。
イ 「B読むこと」の古典に関する指導については、（ b ）単位時間程度を配当するものとし、計画的に指導するとともに、古典における古文と漢文の割合は、一方に偏らないようにすること。その際、古典について解説した近代以降の文章などを活用するなどして、②我が国の言語文化への理解を深めるよう指導を工夫すること。
ウ 「B読むこと」の近代以降の文章に関する指導については、（ c ）単位時間程度を配当するものとし、計画的に指導すること。その際、我が国の伝統と文化に関する近代以降の論理的な文章や古典に関連する近代以降の文学的な文章を活用するなどして、我が国の言語文化への理解を深めるよう指導を工夫すること。

(一) （ a ）～（ c ）にあてはまる数字を次のア～カから一つずつ選び、その記号を書きなさい。
ア 10　イ 20　ウ 5～10　エ 10～20　オ 30～35　カ 40～45

(二) 傍線部①「古典の言葉と現代の言葉とのつながりについて理解する」について、次の文の空欄に入る内容を高等学校学習指導要領解説国語編を踏まえて書きなさい。

古典の言葉をその時代や社会におけるものとのみ捉えるのではなく、現代の言葉に生きているものであることを意識することは、［　　］につながる。

(三)　傍線部②「我が国の言語文化への理解を深める」ための学習活動例を考え、取り上げる教材を明らかにして具体的に書きなさい。

(☆☆☆◎◎◎)

解答・解説

【中高共通】

【一】(一)　①　散策　②　癖　③　拙(い)　④　質素　⑤　斬新　⑥　塗(り)　(二)「〜できる」という意味を含んだ動詞を可能動詞という。可能動詞は、五段活用の動詞を基にした、下一段活用の動詞である。ただし、命令形はない。　(三)　言葉は誰にとっても共通の意味をもっていて、いいたいことを伝えるために使えるもの。(四十字)　(四)　まっしろな牡丹は「白牡丹」と名付けられているが、「白」というだけでは牡丹の白さが伝わらないのではないかということ。(五十七字)　(五)　感動はその場で相手に直接いうとじゅうぶんに伝えられるのだが、その場を離れると言葉では感動が通じにくくなるから。(五十五字)　(六)　井出の

(七)　あまりに庶民的で詠むにあたいしないと考えられていた柿について、奈良でみる柿には風情があるとしたこと。(五十字)

玉川、山吹といった「蛙」と強い連想関係にあった言葉。(二十九字)

〈解説〉(一)　漢字を書く際には、とめ、はね、はらいに留意しながら、文脈に合う文字を丁寧に書いていくこと。(二)　意味(「…(することが)できる」)、活用の種類(下一段活用)、命令形がないことに触れればよい。可能動詞は、五段活用動詞から派生したものだが、近年、それ以外の活用の動詞からの似たような用例も、増えてきている。(三)　最大公約数とは数学用語であるが、比喩的に多くの事柄の間で見られる共通点のこともいう。言葉は誰もが同じ意味を共有することを中心として、それに本文に即した言葉の特性を書き加えればよい。(四)　ここでいう「異議申し立て」は、高浜虚子が「真っ白な牡丹を『白牡丹』と名付けた先人」に対して、『白』という言葉では牡丹の本当の白さが伝わらないのではないか」と疑義を立てて行ったものである。(五)　傍線部冒頭の接続詞「だから」より、理由はその前に書かれていることが分かる。白牡丹の例を挙げて、第5・6段落に記されている内容がその理由であり、それをまとめればよい。「感動はその場で相手に向けて言葉にすると伝わる」「その場を離れると言葉では感動が十分に伝わらない」の2点がポイントとなる。(六)　「ぼろぼろのペンキ」は、『蛙』という言葉にまとわりついていた」ものである。直前の文を見ると、この『蛙』という言葉の美しさ」は「山吹と結びついた」ものであったことが読み取れる。その結びつきについて、芭蕉は「そのまま信用しなかった」ことに着目して考える。すると、その1つ前の段落の冒頭にある「強い連想関係にあった、蛙、井出の玉川、そして山吹。」について、芭蕉が疑っていたことが分かる。(七)　「といふといへども」が隠されている子規の句として、「柿食へば鐘が鳴るなり法隆寺」の句が挙げられている。この句について、最終段落付近で説明されている。「古典文学上、柿はあまり存在感を持たない。……あまりに庶民的で、詠むにあたいしないと考えられたのだろう。」とある。この見方に対して、子規は「奈良でみる柿には風情がある」ことを見出したのである。

【二】(一) あ うづき お なおし(のうし) (二) い 意志 え 尊敬 (三) う すぐ か どんなに (四)「葵」と「逢う日」 (五) 維盛の美しい姿に惹かれ、心の内で恋人として彼と逢う日を期待して願っているということ。 (六) 維盛の、二藍の色の濃い直衣、指貫、若楓の衣、その季節にあった単衣などを身につけて警固する姿が、色がとりわけ鮮やかに見えて、絵物語のように美しい様子。 (七) 維盛の美しい姿はよそから見るだけにして逢おうとまでは願うまいと答えた作者に対して、中将の「突き放して考えるのは深く思っているからで、心は潔白なのか」という返しに、確かに言われてみればそのとおりだと思えたから。

〈解説〉(一) あ 漢字では「卯月」と書く。 お 直衣は、平安時代以降に天皇・摂家・大臣などの公卿が着ていた平常服である。 (二) い 「申さむ」で考える。助動詞「む」は主語で意味を判断していく。会話文中で「かならず申さむ」とあるので、主語は会話主だとわかる。一人称が主語の際の意味は、意志である。 え 「立たれ」で考える。「立つ」の動作主が意味を探る手がかりとなる。同じ文の冒頭に「少将はとく立たれ」とあり、これが主語である。文脈から「(少将が)立っていらっしゃる」と考えられ、尊敬の意味が適切。 (三) う 「既に」などの意味もあるが、ここでは「早く」「急いで」などが適切。 か 「なぜ」「どのように」などの意味もあるが、ここでは「どんなに」が適切。 (四) 葵祭の頃の時期であることから、この掛詞が用いられている。 (五) 作者の「御心の内」についての中将(実宗)の推測は、直前の和歌「うらやまし見と見る人のいかばかりなべてあふひを心かくらむ」で表現されている。歌意は、「うらやましいことだ。美しく装った維盛を見る女性は、葵祭の時に恋人として逢う日をどんなに思いをかけていることだろう」となる。ポイントは「維盛の美しい姿に魅了された」ことと「恋人として維盛と逢う日を願っていること」である。(六)　作者と中将の間で話題となっている人物は、維盛である。維盛の様子は、「ふたへの色濃き……美しく見えし」で述べられている。「二藍の色の濃い直衣、指貫、若楓の衣、季節の単衣」「色彩が鮮やかに見えた」「絵物語のように美しい」ことについてまとめればよい。(七)　作者が詠んだ「なかなかに花の姿はよそに見てあふひとまではかけじとぞ思ふ」の和歌は、「花の姿(維盛)は、傍から見るに留めて逢おうなどとは願うまいと思っている」の意味となる。それに対する中将の「突き放して考えるのは、その思いが深いからであり、心は潔白ですか」という発言を受けて、作者は「をかし」と感じたのである。中将に本心を見透かされ、それを認めたことを述べればよい。

【三】(一)　a　か　b　こたえて　c　しかれども(しかも、しかるに)　(二)　読み…ひゃくせい　意味…人民　(三)　仁義　(四)　天下を従えるには、国民を愛し、人々の努力を大切にし、賢者の意見をよく聞いて従い、仁義の徳に身を任せて世の中の利益になることを行う以外にないのである。(五)　荘公が晏子の言葉を聞き入れずに横暴に振る舞って滅ぼされてしまった愚かな人物として描かれているのに対し、晏子は主君の歓心を買おうとせず、俸禄にも未練を持たず、自分の信念を貫き通す清廉潔白な人物として描かれている。

〈解説〉(一)　a「耶」は、体言に接続する際は「か」と読む。b「対」は次の接続も考慮して、「こた(へて)」→「こたえて」とする。c「而」は、接続の置き字としても用いられるが、ここでは文頭の接続詞として用いられている。しかも、逆接として用いられており、この場合、「しかるを」という読み方も考えられる。順接の場合、「しかして」「しこうして」などと読む。(二)　日本語の「百姓」とは、読みも意味も異なることに注意する。(三)「安仁義而楽利世者能服天下」に対応している文言が、「倍(空欄)而貪名実者不能威当世」

であることが読み取れる。ここから考えると、「仁義」が適切だと判断できる。「仁義に背き、自分の名声と財産を貪る君主は、天下を従えることはできない」の意。(四) 傍線部の直前の部分を踏まえると、「其道」は「天下を従えること」だと判断できる。「此」が指すものは、傍線部が含まれる晏子による発言の前半部分にある。すなわち、「愛邦内之民」「重士民之死力」「聴賃賢者」「安仁義而楽利世」である。「天下を従える」には、「自国内の民を愛し」「民の努力を重んじ」「賢者の言葉に聞き従い」「仁義の徳に満足して世の利益になることをする」こと「のみである」(「已」は「…のみ」「…だけ」の意)ことを述べる。(五) 荘公の人物像は、第二段落「公不用、晏子退而旧窮処。公任勇力之士、而軽臣僕之死、用兵無休、国罷民害。期年、百姓大乱、而身及崔氏禍」を、晏子の人物像は、第三段落の君子の発言「尽忠不予交、不用不懐禄、其晏子可謂廉矣」を踏まえて考える。個々の人物像を簡潔にまとめ、両者を対比させて記述する。

【中学校】

【一】(一) a 意味 b 働き c 使い方 d 自覚 (二) 学習センター、情報センター
(三)・国語科の学習内容が外国語科等の学習に結び付くよう指導の時期を工夫する。 ・関連のある学習内容や言語活動を取り上げた単元の設定を工夫する。(四) 生徒が身近に感じられる文章(例えば、同年代の主人公の物語など)を取り上げ、文章に表れている心情やその変化等が分かるよう、行動の描写や会話文に含まれている気持ちがよく伝わってくる語句等に気付かせたり、心情の移り変わりが分かる文章の中のキーワードを示したり、心情の変化を図や矢印などで視覚的に分かるように示してから言葉で表現させたりするなどの配慮をする。

〈解説〉(一) この問題で引用された文言は、中学校学習指導要領解説国語編の「第4章 指導計画の作成と内容の取扱い」において、「1 指導計画作成上の配慮事項」の「〇主体的・対話的で深い学びの実現に向けた授

業改善に関する配慮事項」の中で示されたものである。（二）同章「2　内容の取扱いについての配慮事項」に「〇学校図書館などの活用に関する事項」として「学校図書館は、生徒の読書活動や生徒への読書指導の場である『読書センター』、生徒の学習活動を支援したり授業の内容を豊かにしてその理解を深めたりする『学習センター』、生徒や教職員の情報ニーズに対応したり生徒の情報の収集・選択・活用能力を育成したりする『情報センター』としての機能を有している」とある。（三）同章「1　指導計画作成上の配慮事項」に「〇他教科等との関連についての配慮事項」として、「国語科の学習内容が外国語科等の学習に結び付くよう指導の時期を工夫すること、関連のある学習内容や言語活動を取り上げた単元の設定を工夫することなどが考えられる。」とある。（四）同章「1　指導計画作成上の配慮事項」で、「〇障害のある生徒への配慮についての事項」として述べられている。公開解答では、次に挙げる内容のうち二つが書けていればよいとしている。「身近に感じられる文章（例えば、同年代の主人公の物語など）を取り上げる」「行動の描写や会話文に含まれている気持ちがよく伝わってくる語句等に気付かせる」「心情の移り変わりが分かる文章の中のキーワードを示す」「心情の変化を図や矢印などで視覚的に分かるように示してから言葉で表現させる」

【高等学校】

【一】（一）　a　ウ　b　カ　c　イ　（二）　言葉が、継承すべき文化遺産であることを認識するとともに、言語文化に対する興味・関心を広げ、自らが継承、発展させていく担い手としての自覚を持つこと。

（三）『宇治拾遺物語』の「絵仏師良秀」と芥川龍之介の『地獄変』を読み比べ、内容や良秀の描かれ方の異同について論じたり批評したりする学習活動。

〈解説〉（一）　高等学校学習指導要領解説国語編では、「第2章　国語科の各科目」の「第2節　言語文化」の「4

内容の取扱い」において、次のように解説している。「A書くこと」とも「B読むこと」とも、5～10単位時間や40～45単位時間と幅をもたせたのは、学校や生徒の実態に応じて弾力的な指導を可能とするためである。古典としての古文と漢文に関する指導の際には、古典について解説した近代以降の文章や、古典について書かれた随筆、古典の現代語訳などを活用するなどして、古典への抵抗感を軽減し、我が国の言語文化への理解を深めるよう指導を工夫することとしている。我が国の伝統と文化に関する近代以降の論理的な文章とは、主として、我が国の伝統や文化について書かれた解説や評論や随筆などを指している。また、古典に関連する近代以降の文学的な文章とは、主として、古典を翻案したり素材にしたりした小説や物語や詩歌などを指している。

(二)　同章同節の「3　内容」の「(2)我が国の言語文化に関する事項」における「○言葉の由来や変化、多様性」の「エ　時間の経過や地域の文化的特徴などによる文字や言葉の変化について理解を深め、古典の言葉と現代の言葉とのつながりについて理解すること」に、「古典の言葉をその時代や社会におけるものとのみ捉えるのではなく、現代の言葉に生きているものであることを意識することは、言葉が、継承すべき文化遺産であることを認識させるとともに、言語文化に対する興味・関心を広げ、自らが継承、発展させていく担い手としての自覚をもつことにつながる。」とある。

(三)　同じく「(2)　我が国の言語文化に関する事項」では、「B読むこと」の「○言語活動例」の「言語文化」に、「ウ　異なる時代に成立した随筆や小説、物語などを読み比べ、それらを比較して論じたり批評したりする活動」とある。これを軸に、具体的な作品名を記してまとめればよい。例えば、『今昔物語集』の巻二十九「羅城門登上層見死人盗人語第十八」と芥川龍之介の『羅生門』の読み比べをして、時代や場所、人物などの内容の異同を論じたり、批評したりする学習活動も考えられる。

二〇二三年度　実施問題

【中高共通】

【一】次の文章を読み、(一)〜(七)に答えなさい。

むかし、短歌は生者が亡き者たちへ送ろうとする手紙だった。返事は来ない。はじめからそう思って書くのである。亡き者たちをおもう、声にならない呻《うめ》きが、いつしか歌になった。

詩もまた、しばしば手紙になる。ある人にだけ読み解かれるような、秘密の意味を宿した言葉になる。

詩は詩人によって書かれるとは限らない。詩人だけが詩を書くのではない。詩を書いた人が詩人なのである。

この事実も、短歌の歴史によって証明されている。『万葉集』や『古今和歌集』には作者不明の①ミンシュウの歌、「東歌《あずまうた》」が収められ、「よみ人しらず」の歌もある。手紙を書くのに何の資格もいらないように、詩歌をつむぐことに何の条件もない。

言葉を知らない。真剣に詩を読んだことがない。そういう人たちとどれほど言葉を交わしてきたか分からない。

詩を書いたことがない、というのは詩を書けないということと同じではない。そして、書く必要がないということとも違うのである。

詩歌は生活と人生の告白であり、祈りである。真に告白するとき、真に祈るとき、人はどこかから借りてきたような言葉を用いない。その人が生きてきた言葉で語る。そうした言葉だけが、人の胸を打つことを知っている。

詩は「うまい」言葉で書いてはならない。「うまい」言葉は、いつも誰かの言葉に似ていて、その人の真実を覆い隠すからである。

悲しみを生きるとき、詩歌はその人の近くにある。だが あ現代人はそのことを忘れている。古《いにしえ》の時代、②タえがたい悲しみから歌は生まれてきたのである。

短歌の淵源《えんげん》を一つに限定することはできないとしても、挽歌《ばんか》——亡き者たちを悼《いた》む歌——がそこに重要なはたらきを持つという見解は、これまでもつとに示されてきた。中国文学の研究者であり、『万葉集』の研究者でもあった白川静（一九一〇〜二〇〇六）も挽歌に短歌の起源を感じる一人である。

「短歌としての声調の成立が、比較的に古い挽歌のうちに見出されることは、注意すべき事実である」（『初期万葉論』）と白川はいう。

歌は、その発生から三十一文字《みそひともじ》だったのではない。『万葉集』にはいくつもの、数十行にわたって詠まれた長歌がある。長かった歌が、いつしか三十一文字の短歌へと収斂《しゅうれん》していったのである。

人はかつて、語り終わらないおもいを、多く文字を重ねることで表現しようとした。終わりがないことを知りながら言葉をつむいだ。しかし、いつからか文字だけではなく、そこに生まれる沈黙と余白によって歌う道を切り拓《ひら》いていった。

そこで重要なはたらきを持ったのが、声の調べ、「声調」だったと白川はいう。歌は文字で書かれ、目で読まれるだけでなく、声によって読まれ、聞く者たちの胸で受け止められていたのである。

現代人は文字をよく読めるようになった。だが、文字を読めるようになったために、胸で深秘《じんぴ》の意味を受け止めるのを忘れるようになったのかもしれない。優れた歌は、歌人の胸中にあるものを伝えるだけでなく、歌の起源に読む者たちを導いていく。それは「おもい」が言葉になる以前の場所、「おもい」が「思い」や「想い」あるいは「恋《おも》い」や「念《おも》い」といったさまざまな姿を帯びる以前の世界でもある。

それは「かなしみ」が「悲しみ」という姿をとる以前の深秘の③チヘイでもある。「言葉」と題するエッセイで小林秀雄(一九〇二～一九八三)は、悲しみと歌の起源をめぐって次のように書いている。

> 悲しみ泣く声は、言葉とは言えず、歌とは言えまい。寧《むし》ろ一種の動作であるが、悲しみが切実になれば、この動作には、おのずから④ヨクヨウがつき、拍子がつくであろう。これが歌の調べの発生である、と宣長《のりなが》は考えている。
>
> (小林秀雄「言葉」『考えるヒント』文春文庫)

「慟《どう》」は「慟《いた》む」、すなわち「悼む」ことを意味する。「哭《こく》」は、張り裂けんばかりの声で⑤ケモノのように哭《な》くことを指す。だが、慟哭しているだけでは言葉にならない。そもそも慟哭をもたらす心情は言葉に置き換えられるのを⑥コバむところがある。

しかし、そうした状況だからこそ、人は文字や声になる言葉とは異なる、もう一つのコトバを探す。コトバはときに命綱にもなる。

哲学者の井筒俊彦(一九一四～一九九三)は、文字や声で感覚できる言語としての言葉とは異なる意味の顕《あら》われを「コトバ」と書き、自己の哲学の核に据えた。多くの人にとってコトバは言語だが、画家にとってそれは色や線になる。音楽家にとっては旋律や和音がコトバになり、彫刻家にとっては形や姿がそのはたらきを担う。香りにコトバを読み取る人もいる。

場がなければ絵を描くことができないように、沈黙がなければ音楽を奏《かな》でることはできない。空間がなければ彫刻を置くことはできず、香りが舞うこともない。色、音、香りなど私たちが感覚するものはすべて、余白によって包み込まれている。

宮澤賢治(一八九六～一九三三)に「無声慟哭」という詩がある。天空を揺るがすほどの声になるはずの慟哭なのに、声にならない、というのである。

言葉にならない慟哭を、賢治は余白と沈黙というコトバによって歌い上げた。それを読む者もまた、言葉《え》だけでなく、そこにコトバ《お》を感じなくてはならない。難しいことではない。私たちは大切な人からの手紙をいつもそうして読んでいる。書かれたことだけでなく、書かなかったこと、書き得なかったことを受け取ろうと静かに読みを深めるのではあるまいか。

(若松英輔「沈黙のちから」より)

(一) 二重傍線部①～⑥のカタカナを漢字で書きなさい。

(二) 波線部「読み解かれるような」を文法的に説明しなさい。

(三) 点線部「古今和歌集」の次のア～エの説明について正しいものには○を、間違っているものには×をつけなさい。

ア　奈良時代に編纂された和歌集である。

イ　醍醐天皇の勅命により編まれた最初の勅撰和歌集である。

ウ　編者は、紀貫之、凡河内躬恒、紀友則、壬生忠岑である。

エ　恋愛に関する和歌も多く、小野小町の和歌「思ひつつ寝ればや人の見えつらむ　夢と知りせば覚めざらましを」も収められている。

(四)　傍線部あ「現代人はそのことを忘れている」とあるが「忘れている」こととは何か、六十字以内で書きなさい。

(五)　傍線部い「歌の起源」について、筆者は歌は何からはじまったと考えているか、十八字(句読点は一字に数える)で抜き出して書きなさい。

(六)　傍線部う「命綱にもなる」とはどういうことか、六十字以内で説明しなさい。

(七)　傍線部え「言葉」とお「コトバ」の違いを文章中の言葉を使って説明しなさい。

(☆☆☆◎◎◎)

【二】　次の文章を読み、(一)～(五)に答えなさい。

大恵《だいゑ》禅師の曰く、「他人を検点する工夫を以て、自身を検点せば、道業成ぜずと云ふ事あらじ」と。誠に、人毎に我が身の過《とが》を忘れて、他人の失《とが》をのみ沙汰し誹る。己が膿足を隠して、他の腫足を咲《わら》ふが如し。人毎に失あれども、我が失は忘れ、人の失は見えるにや。我が面の疵は見えず、人の疵の見ゆるが如し。鏡を見て我が失を照らすべし。あるは俗書、あるは仏経等を鏡み、知識をも訪ひ、よき友に近付きて、習ひ学ぶべし。「上智は教へられず、下愚は移らず」と云ひて、生まれ付きてよき人は、人の教へを待たず、自《おのづか》ら仁義を守る。いたつて愚なるは、いかに教ふれども随はず。中なる人は、縁にあひて悪しくも成り、良くもなる。かからん人は、好き友を求め、善縁に近付くべし。経に曰く、「善人と伴ふは、雨露の中を行くに、自ら衣の濡るる如し」。書に曰く、「善人と居するは、則ち蘭芝の室に入るが如し。久しくその香を聞《かが》ざれども之と化す。不善の人と居するは、則ち鮑魚の肆《いちくら》に入るが如し。その臭を齅《かが》ざれども之と化す」。この故に、いとしもなき人にむつばんはよしなくこそ。

されば、楽天は竹と水とを友として、常に心を澄まし、思ひを述ぶ。その詩に曰く、「水は能く性淡ければ、我が友たり。竹は心の空を解《さと》れば、これ我が師なり。何ぞ必ずしも、悠々たる人の世上に、力を費し、親知を覓めむ」。世間の人は、悦びある時はともなひ、恨ある時はそねむ。富める時は随ひ、貧しき時は遠ざかる。設《たと》ひ深き友も、中有の旅をばとぶらはず。ただ善知識ぞ、実の道に入る便りとなる友、馴れ近づくべし。

（「沙石集」より）

○検点する…点検する。
○蘭芝…蘭と芝。どちらも薫り高い香草。
○肆…店の意。
○いとしもなき人…特に優れたところもない人。つまらぬ人。
○楽天…白居易。字は楽天。中唐の詩人。
○親知…親しい友。
○中有の旅…死後、次の生所が定まるまでの四十九日間をいい、冥土の旅に喩える。

(一) 傍線部あ「自身を検点せば、道業成ぜずと云ふ事あらじ」、い「人の失は見えるにや」をそれぞれ口語訳しなさい。
(二) 傍線部う「上智は教へられず、下愚は移らず」とはどういうことか書きなさい。
(三) 傍線部え「則」、お「能」の読み方を現代仮名遣いで書きなさい。

(四)　授業の場面において生徒が、傍線部か「これ我が師なり」を「私の師のようだ」と誤訳した。この場合、生徒はどのようにとらえて誤訳したと考えられるか、その原因についてわかりやすく説明し、さらにこの場合の正しい解釈についても説明しなさい。

(五)　傍線部き「親知」とあるが、作者の「友」に対する考え方をまとめ、さらにどのようなものを「親知」とすべきだと考えているかについて、その理由も含めて具体的に説明しなさい。

（☆☆☆◎◎◎）

【三】次の文章を読み、(一)～(五)に答えなさい。なお、設問の都合により訓点を一部省いてある。

問《フ》二[あ]上達《ノ》工夫《ヲ》一。先生曰《ハク》、「後儒教《フルニ》レ人《ヲ》、[a]纔渉《レバ》二精微《ニ》一、便《チ》謂《フ》、『上達《ハ》未レ当レ学、且《しばらク》説《カント》二下学《ヲ》一。』是《レ》分《ツテ》二下学・上達《ヲ》一為《ス》レ二《ト》也。夫《レ》目《ノ》可《ク》レ得レ見《ルヲ》、耳《ノ》可《ク》レ得レ聞《クヲ》、口《ノ》可《ク》レ得レ言《フヲ》、心《ノ》可《キ》レ得レ思《フヲ》者《ハ》、皆下学也。目《ノ》不レ可《カラ》レ得レ見《ルヲ》、耳《ノ》不レ可《カラ》レ得レ聞《クヲ》、口《ノ》不レ可《カラ》レ得レ言《フヲ》、心《ノ》不《ル》レ可《カラ》レ得レ思《フヲ》者《ハ》、上達也。如《キハ》二木之栽培灌漑《ノ》一、[い]是《レ》下学也。至《ツテハ》二於日夜之所レ息《そくスル》、條《でう》達《たつ》暢《ちやう》茂《もスルニ》一、乃《チ》是《レ》上達《ナリ》。人安能預其力哉。故ニ凡ソ可レク用レフ功ヲ、可ニキ告語一ス者ハ皆□ナリ。上達ハ只[b]在ニリ下学ノ裏《うち》一。凡ソ聖人ノ所レハ説ク、雖レモ極ニムト精微一ヲ、倶[c]是レ下学ナリ。学者只従[d]ニ下学ノ裏一用レヒハ功ヲ、自然ニ上達シ去《ゆ》カン。不ニレト必ズシモ別ニ尋ネ箇ノ上達的ノ工夫ヲ一。」

（「伝習録」より）

（注）○後儒……後世の儒学者。　○精微……細かくて分かりにくいこと。
○下学……手近な所から学ぶこと。　○日夜之所息……草木が日夜の間に自然に生育していくこと。
○條達……枝が伸びること。　○暢茂……葉が伸び茂ること。

(一) 二重傍線部a「纔」、b「只」、c「倶」、d「従」の読み方を、送り仮名も含めて現代仮名遣いで書きなさい。
(二) 傍線部あ「未当学」を書き下し文に直しなさい。
(三) 傍線部い「人安能預其力哉」の解釈として最も適切なものを次のア～オから一つ選び、その記号を書きなさい。
ア　人はどうして上達の域に達することができないのか。

イ　人は上達の域に達することは可能だろうか。
ウ　人はどこで上達の域に関与することができるのか。
エ　人は上達の域に関与することはできない。
オ　人はどうしても上達の域に達したいわけではない。

(四)　□にあてはまる最も適切な語を、文章中から選んで書きなさい。ただし、訓点は不要とする。
(五)　傍線部う「不必別尋箇上達的工夫」について、次の①、②に答えなさい。
①　「先生」がこのように述べたのはなぜか、その理由を説明しなさい。
②　授業の場面において、生徒から「なぜ『必ズ』ではなく『必ズシモ』と訓読するのか」という質問があった場合、どのように説明したらよいか、書きなさい。

(☆☆☆◎◎◎)

【中学校】

【一】次の文は、中学校学習指導要領「国語」の「各学年の目標及び内容」の「第二学年」及び「第三学年」の「内容」の「話すこと・聞くこと」の一部である。以下の(一)～(三)に答えなさい。

〔第二学年〕
(1)　話すこと・聞くことに関する次の事項を身に付けることができるよう指導する。
ア　目的や場面に応じて、(　a　)生活の中から話題を決め、異なる立場や考えを想定しながら集めた材料を整理し、伝え合う内容を検討すること。

イ　自分の立場や考えが明確になるように、根拠の適切さや論理の展開などに注意して、話の構成を工夫すること。
ウ　（　b　）を用いるなどして、自分の考えが分かりやすく伝わるように表現を工夫すること。
エ　論理の展開などに注意して聞き、話し手の考えと（　c　）しながら、自分の考えをまとめること。
オ　互いの立場や考えを尊重しながら話し合い、①結論を導くために考えをまとめること。

〔第三学年〕

(1)　話すこと・聞くことに関する次の事項を身に付けることができるよう指導する。
ア　目的や場面に応じて、（　a　）生活の中から話題を決め、多様な考えを想定しながら材料を整理し、伝え合う内容を検討すること。
イ　自分の立場や考えを明確にし、相手を説得できるように論理の展開などを考えて、話の構成を工夫すること。
ウ　場の状況に応じて（　d　）を選ぶなど、自分の考えが分かりやすく伝わるように表現を工夫すること。
エ　話の展開を予測しながら聞き、聞き取った内容や表現の仕方を（　e　）して、自分の考えを広げたり深めたりすること。
オ　進行の仕方を工夫したり互いの発言を生かしたりしながら話し合い、②合意形成に向けて考えを広げたり深めたりすること。

(一)　（　a　）～（　e　）にあてはまる語句を次のあ～そからそれぞれ一つ選び、その記号を書きなさい。

あ　役割　い　活用　う　社会　え　日常　お　記録や分析
か　言葉　き　情報　く　文脈　け　比較　こ　資料や機器
さ　学校　し　評価　す　事象　せ　統合　そ　提案や助言

(二)　傍線部「根拠の適切さや論理の展開などに注意」するとはどうすることか、説明しなさい。

(三)　波線部①「結論を導く」と②「合意形成に向けて」の違いを明らかにして、〔第二学年〕のオと〔第三学年〕のオの指導に共通する留意点について説明しなさい。

（☆☆☆◎◎◎）

【高等学校】

【一】次の文は、高等学校学習指導要領(平成三十年告示)「国語」の「各科目」の「論理国語」の「内容」の一部である。以下の(一)～(三)に答えなさい。

B　読むこと

(1)　読むことに関する次の事項を身に付けることができるよう指導する。

ア　文章の種類を踏まえて、内容や構成、論理の展開などを的確に捉え、論点を明確にしながら（　a　）を把握すること。

イ　文章の種類を踏まえて、資料との関係を把握し、内容や構成を的確に捉えること。

ウ　主張を支える根拠や結論を導く論拠を（　b　）に検討し、文章や資料の妥当性や信頼性を吟味して内容を解釈すること。

エ　文章の構成や論理の展開、表現の仕方について、書き手の意図との関係において多面的・多角的な視点から（　c　）すること。

オ　関連する文章や資料を基に、書き手の立場や目的を考えながら、内容の解釈を深めること。

カ　人間、社会、自然などについて、文章の内容や解釈を多様な論点や異なる（　d　）と結びつけて、新たな観点から自分の考えを深めること。

キ　設定した題材に関連する複数の文章や資料を基に、必要な情報を関係付けて自分の考えを広げたり深めたりすること。

(2)　(1)に示す事項については、例えば、次のような言語活動を通して指導するものとする。

ア　論理的な文章や（　e　）な文章を読み、その内容や形式について、批評したり討論したりする活動。

イ　社会的な話題について書かれた論説文やその関連資料を読み、それらの内容を基に、自分の考えを論述したり討論したりする活動。

ウ　学術的な学習の基礎に関する事柄について書かれた短い論文を読み、自分の考えを論述したり発表したりする活動。

エ　同じ事柄について異なる論点をもつ複数の文章を読み比べ、それらを比較して論じたり批評したりする活動。

オ　関心をもった事柄について様々な資料を調べ、その成果を発表したり報告書や短い論文などにまとめたりする活動。

(一)　（　a　）～（　e　）にあてはまる語句を次のあ～そからそれぞれ一つ選び、その記号を書きなさい。

あ　文学的　い　理解　う　評価　え　総合的　お　認識
か　価値観　き　文脈　く　伝統的　け　要旨　こ　叙述
さ　共感的　し　鑑賞　す　実用的　せ　概念　そ　批判的

(二)　傍線部「文章の種類を踏まえて、資料との関係を把握」するとはどういうことか、説明しなさい。

(三)　(2)のエの事項について、次の①、②に答えなさい。

①　複数の文章を読み比べることの効果を書きなさい。

②　読み比べた文章を比較して論じたり批評したりする活動を行うに当たって、留意する点を書きなさい。

(☆☆☆◎◎◎)

解答・解説

【中高共通】

【一】(一)　①　民衆　②　耐　③　地平　④　抑揚　⑤　獣　⑥　拒　(二)　動詞「読み解く」の未然形と、助動詞「れる」の連体形と、助動詞「ようだ」の連体形　(三)　ア　×　イ　○　ウ　○　エ　○　(四)　悲しみを生きるときには真実を覆い隠さないように、借りてきたような言葉を用いずに、その人が生きてきた言葉で語ること。　(五)　亡き者たちをおもう、声にならない呻き　(六)　私たちはコトバにより、人が書かなかったこと、書き得なかったことを享受することで、深い悲しみを受け入れ生きられること。

(七)「言葉」は文字や音声で感覚できる言語の意味、また「コトバ」は私たちが感覚するものすべての意味で筆者は文章中で区別して用いている。

〈解説〉(一) 漢字については書き取りを意識しながら、新聞や雑誌などの文章を読む習慣をつけるとよい。誤字・脱字などに注意すること。 (二)「文法的に説明」とは与えられた箇所を単語に分解し、品詞名を活用語であれば、意味と活用形を書くことを意味する。「読み解く」(他カ五)が一つの動詞であることも注意したい。(三)「古今和歌集」は、延喜五(九〇五)年に醍醐天皇の勅命により成立した最初の勅撰和歌集である。編者は、紀貫之、紀友則、壬生忠岑、凡河内躬恒の四人。小野小町は、「古今和歌集」の六歌仙の一人である。(四)「現代人はそのことを忘れている」の「そのこと」とは、前文「悲しみを生きるとき、詩歌はその人の近くにある」を指す。したがって「詩歌はその人の近くにある」を読み解けばよい。内容は傍線部の前々段落にあるので、まとめるようにする。 (五) ここでいう歌は「短歌」であること、この「短歌」の起源が「挽歌(亡き者たちを悼む歌)」であることを踏まえ、文字数に合う表現を抜き出す。 (六) 文字や声になる言葉とは異なる「コトバ」の機能の説明を問う問題。死者への悲しみの状況の中で、文字や声(慟哭)でその心情を人は感じ取るが、それとは異なるコトバ(感覚や意識)でさらに悲しむ人の心をとらえ、その心を享受して生きられることをいう。 (七) (六)とセットで考えるとよい。形式段落第十八段落目に、「言葉」は「文字や声になる」とあり、「コトバ」は「言葉とは異なる、もう一つの」ものと表現している。そして、形式段落第十九段落目以降で「コトバ」の説明をしているので、それをまとめればよい。

【二】(一) あ 自分自身を点検すれば、道業(仏道修行)を成就しないということはないだろう。 い 人の欠点はよく見えるのだろうか。 (二) 生まれつき賢い人は、人に教えられるのを待たず、自然と仁義を守り、きわめて愚かな人は、どんなに教えても従わない。　(三)　え　すなわ　お　よ　(四)　生徒は助動詞の「なり」を活用語の終止形(ラ変型は連体形)に接続する伝聞・推定の助動詞と捉えたため、「私の師のようだ」と誤訳した。この場合、「なり」は体言に接続しているため、断定の助動詞であることから、「私の師である」と訳すのが正しい。　(五)　人はともにいる人の影響を受けやすいので特別に優れていない人と慣れ親しむのは無意味である。世の中の人は、悦びのあるときは共に連れ添い、恨みがあるときは妬み、裕福なときは近づいてくるが、貧しいときは遠ざかり、どんなに深い付き合いの友でも中有の旅を訪ねていくことはない。唯一善知識は仏道に入る頼みとなるため、善知識こそ友として慣れ親しむべきである。

〈解説〉(一)　あ「自身を検点せば」の「検点せ」は、「検点す」(サ変)の未然形で仮定条件の接続助詞「ば」に接続し、「もし自分自身(の汚点)を点検したら」という意味。「成せず」は「成就しない」、「と云ふ事あらじ」の「じ」は打消推量の助動詞で「……と言うことはないだろう」と訳す。　い　「人の失は見えるにや」の「失」は「欠点・汚点」を意味する。「見えるにや」の「に」は断定の助動詞「なり」の連用形、「や」は疑問の係助詞で、下に「あらむ」が省略されている。「人の欠点(汚点)はよく見えるのだろうか」と訳す。　(二)「上智は教へられず、下愚は移らず」について筆者(無住法師)は、以下の文で「生まれ付きてよき人」と「いたつて愚なる(人)」を分けて説明している。前者は「人の教へを待たず、自ら仁義を守る」、後者は「いかに教ふれども随はず」と説明している。この部分を訳せばよい。　(三)　え「則」は、「すなわち」と読む。条件を表す助字で、「……すれば。……であると」という意味である。　お「能」は「よ」と読み、「うまく。じょうずに」を意味する助字である。　(四)　助動詞「なり」には「伝聞・推定」と「断定」の意味がある。前者は活用語の終止形(ラ変型は連体形に接続する)、後者は活用語の連体形に接続する。「これ我が師なり」の「なり」は、体言(師)に接続しているので、断定の助動詞であるから、「私の師である」と訳すのが正しい。　(五)「親知」

(親しい知友)を人間社会で「何ぞ必ずしも……覓(求)めむ」という白楽天は「竹と水」とを友としたが、もし人間社会で親知を求めるとした場合、筆者は五経や四書を例示し、善人と交われば善人と同化し、不善の人と交われば、その人と同化するとして、「いとしもなき人(つまらぬ人)」との交わりは、「よしなくこそ(あれ)」と否定的である。そして人の世の人間関係については、プラス面(悦びごと・裕福なとき)では、親近感をもって接してくるが、マイナス面(恨みごと・貧困なとき)は、嫌悪して離れていくという打算が働く。また深い知友でも中有の旅を訪ねていかない、と批判したあと、「ただ善知識ぞ、道に入る便りとなる友、馴れ近づくべし」と述べている。以上を要約すればよい。

【三】(一) a わずかに b ただ c ともに d より (二) 未だ当に学ぶべからず、 (三) エ
(四) 下学 (五) ① 上達とは努力して下学を学ぶうちに自然と到達できる領域であるため、別に上達の域に達する方法を尋ねる必要がないから。 ② 「不必別尋箇上達的工夫」は、「否定語+副詞」の語順なので、否定語が副詞の示す内容を部分的に否定する部分否定の句形である。部分否定では、「必ずしも」と読んで、全部否定との意味の違いを明確にする必要があるから。

〈解説〉(一) a 「纔」は、「わずかに」と読む。「少し」の意。b 「只」は、「ただ」と読む。「他になく。単にそれだけ」の意。c 「倶」は、「ともに」と読む。「同時に」の意。d 「従」は、「より」と読む。起点を表す。「自」と同義。 (二) あは、「未レ未《ダ》《カラ》レ学《ニ》《ブ》」の書き下し文。再読文字の「当」(まさニ……ベシ)に注意しよう。(三) 「人安能預其力哉」(人安ぞ能く其の力に預からんや)の解釈である。「安……哉」は、反語形。「其の力」は、木で例えれば「至於日夜之所息、條達暢茂」(自然に生育し、枝葉の伸び茂ること)をいう。傍線部を訳すと「どうして人はその力にあずかり及ぶことができようか。いや及ぶものではない」となる。 (四) 空欄の前の「可用功」「可告語」が、空欄の内容になる。「可用功」は「努力することができ」であり、「可告語」の「告語」

は、「人に語り知らせること」を意味する。この両者が空欄の内容の「下学」である。(五) ①「不必別尋箇上達的工夫」(必ずしも別に箇の上達の工夫を尋ねざれ)は、「別に上達の修行法を尋ねることは不要である」と訳す。その理由について「学者只従下学裏用功、自然上達去」(学問する人は卑近な下学から努力していくべきで、そうすれば上達の域に達することができる)と述べている。②「不必……」の否定詞＋副詞は部分否定、副詞＋否定詞(必不……)は全部否定の形である。部分否定の副詞には、送り仮名で部分否定であることの読み方を示して区別されている。例えば、「不常」の「常」は、「常ニハ」、「不自」の「自」は、「自ラハ」の送り仮名になる。

【中学校】

【二】(一) a う　b け　c こ　d か　e し　(二) 自分の立場や考えとそれを支える根拠の整合性を吟味し、聞き手を意識しながら話す事柄の順序などの構成を考えること。(三)「結論を導く」とは、一定の結論に向かって考えをまとめることである。「合意形成に向けて」とは、立場や考えの違いを認めつつ納得できる結論を目指すことである。どちらにおいても互いの立場や考えの違いを認めつつ話し合うことが重要である。

〈解説〉(一) 学習指導要領解説によると、「話すこと・聞くこと」は「話すこと」「聞くこと」「話し合うこと」に分けて考えられており、指導内容は「ア　話題の設定、情報の収集、内容の検討」「イ　構成の検討、考えの形成(話すこと)」「ウ　表現、共有(話すこと)」「エ　構造と内容の把握、精査・解釈、考えの形成、共有(聞くこと)」「オ　話合いの進め方の検討、考えの形成、共有(話し合うこと)」となっている。さらに、各学年の学習状況を踏まえながら具体的内容を変更しており、問題のような内容となっている。学習する際は、指導内容ごとに学年間でどのような具体的内容の変更があるか比較してみるとよい。学習指導要領解説には一覧表があるので、参照してみるとよいだろう。 (二) 学習指導要領解説では「根拠の適切さ」「論理の展開などに注意する」ことは、「話の構成を工夫」することにつながるとしている。自分の立場や考えを明確にするためには、話の全体を俯瞰して、聞き手を意識した論理の展開を工夫することが重要、と述べていることにも注意したい。(三) 第二学年から第三学年になり、学習内容がどのように変わったかを問う問題ともいえる。「多様な考え方があることを認めつつ、話し合う」という点では共通しているが、第二学年では「一定の結論」が求められるのに対し、第三学年では「合意形成」が求められている。当然、第三学年のほうがより高度な内容となっている。具体的な指導法などについても、学習指導要領解説等で学習すること。

【高等学校】

【二】(一) a け b そ c う d か e す (二) それぞれの文章の種類に固有の特徴を考慮し、書き手の主張に対して資料がどのような役割を果たしているか理解すること。 (三) ① 賛否分かれる文章や、対立する視点をもつ文章を読み比べて比較することによって、それぞれの文章がもつ論理の共通点や相違点を整理して論じることができる。 ② 読み比べることによって得た情報を踏まえて、根拠をもって論じたり批評したりするように指導しなければならない。

〈解説〉本資料によると、論理国語は「多様な文章等を多面的・多角的に理解し、創造的に思考して自分の考えを形成し、論理的に表現する能力を育成する科目として、主として『思考力・判断力・表現力等』の創造的・論理的思考の側面の力を育成する」「実社会において必要となる、論理的に書いたり批判的に読んだりする資質・能力の育成を重視」することを目的としており、「読むこと」「書くこと」に特化した科目といえる。

(一)「読むこと」の内容については「構造と内容の把握」「精査・解釈」「考えの形成、共有」の三つで構成されており、アとイが「構造と内容の把握」、ウ〜オが「精査・解釈」、カとキが「考えの形成、共有」に該当する。上記、論理国語の目的などを踏まえて学習するとわかりやすいだろう。(二) 学習指導要領解説によると、「文章の種類を踏まえて」とは「契約書、法令文などの文章の種類に固有の特徴を踏まえること」指すとしている。ここでは、物語や小説など、従来の「国語」で扱われていた文章はほとんど対象になっていないことに注意したい。「資料との関係を把握する」とは、「主張とそれを支える資料が書き手の主張に対してどのような役割を果たしているかを確認し把握すること」としており、「資料」とは、統計などの情報を整理した図表、写真、地図などのデータ、関連する法令、主張を検討するうえでの参考文献などの多様な情報を含むとしている。(三) ① それぞれの文章を読み比較することで、論点の共通性や相違点を整理できるので、新しい発見もありうることを踏まえて書くとよい。 ② 論理国語の目的などを踏まえて考えるとよい。読み比べによって得た情報は、自分の考えを論ずる根拠や他の文章の評価材料にもなることを指導することが求められる。

二〇二二年度　実施問題

【中高共通】

【一】次の文章を読み、(一)～(八)に答えなさい。

人が本を読まなくなった。あれほど堅固aに見えた〈紙の本〉への信頼感がぐらりと揺らいだようbに思える。このさき私たちの読書環境はどう変わってしまうのだろうか。

こうした不安をもたらした犯人はデジタル革命だという説があります。ゲームやSNSのせいだとか、なにもかもインターネットがわるいのだとか——。

でも、はたしてそう簡単にいいきってしまえるのかどうか。

だいいち若者の「本ばなれ」が①ケンチョになった七〇年代末には、デジタル時代はまだ緒についたばかり。戦後はじめて本の総売上が下降に転じたのも、インターネットや携帯電話が広く定着したのも、すべて九〇年代が終わり近くなってからのことなのです。であるからには、どう考えても読書習慣のおとろえの責任をまるごとデジタル革命に負わせることにはむりがある。それよりも、このおとろえは二十世紀後半、デジタル革命の開始以前に、〈紙の本〉の世界の内側で徐々に醸成されてきたと考えておくほうが、よほど自然なのではないだろうか。

もうひとついえば、新しく興隆したメディアが〈紙の本〉をほろぼすという危機の構図にしても、それ自体は新しいものではなく、すでに出版産業化が本格化した一九二〇年代にはすがたを現していました。このときの[あ]本の敵は映画(無声映画)です。たとえばチェコの人気作家でジャーナリストのカレル・チャペック。かれは一九二五年に、早くも成熟期に足を踏み入れた映画の力をたたえて、これからは本を読む「[い]概念的タイプ(老年世代)」にかわって映画で再教育された「視覚型人間(現代の人間)」が増えてゆくだろう、と予言していた。

読書タイプの人間は忍耐強い。周囲の状況を認識し、事件の記録のなかに腰を据え、話を最初から最後までたどっていくだけの十分な時間を取る。□的タイプはそれほど忍耐強くありません。状況を一目で把握し、時間をかけずに話の筋を飲み込んでしまいたがります。そして、次の瞬間にはもう新しい何かを物色しているのです。しかし、もしかしたら、たっぷり息を吸うために、映像の急流から逃れ、本に戻る人も出てくるかもしれません。(略)多分ね、そんなこと誰にわかるのです?――多分、書物はだんだんと死に絶えていくでしょう。もしかしたらバビロンの文字の書かれた煉瓦《れんが》のように奇妙な記念碑になるでしょう。でも、芸術は死に絶えることはありません。

(『目の世代』)

文脈がすこし混乱しているので、チャペックが「本に戻る人」に批評的な距離をおいているようにも読めます。でも、たぶんそうじゃないな。かれが人間をつくりかえる映画特有のスピード感に魅せられていたのは事実でしょうが、それと同時に、ねばりづよく「周囲の状況を認識」し、十分な時間をかけて「最初から最後まで」話につきあうという「読書タイプの人間」の習性にも、おなじくらい、もしくはそれ以上につよく共感していた。チャペックが同時期に書いたいくつかのエッセイから見ても、かれのうちに「進歩する人間」とならんで、ひとりの確信的な「本に戻る人」がいたことはあまりにもあきらかなのです。

　そして、このチャペックのうちなる「読書タイプの人間」と「視覚型人間」との葛藤の劇が、百年後、映画をインターネットに、「視覚型人間」を「デジタル型人間」におきかえて、そっくりそのまま繰りかえされます。私の場合でいえば、数年まえ、たまたま雑誌で津村記久子の「咳と熟読」という文章を読み、おや、おれは以前、これと〔う〕似たようなことをどこかで読んだことがあるぞと、チャペックのこのエッセイのことを思いだした。

　津村の「咳と熟読」によると、いっとき本をはなれてインターネットに熱中した彼女は、やがてネット情報の「瞬間湯沸かし」的な収集に疲れて、ふたたび本を読むようになったらしい。「情報」をいそがしく「脳味噌に注入」するかのごとき「飽和状態」のなかで「逆説的に、自分が本から得ていた主な栄養は「情報」ではないのだな」と気づいたというのです。

> 本を読み始めた頃、読むことは、ひたすら体験だった。図書室で借りてきた本のぼろぼろさ加減とその物語は、一体のものとなって記憶されている。喘息の発作の後、親に隠れて本を読んでいる自分自身もまた、物語の一部だったように思える。ああ、『チム・ラビットのぼうけん』はおもしろかったなあ、と思い出す時は、必ず、小学二年の時に住んでいたマンションの六〔②〕ジョウの寝室と、窓から差し込む昼間の光と、苦かった薬と〔③〕ウラハラに魅力的だった吸入器の味のことを思い出す。
>
> そういう、〔え〕体を伴った読書を再び求める。

　ネット情報とのつきあいに疲弊して「読書を再び求める」ようになった。つまりはそういうこと。彼女もまた、チャペックがいう「たっぷり息を吸うために、映像〔情報〕の急流から逃れ、本に戻る人」のひとりだったのです。

おチャペックと津村記久子——。

この二人の作家の百年の時をへだてた体験をならべてみると、〈読書の黄金時代〉としての二十世紀が、じつは終始、かならずしも安定したものでありつづけていたわけではないことがわかります。いかにも私たちは、いまデジタル革命の④ショウゲキで〈紙の本〉がはじめて危機にさらされているように感じている。でもちがうんですね。チャペックによると、すでに前世紀の二〇年代、〈読書の黄金時代〉がその盛期にさしかかろうとするころには、映画の成熟によって、かれ自身をふくむ本好きたちまでが、いち早く、その危機を予感するようになっていたらしい。

そして、この点にかかわってもうひとつ見すごしてならないのが、この危機が同時に〈紙の本〉の力を人びとが発見しなおす機会になったということです。

（津野海太郎「読書と日本人」より）

（注）○津村記久子……小説家。２００５年、太宰治賞受賞。

(一) 二重傍線部①～④のカタカナを漢字で書きなさい。

(二) 波線部 **a**「に」、**b**「に」をそれぞれ文法的に説明しなさい。

(三) [　　] にあてはまる語を文章中から探し、漢字二字で書きなさい。

(四) 傍線部あ「本の敵」として文章中で具体的に挙げられているものを五つ書きなさい。

(五) 傍線部い「概念的タイプ」を五十字以内で説明しなさい。

(六) 傍線部う「似たようなこと」とはどのようなことか、五十字以内で書きなさい。

(七) 傍線部え「体を伴った読書」とはどのようなものか、五十字以内で書きなさい。

(八) 傍線部お「チャペックと津村記久子」を筆者が本文に取り上げることで伝えたかったことを書きなさい。
(☆☆☆◎◎◎)

【二】次の文章を読み、(一)～(六)に答えなさい。

尼、地蔵見奉る事

今は昔、丹後国《たんごのくに》に老尼ありけり。地蔵菩薩は暁ごとに歩き給ふといふ事をほのかに聞きて、暁ごとに地蔵見奉らんとて、ひと世界惑ひ歩くに、博打《ばくうち》の打ちほうけてゐたるが見て、「尼君は寒きに何わざし給ふぞ」といへば、「地蔵菩薩の暁に歩き給ふなるに、あひ参らせんとて、かく歩くなり」といへば、「地蔵の歩かせ給ふ道は我こそ知りたれば、いざ給へ、あはせ参らせん」といへば、「あはれ、あうれしき事かな。地蔵の歩かせ給はん所へ我を率ておはせよ」といへば、「我に物を得させ給へ。やがて率てい奉らん」といひければ、「この着たる衣奉らん」といへば、「いざ給へ」とて隣なる所へ率て行く。

尼悦びて急ぎ行くに、そこの子にぢざうといふ童ありけるを、それが親を知りたりけるによりて、「ぢざうは」と問ひければ、親、「遊びにう往ぬ。今え来なん」といへば、「くは、ここなり。ぢざうのおはします所は」といへば、尼、うれしくて紬《つむぎ》の衣を脱ぎて取らすれば、博打は急ぎて取りて往ぬ。

尼は「地蔵見参らせん」とてゐたれば、親どもは心得ず、「おなどこの童を見んと思ふらん」と思ふ程に、十ばかりなる童の来たるを、「くは、ぢざう」といへば、尼、見るままに是非も知らず臥し転《まろ》びて拝み入りて、土にうつぶしたり。童、楉《すはえ》を持て遊びけるままに来たりけるが、その楉して手すさびのやうに額をかけば、額より顔の上までか裂けぬ。裂けたる中よりえもいはずめでたき地蔵の御顔見えき給ふ。尼拝み入りてうち見あげたれば、かくて立ち給へれば、涙を流して拝み入り参らせて、やがて極楽へ参りけり。

されば心にだにも深く念じつれば、仏も見え給ふなりけりと信ずべし。

（「宇治拾遺物語」より）

（注）○丹後国…現在の京都府北部。
○紬の衣…くずまゆや真綿から紡いだ丈夫な絹糸で織った上等の布地で仕立てた着物。
○楉…まっすぐに長く伸びた木の細枝。

(一)　傍線部あ「うれしき事かな」とあるが、これは誰がどのようなことについてうれしいと感じているのか、説明しなさい。

(二)　傍線部い「奉ら」、き「給ふ」は、誰から誰への敬意か。例にならって書きなさい。
（例）童から親への敬意

(三)　傍線部う「往」、え「来」の読み方を書きなさい。

(四)　傍線部お「などこの童を見んと思ふらん」の口語訳を書きなさい。

(五)　傍線部か「裂けぬ」について、授業の場面において、生徒から助動詞「ぬ」が打消なのか完了なのかはどのようにして見分けるとよいかという質問が出た。助動詞「ぬ」の識別について接続と活用形に着目してわかりやすく説明しなさい。

(六)　傍線部く「されば心にだにも深く念じつれば、仏も見え給ふなりけりと信ずべし」という作者の考えは、誰のどのような行動を受けたものか、説明しなさい。

（☆☆☆◎◎◎）

【三】次の文章を読み、(一)～(五)に答えなさい。なお、設問の都合により訓点を一部省いてある。

魏《ぎ》武《ぶ》[a]嘗過《よぎ》ル二曹《そう》娥《が》碑ノ下一ヲ。楊《よう》脩《しゅう》従フ。碑背上ニ見ル三題シテ作ルヲ二黄絹幼婦外孫韲《せい》臼《きゅう》ノ八字一ヲ。魏武ハ謂ヒテレ脩ニ曰ハク、解スルヤ[b]不。答ヘテ曰ハク、解セリト。魏武曰ハク、[あ]卿未可言、待テ二我ノ思フヲ一之ヲ。行クコト三十里、魏武乃チ曰ハク、吾[c]已得タリト。[い]令脩別記所知。脩曰ハク、黄絹ハ、色糸也、於テレ字ニ為スレ絶ト。幼婦ハ、少女也、於テレ字ニ為スレ妙ト。外孫ハ、[う]女子也、於テレ字ニ為スレ好ト。韲臼ハ、受クルレ辛《しん》ヲ也、於テレ字ニ為スレ辞ト。[d]所謂絶妙好辞也ト。魏武モ亦タ記スレ之ヲ、与レ脩同ジナリ。乃チ歎ジテ曰ハク、我ガ才ノ不ルコトレ及バレ卿ニ、乃チ覚《さと》レリト二三十里一ナルヲ。

（「世説新語」より）

(注) ○魏武…魏の武帝・曹操。魏王朝の基礎を築いた。

○曹娥碑…曹娥は、後漢時代の会稽郡(浙江省)の孝女。十四歳の時、水死した父の後を追って自ら江に身を投げて死んだ。県令が彼女を讃えるための碑文を書かせた。

○楊脩…曹操の丞相主簿。

○韲臼…野菜や肉などを細かく刻んで塩漬けにする漬物、つまり「韲」を漬けこむための臼。また、韲を漬けこむ際には辛《からし》を加える。

○三十里…当時の一里は、約四三六メートルで、三十里は十三キロメートル余りとなる。

(一) 二重傍線部a「嘗」、b「不」、c「已」、d「所謂」の読み方を、現代仮名遣いで書きなさい。ただし、二重傍線部a、b、cは送り仮名も含めて現代仮名遣いで書きなさい。

(二) 傍線部あ「卿未可言」とあるが、「言」の具体的内容を明らかにして口語訳しなさい。

(三) 傍線部い「令脩別記所知」について、次の①、②に答えなさい。

① 次の白文に送り仮名と返り点を付けなさい。

令　脩　別　記　所　知

② 魏武がこのように命じた理由について、説明しなさい。

(四) 傍線部う「絶妙好辞」とあるが、どういうことか、主語を明らかにして説明しなさい。

(五) 授業の場面において、この文章から生まれた「有知無知三十里」という言葉の意味について説明する場合、どのように板書するか、次の条件一～三に従い書きなさい。

条件一　「有知」、「無知」、「三十里」を本文の内容を踏まえてまとめたうえで、「有知無知三十里」の意味について書くこと。
条件二　生徒のノート整理の見本として簡潔に整理し、まとめること。
条件三　縦書きで書くこと。

(☆☆☆◎◎◎)

【中学校】

【二】次の文は、中学校学習指導要領「国語」の「各学年の目標及び内容」の「第一学年」及び「第二学年」の「内容」の「書くこと」の一部である。以下の(一)～(三)に答えなさい。

〔第一学年〕

(1) 書くことに関する次の事項を身に付けることができるよう指導する。

ア 目的や意図に応じて、(a)生活の中から題材を決め、集めた材料を整理し、伝えたいことを明確にすること。

イ 書く内容の(b)が明確になるように、段落の(c)などを意識して文章の構成や展開を考えること。

ウ ①根拠を明確にしながら、自分の考えが伝わる文章になるように工夫すること。

エ 読み手の立場に立って、表記や語句の用法、(d)の仕方などを確かめて、文章を整えること。

オ 根拠の明確さなどについて、読み手からの助言などを踏まえ、自分の文章のよい点や改善点を見いだすこと。

〔第二学年〕

(1) 書くことに関する次の事項を身に付けることができるよう指導する。

ア 目的や意図に応じて、社会生活の中から題材を決め、多様な方法で集めた材料を整理し、伝えたいことを明確にすること。

イ　伝えたいことが分かりやすく伝わるように、段落相互の関係などを明確にし、文章の構成や展開を工夫すること。
ウ　②根拠の適切さを考えて説明や具体例を加えたり、表現の効果を考えて（　e　）したりするなど、自分の考えが伝わる文章になるように工夫すること。
エ　読み手の立場に立って、表現の効果などを確かめて、文章を整えること。
オ　表現の工夫とその効果などについて、読み手からの助言などを踏まえ、自分の文章のよい点や改善点を見いだすこと。

(一)（　a　）～（　e　）にあてはまる語句を次のあ～そからそれぞれ一つ選び、その記号を書きなさい。
あ　場面　い　記録　う　叙述　え　概要　お　分析　か　学校　き　活用　く　役割　け　言語　こ　報告　さ　提案　し　中心　す　描写　せ　日常　そ　文脈

(二)傍線部「社会生活の中から題材を決め、多様な方法で集めた材料を整理」する際の留意点を書きなさい。

(三)波線部①「根拠を明確にしながら」と波線部②「根拠の適切さを考えて」の違いを明らかにして、〔第一学年〕のウと〔第二学年〕のウの指導の系統性について説明しなさい。

(☆☆☆◎◎◎)

【高等学校】

【一】 次の文は、新高等学校学習指導要領(平成三十年告示)「国語」の「各科目」の「文学国語」の「内容の取扱い」である。以下の(一)～(三)に答えなさい。

(1) 内容の〔思考力、判断力、表現力等〕における授業時数については、次の事項に配慮するものとする。
ア 「A書くこと」に関する指導については、(a)単位時間程度を配当するものとし、計画的に指導すること。
イ 「B読むこと」に関する指導については、(b)単位時間程度を配当するものとし、計画的に指導すること。
(2) 内容の〔思考力、判断力、表現力等〕に関する指導については、次の事項に配慮するものとする。
ア 「B読むこと」に関する指導については、必要に応じて、(c)を扱うこと。
(3) 教材については、次の事項に留意するものとする。
ア 内容の〔思考力、判断力、表現力等〕の「B読むこと」の教材は、近代以降の文学的な文章とすること。また、必要に応じて、翻訳の文章、①古典における文学的な文章、近代以降の(d)、演劇や(e)の作品及び文学などについての評論文などを用いることができること。
イ 内容の〔思考力、判断力、表現力等〕の「A書くこと」及び「B読むこと」のそれぞれの(2)に掲げる言語活動が十分行われるよう②教材を選定すること。

(一) (a)～(e)にあてはまる語句または数字を次のあ～そからそれぞれ一つ選び、その記号を書きなさい。
あ 30～40　い 50～60　う 80～90　え 100～110　お 伝統芸能

か　文語文　き　映画　く　文章の形式　け　書写　こ　実用的な文章
さ　文学の変遷　し　芸術　す　口語のきまり　せ　漢詩文　そ　敬語の用法

(二)　(3)のアの事項について、傍線部①「古典における文学的な文章」を読む際には、どのようなことが求められていることを考慮する必要があるか、「新高等学校学習指導要領解説国語編」の内容を踏まえて書きなさい。

(三)　(3)のイの事項について、傍線部②「教材を選定する」とあるが、言語活動が十分行われるためには、教材を選定する際にどのようなことが大切か、「新高等学校学習指導要領解説国語編」の内容を踏まえて書きなさい。

(☆☆☆◎◎◎)

解答・解説

【中高共通】

【一】(一)　①　顕著　②　畳　③　裏腹　④　衝撃　(二)　a　形容動詞「堅固だ」の連用形の一部
b　助動詞「ようだ」の連用形の一部　(三)　視覚　(四)　ゲーム、SNS、インターネット、携帯電話、映画(無声映画)　(五)　周囲の状況を認識し、事件の記録のなかに腰を据え、話を最初から最後までたどっていくタイプ。(四十四字)　(六)　「読書タイプの人間」でいるのか、または映像に魅せられた「視覚型人間」となるのかと葛藤すること。(四十七字)　(七)　物語の内容だけでなく、本を読んでいるときの自分自身や状況までも体験として記憶されるもの。(四十四字)　(八)　デジタル革命や映画によって〈紙の本〉が危機にさらされているように感じさせるが、同時に〈紙の本〉の力を人びとが発見しなおす機会になったということ。

〈解説〉(一)　漢字の表意性に留意し、文脈に整合した適切な漢字を楷書で書くこと。(二)　a　形容動詞「堅固だ」の連用形の活用語尾。　b　助動詞「ようだ」の連用形の活用語尾。(三)　読書タイプは、「概念的タイプ」と説明され、これからは、(本を読まない)「視覚型人間(現代の人間)」が増えることが予想されている。(四)　「本の敵」の直後に「映画(無声映画)」が挙げられている。そのほか、冒頭部分で、「ゲーム」や「SNS」「インターネット」などのデジタル革命という説を例示している。「携帯電話」も「インターネット」とともに述べている。(五)　「概念的タイプ(読書タイプ)」については、文中に、「忍耐強いこと」を含めて述べられている。それをまとめる。(六)　「似たようなこと」を修飾する「これと」は、津村記久子の「咳と熟読」の文章内容を指す。一時、読書から離れてインターネットでネット情報の収集に没頭した彼女が、ふたたび読書をするようになった、という内容である。これがカレル・チャペックの「読書タイプの人間」と「視覚型人間」との葛藤を描いたエッセイに似ている、というのである。(七)　読書する体験と本を読んだ時の筆者の生活体験の一体化である。古ぼけた本の印象、喘息の発作の後の読書、親に隠れて恐る恐る読んだ本の記憶、寝室の窓から差し込む昼間の光の中での読書は、その内容とともに生活した思い出のストーリーでもある。(八)　チャペックは、読書タイプの人間が減り視覚型人間が増えていくことを意識しながらも、やがてデジタル革命の急流に疲れ果て、深呼吸するために本の世界に戻る人がいることを述べている。津村記久子も、インターネットに熱中しながらも映像(情報)の収集に疲れ果て、「本に戻る人」になっている。この二人は、いずれも〈紙の本〉の危機を予感している。しかし、この危機の予感が、同時に〈紙の本〉の力を人々が発見しなおす機会になったことを筆者は伝えようとしている。

【二】（一）尼が、博打が地蔵に会わせてくれるといったことについてうれしいと感じている。（二）い　博打から尼への敬意　き　作者から地蔵菩薩への敬意　（三）う　い　え　き　（四）どうしてうちの子どもを見ようと思うのだろうか。（五）助動詞「ぬ」の上の語の活用形に注目し、未然形であれば、打消の助動詞「ず」の連体形、連用形であれば完了の助動詞「ぬ」の終止形である。しかし、今回は、上の語「裂く」がカ行下二段活用であるため、未然形と連用形の形が同じ「裂け」となる。そのため、ここでは「ぬ」そのものの活用形が何であるかによって見分けると良い。「ぬ」が終止形であれば完了の助動詞で、連体形であれば打消の助動詞である。「裂けぬ」の「ぬ」は、係り結びではないことから終止形であるため、ここは完了の助動詞である。（六）博打に、地蔵に会わせると言われてだまされ、じぞうという子どもに会わされたにもかかわらず、その子どもが地蔵菩薩であると信じて疑うことなく、夢中になって拝んだという尼の行動。

〈解説〉（一）「うれしき事かな」という老尼の言葉は、博打が老尼に地蔵菩薩に「あはせ参らせん」と言ったことをうれしく感じていることによるものである。（二）傍線部いの「奉ら」は、「奉る」（補助動詞ラ行四段活用）の未然形で、謙譲の意を表す。会話文であるから博打から老尼への敬意。傍線部きの「給ふ」は、「給ふ」（補助動詞ハ行四段）の終止形で、地の文であるから作者から地蔵菩薩への敬意。（三）傍線部うの「往」は、「往ぬ」（ナ行変格活用）の終止形で、「いぬ」、傍線部えの「来」は、完了の助動詞「ぬ」の未然形が接続しているので、連用形で「き」と読む。（四）傍線部お「などこの童を見んと思ふらん」の「など」は、「どうして」の意の疑問の副詞。「見ん(む)」の「ん(む)」は、意志の助動詞の終止形。「思ふらん」の「らん(む)」は、推量の助動詞。（五）「ぬ」には、完了の助動詞の終止形と打消の助動詞「ず」の連体形がある。前者は、動詞の連用形、後者は、動詞の未然形に接続する。「裂け」は、「裂く」(カ行下二段活用・自動詞)の未然形か連用形のため判別しにくい。「ぬ」が「ぞ、なむ、や、か」の係助詞の結辞であれば、連体形で係り結びを作るが、文中に係助詞がないために、この「ぬ」は、完了の助動詞の終止形である。(六) 傍線部く「されば心にだにも深く念じつれば」とは、「心中深く仏に会うことを祈願する」ことをいう。「仏も見え給ふなりけりと信ずべし」とは、「仏もその祈願に応えてお見えになることを信じるがよい」の意である。老尼が博打に地蔵菩薩に会わせると言われてだまされ、じぞうという子どもを地蔵菩薩と勘違いし、涙を流して拝んだという行動について述べたものである。

【三】(一) a かつて　b いなや(と)　c すでに　d いわゆる　(二) あなたはまだ黄絹幼婦外孫虀臼の八字がどういう意味かを言ってはいけない。　(三) ① 令ム二脩ヲシテ別ニ記セ(サ)レ所ヲレ知ル

② 自分の答えと楊脩の答えが同じかどうかを、後で確認したかったから。　(四) 曹娥の碑文(表面)は、すばらしい言葉(名文)であるということ。

(五) 「有知無知三十里」の意味について

楊脩は曹娥の碑の裏面に記されている八字の意味をすぐに理解した→有知(知恵のある者)

魏武は曹娥の碑の裏面に記されている八字の意味を理解するために三十里の距離を必要とした→無知(知恵のない者)

三十里(十三キロメートル)→距離がある
←

意味　知恵のある者とない者との差がはなはだしい。

〈解説〉(一) a 「嘗」は、「かつて」と読む。「以前。あるとき。」の意。 b 「不」は、「いなや(と)」と読む。「〜か、どうか」の意で、句末につけて未定の意を表す。「否」とも書く。 c 「已」は、「すでに」と読む。完了の意の副詞。 d 「所謂」は、「いわゆる」と読む。「いうところの」という意。 (二) 「卿未可言」の「卿」は、二人称代名詞で、人君が臣下を呼ぶ称。ここは、楊脩を指す。「未可言」(いまだ言うべからず)は、魏武の「謂脩曰、解不」に対し、楊脩が「解」と答えたので、「黄絹幼婦外孫齏臼」の八字の意味を言ってはいけない、と言ったのである。 (三) ① 傍線部いは、「令二Aヲシテ Bセ二」の使役形。「脩をして別に知る所を記せ(さ)しむ」と書き下す。返読文字の「所」、Aは「脩」、Bは「記」であることに留意しながら、送りがなと返り点をつける。 ② 最後から二文目に「魏武亦記之、与脩同」とある。碑文の八字についての自分の解釈が、楊脩と同じかどうかを確かめたかったのである。 (四) 傍線部うの「絶妙好辞」は、碑文八字についての楊脩の字義解釈である。曹娥の碑文への賛辞である。「絶妙」は、「きわめてまさっている」の意。「好辞」の「辞」は、「言葉」で「すぐれた言葉」の意。 (五) 「有知」は「知恵ある者」、「無知」は「知恵のない者」をいう。この両者の差のはなはだしいことのたとえが、「有知無知三十里」である。板書では、「有知」について楊脩の碑文八字をすぐに「解」と答えたことを示し、「無知」について、魏武の「行三十里、魏武乃曰、吾已得」を示して、両者の碑文の字義理解の差がはなはだしいことを板書する。

【中学校】

【二】(一) a せ b し c く d う e す (二) 2学年では、地域社会の中で見聞きしたことや、テレビや新聞等を通じて伝えられる社会生活全般から題材を求める。情報収集は図書館、公共施設などを利用して幅広く収集したり、インタビューやアンケートで当事者の声を集めたりすることが考えられ、想定していなかった情報に出合うなどした場合はそれまでの考えを改めたり検討したりすることが重要である。集めた材料の整理には、目的や意図に応じた観点を設け、比較、分類、関係付けなどをすることが必要である。(三)〔第一学年〕のウの「根拠を明確にしながら」では、自分の考えが確かな事実や事柄に基づいたものであるかを確かめ、根拠を文章の中に記述する必要があることを理解して書くことを指導する。それを受け、〔第二学年〕のウの「根拠の適切さを考えて」では、書こうとする根拠が自分の考えを支えるものであるかどうかを検討し書くことを指導する。

〈解説〉(一) 現行の学習指導要領の「B書くこと」は、「A話すこと・聞くこと」「C読むこと」とともに教科目標、学年目標の〔思考力、判断力、表現力等〕の内容に構成し直された。指導事項アは「題材の設定、情報の収集、内容の検討」、イは「構成の検討」、ウは「考えの形成、記述」、エは「推敲」、オは「共有」であるが、ア~オまでの指導事項を必ずしも順番に指導することはない。(二) 第二学年の社会生活の中から題材を決める活動は、第一学年の日常生活の中からの題材の決定を拡大したものである。第一学年では、日常生活で直接体験したこと、他教科等で学習したこと、友人や家族から聞いたことなどから題材を決め、材料を集める際には、本、新聞、雑誌、テレビやインターネットなどを活用することが考えられる。第二学年では、テレビや新聞などのメディアを通じて伝えられる社会生活全般を対象にし、学校図書館や地域の図書館、公共施設などを利用して幅広く収集することやインタビューやアンケートなどの多様な方法で材料を集め、その正誤の判別とともに想定外の情報に対しては別の角度からの検討を要する。集めた情報(材料)の整理の際は、目的や意図に応じ、比較、分類、関係付けをしながら考えをまとめ、伝えたいことを明確にしていくことが重要である。(三) 第一学年のウ「根拠を明確にしながら」とは、自分の考えが確かな事実や事柄に基づいたものであることを確かめ、その上で根拠を文章の中に記述する必要があることを理解して書くための指導である。第二学年のウ「根拠の適切さを考えて」とは、書こうとする根拠が自分の考えを支えるものであるかどうかを検討する指導であり、その根拠が確かな事実や事柄に基づいたもので適切であることを考えさせる指導である。

【高等学校】

【二】(一)　a　あ　b　え　c　さ　d　か　e　き　(二)　情景の豊かさや心情の機微を読み手に想起させる表現が多く含まれているため、これらの表現から、現代に生きる我々にとって、理解が難しいものがあるかなどの視点に立って読んでいくことが求められている。　(三)〔知識及び技能〕と〔思考力、判断力、表現力等〕に示した資質・能力がバランスよく育成されることを重視し、生徒の主体的・対話的で深い学びの実現を図ることができる、生徒の実態に応じた適切な教材を選定することが大切である。

〈解説〉(一)「文学国語」は、小説、随筆、詩歌、脚本等に描かれた人物の心情や情景、表現の仕方等を読み味わい評価するとともに、それらの創作に関わる能力を育成する科目として、主として「思考力、判断力、表現力等」の感性・情緒の側面の力を育成する選択科目である。「文学国語」では、「話すこと・聞くこと」の領域は、指導事項に入っていない。これは、共通必履修科目の「現代の国語」及び「言語文化」により育成された資質・能力を基盤として、主として「思考力、判断力、表現力等」の感性、情緒の側面の力を育成する科目として深く共感したり豊かに想像したりして、「書くこと」「読むこと」を重視しているからである。授業時数では、「A書くこと」の指導で30～40単位時間程度。「B読むこと」の指導で100～110時間程度。「B読むこと」に関する指導の配慮事項では、「文学の変遷」が示されている。これは文学史のことである。「教材についての留意事項」では、「近代以降の文語文」や「演劇」や「映画の作品」なども用いることができると示されている。(二)「古典における文学的文章」を読む際の指導では、古典としての古文や漢文は、我が国の言語文化の萌芽や隆盛を理解するうえで不可欠である。近代以降の文学的文章と同様に、情景の豊かさや心情の機微を読み手に想起させる表現が多い。これらの表現から、現代に生きる我々と共有できるもの、また理解できないものを考えさせる指導を行う必要がある。

(三)「教材を選定する」上での留意点としては、特に、言語の教育を重視する国語科では、生徒の言語活動を通して、〔思考力、判断力、表現力等〕の各領域の指導に役立つ適切な教材の選定が必要である。その際、〔知識及び技能〕と〔思考力、判断力、表現力等〕に示した資質・能力が均衡を保ち育成されることが求められる。そのため、教材を単に文章や作品といった意味にとどめず、単元など内容やまとまりを見通して、その中で資質・能力を育むため、生徒の主体的・対話的で深い学びの実現を図ることが大切である。この学びで今日のグローバル社会を主体的に生きぬく力が養成される。生徒の実態に応じた適切な教材選定の要請理由がここにある。

二〇二一年度　実施問題

【中高共通】

【一】次の文章を読み、(一)～(八)に答えなさい。

「空間を仕切る」ということは、人間関係の仕切、空間の持つ機能性(たとえば寝室やダイニングといった空間の機能)の振り分け、あるいは時として祭事や神事に関わる特別な領域を成立させるといったことにも関わっている。そして多くの場合、仕切は人間関係を仕切るものであるとともに、空間に与えられた機能性を振り分ける装置となっている。

たとえば、公共空間と私的空間の仕切は、多数の人間と個人との関係を切り分け、そのことを意識化させる。公共空間と私的空間との仕切は、近代的な公私の分離を意味する。ヨーロッパで公私の分離が行われるのは、一八世紀あたりからのことであると、フランスの歴史家フィリップ・アリエスは指摘している。この公私の分離は、単に個人と社会を意識化しただけではなく、家族の内部においても家族のメンバーに対して個人を分離することを意識化させた。こうした公私の分離が日本の住まいにおいても必要であることが、主張されるようになったのは一九一〇年代末から二〇年代にかけてのことである。

仕切が人間関係(社会的関係)を仕切る装置であるという言い方は、(あ)結果的なこととしてである。むしろ、わたしたちの人間関係(社会的関係)がどのように考えられているかが仕切に反映されると言った方がいいかもしれない。どのような仕切であれ、内部と外部という領域の関係を(　A　)する。してみれば、仕切は、ある社会において、またある時代において、人々が何を自らの内とし、何を外としたのかを反映している。

一九一〇年代末から二〇年代にかけて、日本では、それまでの襖《ふすま》によって①アイマイに仕切られていた間取りを②ハイシするべきだという主張がなされた。つまり、個室と共同の部屋(たとえばダイニングやリビング)を分離し、家庭内において明確に公私を分離する間取りを導入すべきだとされた。このことは、ヨーロッパにおける公私の概念をい仕切によって導入しようとしたことを反映している。

ヨーロッパにおける近代的な公私の分離の思想は、近代的な概念としての「社会」意識を映し出すものであった。簡単にいえば、社会は契約(約束)によって成り立つものであり、人々はその契約を主体の許す範囲において守る義務を負い、その結果として誰にも従属・支配されない個人の権利が守られるという「社会」意識である。もちろん、そうした「約束」が社会に先立って成り立つか否かには(　B　)がある。

しかし、これまでにも少なからず指摘されてきたことだが、日本の近代はそうした社会意識を持っていなかったのではないか。そうした中で、個人と公的な空間(あるいは社会)とを分離するヨーロッパ的な間取りをそのまま導入したといえよう。たとえば、阿部謹也が指摘しているように、日本には近代的社会の概念ではない「世間」という概念が存在した。この「世間」とはいわば「そと様」である。「世間が許さない」という表現からもわかるように、この世間は、家庭の外の場合もあるし、ある集団やある村の外の場合もある。つまり、内と外を仕切る「世間」概念は、う自在に動くものなのである。頑強な壁ではなく、ちょうど屏風《びょうぶ》による仕切のようなものだといえるかもしれない。

そのように考えてみると、かつての日本の仕切は、内と外を強固に分離するものではない。それは日本における人間関係のあり方を映し出している。障子や襖は人の影や物音を伝え、その仕切の向こう側の存在のかすかな気配を気付かせる。格子戸もまた、内と外を仕切りつつも、相互の気配を感じさせる。こうした仕切は、仕切の向こう側で起こっている事態が仕切のこちら側にわかってしまう。しかし、それが都合の悪い事態である場合、仕切のこちら側の人は、それを聞かなかったこと、見なかったことにする。そこに暗黙の了解がある。

日本の仕切はかならずしも、障子や襖のように完全に空間を遮断するものばかりではない。欄間やさがり壁のように、一部だけのものもある。こうした仕切は視線も遮らない。しかし、そこには仕切がある。同じように、垂直面の仕切だけではなく、水平面での仕切もある。ちょっとした段差だけで、空間の仕切の意味となる。「③シキイが高い」という言葉は、段差が物理的段差ではなく、意識に関わる暗黙の（　C　）になっていることを意味している。

かつて、説教をして回る僧は傘を背中に背負っていた。説教をするときに、この傘を開く。この傘の中は寺と同じ空間で、目に見えない仕切がそこにつくられるのである。この仕切の方法は、インドでも同じだ。インドでは、人々が死を迎える場所としてベナーレスを想像する。そのベナーレスには、大きな傘をさした僧がガンジス河沿いにたくさんいる。その傘の中はえ聖なる空間なのである。

日本の仕切は、相互に気配を感じさせる仕切が多い。その仕切は、日本における人間関係のあり方を反映していた。その人間関係がどういうものであったのかという自らの仕切の意味をさほど問うことなく、わたしたちの近代は進行してしまった。そうした歴史的④ケイイもふくめて、あらためて、わたしたちはみずからの仕切(それは個人、家族、社会がいかなるものであるのかを反映しているわけだが)を考えてみる必要があるかもしれない。

(柏木博「『しきり』の文化論」より。一部省略がある。)

(注)　○襖……襖障子の略。襖障子とは、細い木の骨を組み、両面から紙または布地を張り包んで作った

障子のこと。
○阿部謹也……日本の歴史学者。専門はドイツ中世史。
○屏風……長方形の木枠に紙・布などを張り、連ねて折り畳めるようにした調度。
○障子……室内の仕切に用いる建具の総称。
○格子戸……細い木や竹を縦横に間をすかして組み合わせた戸。
○欄間……天井と鴨居との間に、通風・採光のために設けた空間。
○さがり壁……天井から下の方へ四十～五十センチメートル下がっている壁。
○ベナーレス……インド共和国北東部、ガンジス河中流左岸の都市。

(一)二重傍線部①～④のカタカナを漢字で書きなさい。
(二)波線部「してみれば」を文法的に説明しなさい。
(三)A～Cに入る語として最も適するものを次のア～コからそれぞれ一つ選び、その記号を書きなさい
ア　議論　イ　障壁　ウ　摩擦　エ　収束　オ　形成　カ　改善　キ　境界　ク　薫陶
ケ　再編　コ　言説
(四)傍線部あ「結果的なこと」とあるが、どういうことか、本文の主旨を踏まえて具体的に書きなさい。
(五)傍線部い「仕切によって導入しようとした」とあるが、その理由を書きなさい。
(六)傍線部う「自在に動く」とあるが、どういうことか、六十字以内で書きなさい。
(七)傍線部え「聖なる空間」とほぼ同じ意味で用いられている語句として最も適当な箇所を、文章中から十五字以内で抜き出して書きなさい。

(八)　日本における「仕切」とはどのようなものか、具体的に説明しなさい。

（☆☆☆☆◎◎◎）

【二】次の文章を読み、(一)～(六)に答えなさい。

いでや、この世に生れては、願はしかるべき事こそ多かめれ。

(あ)御門の御位はいとも(い)かしこし。竹の園生《そのふ》の末葉《すゑば》まで、人間の種ならぬぞやんごとなき。一の人の御有様はさらなり。ただ人《うど》も、(う)舎人など賜はるきはは、ゆゆしと見ゆ。その子・孫までは、はふれにたれど、なほなまめかし。それより下つかたは、ほどにつけつつ、時にあひ、したり顔なるも、みづからはいみじと思ふらめど、(え)いとくちをし。

法師ばかり羨ましからぬものはあらじ。「人には木の端のやうに思はるるよ」と(お)清少納言が書けるも、げにさることぞかし。いきほひまうにののしりたるにつけて、いみじとはみえず、僧賀ひじりの言ひけんやうに、名聞くるしく、仏の御教にたがふらんとぞおぼゆる。ひたふるの世捨人は、なかなか(か)あらまほしきかたもありなん。

人は、かたち・ありさまのすぐれたらんこそ、あらまほしかるべけれ。ものうち言ひたる、聞きにくからず、愛敬ありて言葉多からぬこそ、飽かず向はまほしけれ。めでたしと見る人の、心劣りせらるる本性見えんこそ、口をしかるべけれ。しな・かたちこそ、生れつきたらめ、心はなどか賢きより賢きにも移さば移らざらん。かたち・心ざまよき人も、才なくなりぬれば、しなくだり、顔憎さげなる人にも立ちまじりて、かけずけおさるるこそ、本意なきわざなれ。

ありたき事は、まことしき文の道、作文・和歌・管絃の道、又有職に、公事の方、人の鏡ならんこそいみじかるべけれ。き手などつたなからず走りがき、声をかしくて拍子とり、いたましうするものから、下戸ならぬこそ男はよけれ。

（「徒然草　第一段」より）

（注）○竹の園生の末葉……皇族の子孫。
○一の人……摂政・関白の別称。
○ただ人……摂政・関白以外の普通の貴族。
○僧賀ひじり……天台宗の高僧。

(一)傍線部あ「御門」、う「舎人」の読み方を現代仮名遣いで書きなさい。

(二)傍線部い「かしこし」、き「手」の本文中における語の意味を書きなさい。

(三)傍線部え「いとくちをし」とあるが、筆者はどのようなことについてこのように感じているのか、説明しなさい。

(四)傍線部お「清少納言」の随筆と「徒然草」は日本三大随筆と呼ばれているものの内の二つである。残る一つの作品名とその筆者名を書きなさい。

(五)傍線部か「あらまほしきかたもありなん」について、次の①、②に答えなさい。

① 授業の場面において、生徒が傍線部か「あらまほしきかたもありなん」を「望ましいところもあってほしい」と誤訳した。この場合、生徒はどのようにとらえて誤訳したと考えられるか、説明しなさい。

② 傍線部か「あらまほしきかたもありなん」について、適切な口語訳を書きなさい。

(六) 筆者は、どのようなことを願わしい(望ましい)ものとして挙げているか、説明しなさい。また、その上で何が最も重要であると考えているのか、そう考える理由も含め、説明しなさい。

(☆☆☆◎◎◎)

【三】次の文章を読み、(一)～(六)に答えなさい。なお、設問の都合により訓点を一部省いてある。

魯欲使楽《がく》正《せい》子為政。孟子曰、吾聞之、喜而不寝。公《こう》孫《そん》丑《ちう》曰、楽正子強乎。曰、否。有知慮乎。曰、否。多聞識乎。曰、否。然則奚為喜而不寝。曰、其為人也好善。好善足乎。曰、好善優於天下。而況魯国乎。夫苟好善、則四海之内、皆将軽千里而来、告之以善。夫苟不好善、則人将曰、訑《い》訑《い》。予既已知之矣。訑訑之声《せい》音《おん》顔《がん》色《しょく》、距《ふせ》人於千里之外。士止於千里之外、則讒《ざん》諂《てん》面《めん》諛《ゆ》之人至矣。与讒諂面諛之人居、国欲治可得乎《ト》。

（「孟子」より）

(注) ○訑訑……自己の知に満足して、人の善言をよろこばないさま。
○士……賢者。
○讒諂……讒は賢者を讒言するもの。諂はおべっかするもの。
○面諛……口だけでお上手を言い、腹の中はそうでないもの。

(一) 二重傍線部a「為人」、c「四海」の意味を書きなさい。
(二) 二重傍線部b「苟」、d「与」、e「可」の読み方を、現代仮名遣いで書きなさい。ただし、二重傍線部eは送り仮名も含めて現代仮名遣いで書きなさい。
(三) 傍線部あ「魯欲使楽正子為政」を口語訳しなさい。
(四) 傍線部い「然則奚為喜而不寝」と公孫丑が疑問に思った理由について、「然則」の具体的内容を明らかにして説明しなさい。
(五) 傍線部う「好善優於天下」とあるが、次の白文に返り点を付けなさい。

好 善 優 於 天 下

(六) 授業の場面において、この文章を読んで学習した後、「孟子」の主張について説明する場合、どのように板書するか、次の条件一～三に従い、書きなさい。

条件一　「好善」、「不好善」の違いにふれながら、「孟子」が主張している内容について書くこと。
条件二　生徒のノート整理の見本として、文章の内容を簡潔に整理し、まとめること。
条件三　縦書きで書くこと。

（☆☆☆☆◎◎◎）

【中学校】

【二】次の文は、新中学校学習指導要領(平成二十九年告示)「国語」の「各学年の目標及び内容」の「第二学年」の「内容」の「読むこと」である。あとの(一)、(二)に答えなさい。

(1)　読むことに関する次の事項を身に付けることができるよう指導する。
ア　文章全体と部分との関係に注意しながら、（　a　）との関係や登場人物の設定の仕方などを捉えること。
イ　目的に応じて複数の情報を整理しながら適切な情報を得たり、登場人物の（　b　）などについて考えたりして、内容を解釈すること。
ウ　（　c　）などを結び付け、その関係を踏まえて内容を解釈すること。
エ　観点を明確にして文章を比較するなどし、文章の構成や論理の展開、表現の効果について考えること。

オ　文章を読んで理解したことや考えたことを（　d　）と結び付け、自分の考えを広げたり深めたりすること。

(2)　(1)に示す事項については、例えば、次のような言語活動を通して指導するものとする。

ア　報告や解説などの文章を読み、理解したことや考えたことを説明したり文章にまとめたりする活動。

イ　詩歌や小説などを読み、引用して解説したり、考えたことなどを伝え合ったりする活動。

ウ　本や新聞、インターネットなどから集めた情報を活用し、出典を明らかにしながら、考えたことなどを説明したり（　e　）したりする活動。

(一)　a～eにあてはまる語句を次のあ～そからそれぞれ一つ選び、その記号を書きなさい。

あ　報告　　い　目的や意図　　う　知識や経験　　え　場面　　お　人物像や物語
か　根拠　　き　提案　　く　事実と感想　　け　主張と例示　　こ　理由や事例
さ　言動の意味　　し　要約　　す　批評　　せ　相互関係や心情　　そ　文章と図表

(二)　(1)のエの事項について、(2)のイの言語活動を通して指導するために、「詩を比較して特徴を説明する」という学習活動を設定した。次の①、②に答えなさい。

①　「文章の構成や論理の展開、表現の効果について考える」際の留意点を書きなさい。

②　「引用して解説する」を明らかにして、指導する際の留意点を書きなさい。

(☆☆☆◎◎◎)

【高等学校】

【二】次の文は、新高等学校学習指導要領(平成三十年告示)「国語」の「各科目」の「現代の国語」の「内容」の一部である。あとの(一)～(三)に答えなさい。

B　書くこと

(1)　書くことに関する次の事項を身に付けることができるよう指導する。

ア　目的や意図に応じて、(a)の中から適切な題材を決め、集めた情報の妥当性や信頼性を(b)して、伝えたいことを明確にすること。

イ　読み手の理解が得られるよう、論理の展開、情報の分量や重要度などを考えて、文章の構成や展開を工夫すること。

ウ　自分の考えや事柄が的確に伝わるよう、(c)の示し方や説明の仕方を考えるとともに、文章の種類や、文体、語句などの(d)の仕方を工夫すること。

エ　目的や意図に応じて書かれているかなどを確かめて、文章全体を整えたり、読み手からの(e)などを踏まえて、自分の文章の特長や課題を捉え直したりすること。

(2)　(1)に示す事項については、例えば、次のような言語活動を通して指導するものとする。

ア　論理的な文章や実用的な文章を読み、本文や資料を引用しながら、自分の意見や考えを論述する活動。

イ　読み手が必要とする情報に応じて手順書や紹介文などを書いたり、書式を踏まえて案内文や通知文などを書いたりする活動。

ウ　調べたことを整理して、報告書や説明資料などにまとめる活動。

(一)　a～eにあてはまる語句を次のあ～そからそれぞれ一つ選び、その記号を書きなさい。
あ　表現　い　助言　う　精選　え　吟味　お　知識や体験　か　批評　き　実社会
く　主題　け　内容　こ　評価　さ　叙述　し　根拠　す　確認　せ　反論
そ　日常の言語生活

(二)　(1)のイの事項について、(2)のイの言語活動を取り入れた学習を行うこととした。具体的な学習活動を考えて書きなさい。

(三)　(2)のウの事項について、報告書や説明資料などにまとめる活動を行う際には、どのようなことを生徒に留意させる必要があるか、書きなさい。

(☆☆☆◎◎◎)

解答・解説

【中高共通】

【一】(一)　①　曖昧　②　廃止　③　敷居(閾)　④　経緯　(二)　サ行変格活用の動詞「する」の連用形と、接続助詞「て」と、ラ行上一段活用の動詞「みる」の仮定形と、接続助詞「ば」　(三)　A　オ

B　ア　C　キ　(四)　公共空間と私的空間を物理的に仕切ることによって、多数の人間と個人の関係を切り分けたり、家族に対して個人を分離したりして、その結果、人間関係を意識化させること。(五)　家庭内で明確に公私を分離する間取りを日本に取り入れることで、社会は契約によって成り立ち、人々はその契約を主体の許す範囲において守る義務を負い、その結果として誰にも従属・支配されない個人の権利が守られるという社会意識を持たせようとしたから。(六)　「世間」は家庭の外の場合もあるし、ある集団やある村の外の場合もあることから、個人と公的な空間とを強固に分離しないこと。(五十九字)　(七)　祭事や神事に関わる特別な領域(十四字)　(八)　仕切は、ヨーロッパでは公私の分離や空間に与えられた機能性を振り分ける装置となるが、日本では、内と外を強固に分離せず、仕切の向こう側の存在の気配を気付かせるものであり、仕切の向こう側で起こっているのが都合の悪い事態である場合、仕切のこちら側は、それを聞かなかったこと、見なかったこととして、暗黙の了解を前提とした人間関係のあり方を反映するもの。

〈解説〉(一)　解答参照。(二)「してみれば」は、「前に述べられた事柄から判断・推定してみれば」の意の接続詞である。類語に「してみると」がある。なお、公開解答に「ラ行上一段活用の動詞『みる』」とあるが、「マ行上一段活用の動詞『みる』かと思われる。(三)　空欄補充では、空欄の前後の文を含め、段落内容との関係を踏まえて語句を選択しなければならない。Aを含む第三段落は、「仕切」が「人間関係を仕切る装置」であることについて説明している。その例として、内部(私的空間)と外部(公共空間)の領域の関係の「形成」(仕切)が示されている。Bを含む第五段落は、近代的な公私の分離の思想と個人の主体的な自由意思に基づく契約(約束)によって成立する社会について述べている。しかし、その「約束」が近代的な社会形成以前に成立する(存在する)か否かには疑問があり、「議論」の対象となっている、というのである。次の第六段落に、日本の近代的社会と異なる「世間」についての説明がある。Cを含む第八段落は、日本の仕切について多角的な視点から分析している。「敷居が高い」という言葉が、意識面の段差(境界)をも表していると述べている。

(四)「結果的なこと」とは、人間関係(社会的関係)を仕切る(形成する)ことを述べている。その例として、第二段落に「公共空間と私的空間の仕切は、多数の人間と個人との関係を切り分け、そのことを意識化させる」とある。十八世紀の「自我の覚醒」による公私の分離が、個人と社会、家族のメンバーからの個人の自立・分離を意識させたことを踏まえてまとめる。

(五)「仕切によって導入しようとした」のは「ヨーロッパにおける公私の概念」である。傍線部いの後の第五段落にあるように、「社会は契約(約束)によって成り立つものであり、人々はその契約を主体の許す範囲において守る義務を負い、その結果として誰にも従属・支配されない個人の権利が守られるという『社会』意識」の定着を図ろうとしたのである。家庭内の公私の混合した部屋を分離することにより、人間関係を仕切ったのである。

(六)「世間」とは、「内」に対する「そと様」であり、「家庭の外」や「ある集団やある村の外」と自在に変化する空間であるため、強固に分離するものではないのである。

(七)「聖なる空間」については、冒頭の文中に「祭事や神事に関わる特別な領域」とある。

(八)日本における「仕切」については第六段落～第八段落で述べられている。ヨーロッパの仕切りについて述べ、それと対比するかたちで「かつての日本の仕切は、内と外を強固に分離するものではない」ということについてまとめる。日本の仕切は、ヨーロッパの公私の分離の思想に基づく人間関係の仕切や空間の持つ機能性の振り分けの面での仕切とは違いがある。

【二】(一) あ　みかど　う　とねり　(二) い　恐れ多い　き　文字。筆跡。　(三) 身分の下の者が身分や程度に応じて時勢に乗って得意顔をしていること。　(四) 作品名…方丈記　作者名…鴨長明

(五) ①「なん」を、他への願望を表す終助詞だととらえた。②望ましいところもきっとあるであろう

(六) 作者は、地位や身分、容姿、心、教養を願わしいこととして挙げている。その中で、地位や身分、容姿は

生まれつきのものでどうにもならないが、心や教養は学問によってさらに賢いものに高めていくことができると考えているため、学問などによって心や教養を高め、人の手本になるようにしていくことが重要であると考えている。

〈解説〉(一)　あ「御門」は天皇に対する尊称。　う「舎人」は天皇・皇族などに近く仕え、雑務や警護をした者。のちの近習・小姓にあたる。　(二)　い「かしこし」(形容詞)の意は、「畏し」(恐れ多い。尊い。)である。き「手」は筆跡、文字の意味。　(三)「いとくちをし」の「くちをし」(形容詞)は、①「くやしい」、②「物足りない」、③「情けない」などの意がある。ここは③で「(まことに)情けない」の意。文中の「それより下つかたは～みづからはいみじと思ふらめど」(その子や孫以下の者で、身分相応に出世して得意然としている姿)に対しての筆者の思いである。　(四)　日本三大随筆は、「枕草子」清少納言、「方丈記」鴨長明、「徒然草」吉田兼好である。　(五)「あらまほしきかたもありなん」は、「あら」(ラ行変格活用動詞「あり」の未然形・「まほしき」(願望の助動詞「まほし」の連体形)・「かた」(名詞)・「も」(係助詞)・「あり」(ラ行変格活用動詞の連用形・「なん」(強意の助動詞「ぬ」の未然形+推量の助動詞「む」の終止形「ん」)である。徒は、文末の「なん」を希望の終助詞と混同したのであろう。希望の終助詞「なん」は活用語の未然形につく。文中の「あり」はラ行変格活用動詞「あり」の連用形である。これに、先に説明した「な」、「ん」が接続している。②強意の助動詞の意味「きっと」と推量の助動詞の意味「～だろう」を訳出し「望ましいところ(理想にかなった点)もきっとあるであろう」となる。　(六)　筆者は「願はしかるべき事」として、天皇の地位、身分、その他の高貴な家柄などについて述べ、次に法師について述べ、さらに、容貌などがすぐれていることについて述べている。「しな・かたちこそ、生れつきたらめ」と先天的な地位・身分および客観を認める一方で、「心はなどか賢きより賢きに移さば移らざらん」と、後天的な修養の積み重ねで教養豊かな人になることを示唆している。そして「ありたき事」(人として望ましい事)として、本格的な学問の道、詩賦、和歌及び音楽の道、また故実に通じており、朝廷の儀式典礼にも詳しく、社会での豊かな教養などが高い、人々の手本になるような人物になることが最も重要であると考えている。

【三】(一) a 生まれつき。人柄。性質。 c 天下。世界。国中。 (二) b いやしくも d と e べけん(や) (三) 魯の国では、楽正子に、政治を行わせようとした。 (四) 楽正子は、しっかりとした考えを持ち実行するのではなく、知恵や分別があるのでもなく、さらに見聞や知識があるわけではないから。

(五) 好レ善優ニ於天下一

(六)

《孟子の主張》

善いことが好きならば

天下の人々が千里もある道を遠いと思わずにやって来て、喜んで善いことをすすめてくれる。

⇔

善いことが好きではないならば

他人の善言をよろこばないため、賢者を千里も遠くへ隔てて近づかないようにしてしまい、讒言する者や、おべっかをする者や、口先だけうまいことを言う者ばかりがやって来る。

↓

国を治めるためには善いことを好み、多くの人たちのもっている優れた知恵を聞くことが必要である。

〈解説〉(一)　aの「為人」は「人となり」と読み、「持ち前の性格。人柄。」の意。　cの「四海」は、①「四方の海」、②「天下」などの意がある。ここは②の意。　(二)　bの「苟」は「かりそめにも」の意。　dの「与」は、対等の関係にあるものを指す。　eの「可」を含む「可得乎」の「乎」は、文末に付いて反語を表す。　(三)「魯欲使楽正子為政」は使役形で、「魯楽正子をして政を為さしめんと欲す」と書き下す。魯の国で楽正子に政治を任せようとしたのである。　(四)「然則」(しからばすなわち)は、「それならば」の意で前の事柄を受けて、その理由を問う接続詞である。楽正子の人物像を公孫丑が孟子に尋ねた文中の「強乎」「有知慮乎」「多聞識乎」を孟子はすべて否定しているのに、楽正子が魯国の政治を委任されたことに対しては、「喜而不寝」と答えていたからである。「強」は「強毅果断」。「知慮」は知恵や分別。「多聞識」は「博聞達識」のこと。　(五)　傍線部うは、「善を好まば天下に優なり」と読む。レ点と一・二点を用いて返り点を付ける。　(六)　板書は、学習内容の整理であり、教材の要点を確認しながら主題と表現の関連を明確にする作業である。孟子の「好善」の考えを「不好善」と対比させ、その内容を正しく生徒に理解させることが大切である。「好善」については、文中「苟好善、~将軽千里而来、告之以善」までの内容を、「不好善」については、「夫苟不好善~国欲治可得乎」までの内容を対比し、最後に「好善優於天下。而況魯国乎」の孟子の考えをまとめる流れで板書するとよいであろう。具体的には、孟子の言う「好善優天下」の「優」は「余裕」の意であり、「善を好む為政者は天下を余裕をもって治める」という意を踏まえ、魯を楽正子が善政で治めることを説明した後に、為政者の「好善」は、「将軽千里而来、告之以善」(千里の速さもいとわずやって来て善を以てこれに告げるだろう)となり、衆知を集める善政である事、「不好善」は、「訑訑」(他者の善言を喜ばない独善)のため、「距人於千里之外」(善言をする賢者を千里の遠くへ隔てて近づかないようにしてしまう)事を対比して板書するのがよいであろう。

【中学校】

【二】(一) a け b さ c そ d う e き (二) ① 「文章の構成や論理の展開、表現の効果について考える」際の留意点は、一つの文章を読むだけでなく、複数の文章を比較しながら読むとともに、比較する際には、注目する部分を絞り込んだ上で、それらの特徴が文章全体の特徴にどのように関わっているのかを考えることである。 ② 「引用して解説する」とは、例えば、文章を読んで理解した書き手の考えや登場人物の設定の仕方について、その根拠となる部分を本文から引用して説明することである。表現の効果について考えたことを説明したり文章にまとめたりする事が考えられる。なお、引用する際には、引用箇所をかぎでくくること、出典を明示すること、引用部分を適切な量とすることなどについて確認することが必要である。

〈解説〉(一) 「読むこと」の指導事項について、内容の(1)は、学習過程に応じて次のように構成されている。例えば、第二学年では、○「構造と内容の把握(説明的な文章・文学的な文章)」ア、○「精査・解釈」(内容)イ・ウ、(形式)エ、○「考えの形成、共有」オ、等である。 (二) 言語活動例は、指導事項を指導する際の言語活動との密接な関連を図り、学習意欲を高め、主体的な学習活動を通して指導内容を確実に身に付けさせることを目的としている。 ① 指導事項についての留意点では、一つの文章を読むだけでなく複数の文章を比較しながら読むことが大切である。詩を読む場合には、例えば、口語自由詩と文語自由詩や文語定型詩と比較し、注目する部分を整理し、それらの特徴と主題や表現(描写)にどのように関わっているかを検討する。 ② 言語活動例のイ「引用して解説する」とは、例えば、詩では、感動したり印象に残ったりした詩中の人物や情景描写、ことば・表現などについて、その部分を引用し説明することである。引用部分を整理し、適量にする配慮や詩の表現効果について考えたこと・感じたことを文章にして説明することが大切である。

【高等学校】

【一】(一)　a　き　b　え　c　し　d　あ　e　い　(二)　学校図書館を地域の住民に開放する際、必要となる利用案内を書く活動。　(三)　報告書や説明資料は実社会と密接に関わるものとなることが望ましく、調べたことを単純に羅列するだけでは不十分であり、思考過程を経て導き出された考察が含まれている必要があることに留意させる。

〈解説〉(一)　新学習指導要領は、共通必修科目として「現代の国語」と「言語文化」を新設した。「現代の国語」は、実社会・実生活における国語による諸活動に必要な資質・能力の育成に主眼を置き、全ての生徒に履修させることを目的としている。従前の「話すこと・聞くこと」、「書くこと」、「読むこと」の三領域は、「思考力、判断力、表現力等」の構成内容に改訂された。「書くこと」の領域構成は、次のア～エに示されている。ア(題材の設定、情報の収集、内容の検討)、イ・ウ(構成の検討、考えの形成、記述)、エ(推敲、　・共有)である。(二)「言語活動例」は、指導事項の内容と言語活動との密接な関連を図り、学習意欲を高め、主体的な学びを通して指導内容を確実に身に付けさせることをねらいとしている。(2)のイの言語活動例は、読み手が必要とする情報に応じてマニュアルや部活動の広告や宣伝等の手順書や紹介文、書式を踏まえて文化祭や体育祭などの案内文や友人への私信といった通知文を書く活動である。これは(1)のイについての学習活動例である。読み手が内容を正しく理解するために、論理の展開や情報の分量や重要度を考え、文章の構成や展開を工夫するものである。(三)　報告書とは、社会的事象の中から客観的な事実を抽出し、第三者に周知することを目的とした文書である。説明書の要点を的確に伝えるために再整理したものが説明資料である。報告書や説明資料は、実社会、実生活に深く関わる。そのため、調査内容は単に羅列するだけでは不十分であり、読み手の理解が得られるよう論理の展開、情報量を考えて文章構成や展開を工夫する必要がある。ここでの学習には、グループによるアクティブ・ラーニングの導入を図り、主体的で対話的な学びによる指導が適切と思われる。

二〇二〇年度 実施問題

【中高共通】

【一】次の文章を読み、(一)～(八)に答えなさい。

さびしいとき、少女のようにレモンを買い、二個でも三個でもテーブルにころがしておく。それをつかんだり、料理に使ったり、お湯に浮かべたり。そんなふうに物に寄りかかり、自分をなだめて生きる日もある。

レモンには充実した確かな重みがあり、大きさもちょうどてのひらに収まるので、つかんでいるだけで虚ろが満たされる。心とは、ときに宇宙大に広がるものだとしても、普段は片手で囲えるほどの小さな（　A　）なのかもしれない。

物は絵に描いてみるといい。レモンは何によって、レモンなのか。それが身にしみてよくわかる。

一つは色だ。レモンイエロー。さわやかな黄色は、若い緑が成熟した色でもある。

近くの店では、国内産のレモンが、半ば青いまま売られている。一個百円程度。ダンボールにごろごろ山のように入っていたのが、日に日に減っていき、やがて底のほうに青いカビの生えた腐りかけのものが見えてくる。ああ、よかった。レモンは腐る。国内産レモンには斑点もあるし、凸凹していて、かたちも不揃《ふぞろ》いだ。

だがワックスや農薬の心配はない（そう、表示してあるので、とりあえず信じている）。

かつて梶井基次郎が、小説のなかで描いたレモンには、確か、絵の具で塗り固めたようなという（　B　）があった。だから黄色一色の、絵に描いたようなレモンだったのだろう。今、そういうものを探せば輸入レモンになる。防カビ剤使用の表示が必ずついている。売れ残ったとしても、いつまでも腐らない。オブジェとして以外、使い道はなさそうだ。

レモンが何によってレモンなのか。その二は形象だ。単なる紡錘《ぼうすい》形ではない。片方の先端が乳房の先のように尖っていて、もう一方の先端は凸凹に盛り上がり、ヘソに似た突起をつけている。それこそは枝からもぎとられた①コンセキで、その部分を見ているとレモンの樹の全体が想像される。見えない樹はレモンを失ったが、レモンもまた、母体である樹を失い、樹から②リリクしてここまで来た。「レモンの充実」とは、そういう旅の果てにある。

何かのかたまりを作ろうとするとき、それが詩であれ、掌編であれ、レモンは無意識のなかに置かれた一つの基準となるだろう。あの大きさ、硬さ、香り、感触、酸っぱさ、苦み。美しいもののあの重さだったと、梶井は書いた。抽象的なそれが、するりと具体物になって眼の前に現れた不思議。とりあえずそれにはレモンという名前がついている。

甘みというものに罪の意識が入るようになったのはいつからだろう。戦後、甘さは生きるために求められた。白い砂糖は、和食を作る上でも、庶民の家では必需品だったはずだ。今は違う。白い砂糖がいかに健康を③ソコなうか。ネット上にはそんな情報があふれるように出ている。

だが、悪いものを④ハイジョしただけのものは、料理にしろ、作品にしろ、いかなる場合も貧相でぎすぎすしている。要は（　C　）で、微量の毒は精神を健康にする。あるいは少しの毒を許す構えが。ストレスがたまると、わたしは添加物の入った身体に悪そうなものが食べたくなってくる。そして実際、少し食べる。あらゆる市販品を裏返しては、成分分析表示を確かめる自分を、ふと検閲官のようだと感じるので、ときにはそうしてジャンクフードを食べることで、精神のバランスをとっているのかもしれない。

ところでレモンは、近頃、塩とタッグを組まされている。大人気「塩レモン」がそれだ。飴《あめ》から調味料まで、あらゆるところに塩レモンは顔を出す。塩レモンは、さわやかでいて、どこからも文句は出ないはずだというドヤ顔の風情を持つ。

レモンがここまで食のメインステージにあがってきたのはなぜなのだろう。甘いモノを食するとき、わたしには、持たなくてもいい罪の意識のようなものがわくが、レモンはそれを、舌の上でも観念の上でも、やわらげる。

罪を浄める聖なるレモン。突き上げるようなあの酸っぱさは、甘さばかりを求める精神に、否応なくムチを打つ。レモンがあるだけで、普段のテーブルが祭壇になる。

もし水彩画で描くのなら、影をつけよう。そしてその影には青い色を使おう。黄色には青、紺があう。好みの問題かもしれないけれど、わたしはこの取り合わせに（　D　）を感じる。色とは音のない音楽だが、黄と青の和音には、冴《さ》え冴《ざ》えとした清潔な響きがある。

阿部謹也（一九三五―二〇〇六）は、ヨーロッパ中世を研究しながら、日本の世間を考察した歴史学者だ。「禁欲」とは、欲望とりわけ性欲などを捨てることでなく、それを上回る欲望によって、現世でのあらゆる欲望が色褪《いろあ》せてしまうことだと書いている（『ヨーロッパを見る視角』）。わたしにとっての詩を書くことがまさにそうだ。詩を書きあらわすことや、詩的現象の発見が、この世でのあらゆる欲望を凌駕《りょうが》する。麻薬といってもいいが、近頃では、生きる「癖」に近いものだと思うようになった。爪を噛《か》むように詩を書いている。悪癖といってもいい。病いであろう。

レモンにも禁欲主義の面影がある。なにしろ、台所のテーブルを聖なる祭壇にしてしまうのだし、わたしたちの多くが、甘みより、そこにある酸味や苦味に、価値あるいは安心を見出しているのならば、これはもう、社会全体を覆う、禁欲という名前の別種の欲望といっていいものかもしれない。

阿部は同書でこうも書いている。「教会でいう禁欲とは、天国に入りたいという欲望のために現世のあらゆる欲望が色褪《あ》せていく状態を意味しています」。レモンの本質は過激なものである。梶井が書いたとおり、それはいつか爆発するだろう(と考えてみることが解放だ)。

(小池昌代「傷とレモン」より)

(注)　○ドヤ顔……自らの功を誇り「どうだ」と自慢している顔のこと。

(一)　二重傍線部①～④のカタカナを漢字で書きなさい。

(二)　波線部「なさそうだ」を文法的に説明しなさい。

(三)　A～Cに入る語として最も適するものを次のア～コからそれぞれ一つ選び、その記号を書きなさい。

ア　筆致　イ　調整　ウ　形容　エ　面積　オ　表出　カ　比況　キ　容量　ク　準備
ケ　世界　コ　配分

(四)　傍線部あ「よかった」とあるが、その理由を書きなさい。

(五)　傍線部い「精神のバランスをとっている」とあるが、どういうことか、八十字以内で書きなさい。

(六)　Dに入る語句として最も適するものを次のア～エから一つ選び、その記号を書きなさい。

ア　音律的な調和　イ　色相的な含意　ウ　芸術的な伝播　エ　和韻的な均衡

(七)　傍線部う「病いであろう」とあるが、どういうことか、書きなさい。

(八)　筆者の考えるレモンを具体的に説明しなさい。

(☆☆☆◎◎◎)

【二】　次の文章を読み、(一)～(五)に答えなさい。

今は昔、右近の中将在原《ありはら》の業平《なりひら》といふ人ありけり。いみじき世の好色《いろごのみ》にて、「世にある女の形うるはしと聞くをば、宮仕人《みやづかへびと》をも人の娘をも見残すなく、員《かず》を尽くして見む」と思ひけるに、或る人の娘の、「形有様世に知らずめでたし」と聞きけるを、心を尽くしていみじく懸想《けさう》しけれども、「あやむごとなからむ聟取りをせむ」といひて、親どもaのめでたくかしづきければ、業平の中将力なくしてありけるほどに、いいかにしてか構へけむ、彼の女を密かに盗み出だしてけり。

それに、う忽ちにゐて隠すべき所のなかりければ、思ひあつかひて、北山科の辺に古き山庄bの荒れて人も住まぬがありけるに、其の家のうちに大きなるあぜ倉ありけり、片戸は倒れてなむありける、住みける屋《や》は板敷の板もなくて、立ち寄るべきやうもなかりければ、此の倉の内に畳一枚を具して此の女を具してゐて行きて臥せたりけるほどに、俄に雷電霹靂《らいでんへきれき》してののしりければ、中将太刀を抜きて、女をば後の方に押しやりて、起き居てひらめかしけるほどに、雷《いかづち》もえ漸く鳴り止みにければ、夜も明けぬ。

しかる間、女音《こゑ》もせざりければ、中将怪しむで見返りて見るに、女の頭の限りと、着たりける衣どもとばかり残りたり。中将あさましく怖ろしくて、お着物をも取りあへず逃げて去りにけり。それより後なむ、此の倉は人取りする倉とは知りける。然れば雷電霹靂にはあらずして、倉に住みける鬼のしけるにやありけむ。

然れば案内知らざらむ所にはゆめゆめ立ち寄るまじきなり。か況や宿りせむことは思ひ懸くべからず、となむ語り伝へたるとや。

（「今昔物語集」より）

（注）○　北山科…現在の京都市東山区山科の北部地区。
○　あぜ倉…丸太や角材を井桁のように横に組み上げて作った高床の倉。
○　畳…板の間に敷くござ、薄縁の類。
○　雷電霹靂…急に雷が鳴り響き、稲妻が走ること。

(一)　二重傍線部ａ「の」、ｂ「の」の用法として最も適するものを次のア～オからそれぞれ一つ選び、その記号を書きなさい。
ア　主格　イ　連体修飾格　ウ　同格　エ　体言の代用　オ　比喩

(二)　傍線部あ「やむごとなからむ聟取りをせむ」、い「いかにしてか構へけむ」を口語訳しなさい。

(三)　傍線部う「怱」、え「漸」の読み方を現代仮名遣いで書きなさい。

(四)　傍線部お「着物をも取りあへず逃げて去りにけり」とあるが、中将がこのような行動をとったのはなぜか、説明しなさい。

(五)　傍線部か「況や宿りせむことは思ひ懸くべからず」とあるが、どのようなことと比較して言っているのか、その理由も踏まえて、傍線部全体を解釈しなさい。

（☆☆☆◎◎◎）

【三】次の文章を読み、(一)～(七)に答えなさい。なお、設問の都合により訓点を一部省いてある。

貞《ちやう》観《ぐわん》八年、上謂ヒテ二侍臣ニ一曰ク、言語者、君子之枢機ナリ。談何ゾ容易ナランヤ。凡ソ在リテモ二匹庶ニ一、一言不レバレ善カラ、人則チ記シレ之ヲ、成ス二其ノ恥《ち》累《るゐ》ヲ一。況ンヤ是レ万乗之主ヲヤ。不レ可カラ出スコト言ヲ有ル所乖《くわい》失《しつ》スル。其ノ所ノ二虧《き》損《そん》スル一至大ナリ。豈ニ同ジカラン二匹夫ニ一哉。朕当ニ下以テレ此ヲ為スヲ上レ戒ト。隋ノ煬《やう》帝《だい》初メテ幸シ二甘《かん》泉《せん》宮《きゆう》ニ一、泉《せん》石《せき》称《かな》フ二意ニ一。而シテ怪シミレ無キヲ二蛍《けい》火《くわ》一、勅シテ云フ、捉二‐取シ蛍火ヲ一、於テ三宮中ニ二照ラセレ夜ヲ。所司遽ニ遣ハシテ二数千人ヲ一採拾シ、送ル二五百輿《よ》ヲ於宮側ニ一。小事スラ尚ホ爾リ。況ンヤ其ノ大事ヲ乎ト。魏《ぎ》徴《ちよう》対ヘテ曰ク、人君ハ居ル二四海之尊ニ一。若シ有ラバ二虧失一、古人以テ為ス下如ク二日月之蝕ノ一、人皆見ルト上レ之ヲ。実ニ如キ三陛下ノ所ノ二戒慎スル一也ト。

（「貞観政要」より）

（注）○　枢機……物事の肝要なところ。
○　恥累……恥辱と煩い。
○　乖失……そむきたがう。
○　虧損……過失。
○　甘泉宮……もと秦の離宮。
○　泉石……庭園
○　輿……車。

（一）二重傍線部a「君子」の意味を書きなさい。
（二）二重傍線部b「凡」、c「遽」の読み方を、現代仮名遣いで書きなさい。
（三）傍線部あ「之」が指すものを、文章中から抜き出して書きなさい。ただし、送り仮名と返り点は除く。
（四）傍線部い「不可出言有所乖失」とあるが、次の書き下し文を参考にして、白文に返り点を付けなさい。
（書き下し文）言を出すこと乖失する所有るべからず

不　可　出　言　有　所　乖　失。

（五）傍線部う「豈同匹夫哉」とあるが、用いられている句形を踏まえて、口語訳しなさい。
（六）傍線部え「小事尚爾」とあるが、「小事」、「爾」の具体的内容を明らかにして、説明しなさい。
（七）傍線部お「実如陛下所戒慎也」とあるが、魏徴がこのように思った理由を、具体的に書きなさい。

（☆☆☆◎◎◎）

【中学校】

【二】次の文は、新中学校学習指導要領(平成二十九年告示)「国語」の「各学年の目標及び内容」の「第三学年」の「内容」の「知識及び技能」である。あとの(一)〜(三)に答えなさい。

(1) 言葉の特徴や使い方に関する次の事項を身に付けることができるよう指導する。

ア 第2学年までに学習した常用漢字に加え、その他の常用漢字の大体を読むこと。また、学年別漢字配当表に示されている漢字について、文や文章の中で使い慣れること。

イ 理解したり表現したりするために必要な語句の量を増し、慣用句や四字熟語などについて理解を深め、話や文章の中で使うとともに、和語、漢語、外来語などを使い分けることを通して、（ a ）を磨き語彙を豊かにすること。

ウ 話や文章の種類とその特徴について理解を深めること。

エ 敬語などの（ b ）や場に応じた言葉遣いを理解し、適切に使うこと。

(2) 話や文章に含まれている情報の扱い方に関する次の事項を身に付けることができるよう指導する。

ア 具体と抽象など情報と情報との関係について理解を深めること。

イ 情報の信頼性の確かめ方を理解し使うこと。

(3) 我が国の言語文化に関する次の事項を身に付けることができるよう指導する。

ア　歴史的背景などに注意して古典を読むことを通して、その（　c　）に親しむこと。
イ　長く親しまれている言葉や古典の一節を引用するなどして使うこと。
ウ　時間の経過による言葉の変化や（　d　）による言葉の違いについて理解すること。
エ　書写に関する次の事項を理解し使うこと。
　(ア)　身の回りの多様な表現を通して文字文化の豊かさに触れ、効果的に文字を書くこと。
オ　自分の生き方や社会との関わり方を支える読書の意義と（　e　）について理解すること。

(一)　a～eにあてはまる語句を次のあ～そから一つずつ選び、その記号を書きなさい。
あ　価値　い　配慮　う　世界　え　年代　お　状況　か　効用　き　話題　く　内容
け　語感　こ　表現　さ　感性　し　世代　す　技術　せ　用途　そ　相手

(二)　(2)のアの事項について、「具体と抽象の関係について理解を深める」とはどういうことか、書きなさい。

(三)　「内容」の「思考力、判断力、表現力等」の「B書くこと」の「(1)書くことに関する次の事項を身に付けることができるよう指導する。」の「ア　目的や意図に応じて、社会生活の中から題材を決め、集めた材料の客観性や信頼性を確認し、伝えたいことを明確にすること。」について指導するために、「テーマを決めて情報誌をつくる」という学習活動を設定し、(2)のイの事項との関連を図ることにした。「情報の信頼性の確かめ方」を明らかにして、生徒に情報を収集させる際の留意点を書きなさい。

(☆☆☆◎◎◎)

【高等学校】

【二】次の文は、新高等学校学習指導要領(平成三十年告示)「国語」の「各科目にわたる指導計画の作成と内容の取扱い」の一部である。あとの(一)～(三)に答えなさい。

1 指導計画の作成に当たっては、次の事項に配慮するものとする。

(1) 単元など内容や時間のまとまりを見通して、その中で育む(　a　)の育成に向けて、生徒の主体的・対話的で深い学びの実現を図るようにすること。その際、言葉による見方・考え方を働かせ、(　b　)を通して、言葉の特徴や使い方などを理解し自分の思いや考えを深める学習の充実を図ること。

(2) 「論理国語」、「文学国語」、「国語表現」及び「古典探究」の各科目については、原則として、「現代の国語」及び「言語文化」を履修した後に履修させること。

(3) 各科目の内容の〔知識及び技能〕に示す事項については、〔(　c　)等〕に示す事項の指導を通して指導することを基本とすること。

(4) 「現代の国語」及び「言語文化」の指導については、(　d　)との関連を十分に考慮すること。

(5) 言語能力の向上を図る観点から、外国語科など(　e　)との関連を積極的に図り、指導の効果を高めるようにすること。

(6) 障害のある生徒などについては、学習活動を行う場合に生じる困難さに応じた指導内容や指導方法の工夫を計画的、組織的に行うこと。

(一)　a～eにあてはまる語句を次のあ～そから一つずつ選び、その記号を書きなさい。
あ　学習の系統性　い　学力　う　探究
え　中学校国語科　お　学びに向かう力、人間性　か　体験
き　社会　く　思考力、判断力、表現力　け　ものの見方、感じ方、考え方
こ　言語活動　さ　他教科等　し　高等学校英語科
す　問題発見・解決能力　せ　資質・能力　そ　カリキュラム・マネジメント
(二)　(1)の事項について、「言葉による見方・考え方を働かせ」るとはどういうことか、書きなさい。
(三)　(6)の事項について、自分の立場以外の視点で考えたり他者の感情を理解したりするのが困難な場合には、国語科における配慮としてどのようなものが考えられるか、書きなさい。
(☆☆☆◎◎◎)

解答・解説

【中高共通】

【一】(一)　①　痕跡　②　離陸　③　損(なう)　④　排除　(二)　形容詞「ない」の語幹「な」、接尾語「さ」、様態の助動詞「そうだ」の終止形「そうだ」　(三)　A　キ　B　ウ　C　コ　(四)　輸入レモンには防カビ剤使用の表示が必ずついており、いつまでも腐らないが、国内産のレモンに青いカビが生えて腐り

かけているのが見えたことで、ワックスや農薬の心配がないことが分かったから。(五) あらゆる市販品の成分分析表示を確かめる自分を、ふと検閲官のようだと感じるので、添加物の入った身体に悪そうなものを少し食べることで、精神を健康にすること。(七十六字) (六) ア (七) 詩を書くことは「わたし」にとっては禁欲と同じで、詩を書きあらわすことや詩的現象を発見することがあらゆる欲望を凌駕しているが、詩を書くことを、悪い習慣だと感じていること。 (八) さわやかな黄色と単なる紡錘形ではない形をもち、てのひらに収まる大きさで、つかんでいるだけで虚ろが満たされるし、詩や掌編など何かのかたまりを作ろうとするときは、無意識のなかの一つの基準となるが、突き上げるような酸っぱさは甘さばかりを求める精神にムチを打つし、多くの人が酸味や苦みに価値あるいは安心を見出し、甘みという欲望が色褪せるような、禁欲主義の面影があることから、その本質は過激なものである。

〈解説〉(二) 「なさそうだ」は、形容詞「ない」の語幹の「な」に接尾語の「さ」がつき、それに様態の助動詞「そうだ」が接続した形である。 (三) Aの前の文で「レモンには充実した確かな重みがあり」と述べている。レモンの重みに関わる「容量」がAに入る。Bには、「絵の具で塗り固めたような」という直喩から「形容」が入る。「C」の前に「悪いものを排除しただけのものは～貧相でぎすぎすしている」とあり、後には「微量の毒は精神を健康にする」とある。「毒」と「健康」の関係で「配分」が適切な補充である。 (四) 「よかった」と胸をなでおろす筆者の安堵感は、同じ段落の後半の文から読み取れる。国内産のレモンには、ワックスや農薬が使われていないことである。また、次の段落に、輸入した黄色一色のレモンには防カビ剤使用が表示され、いつまでも腐らないことが書かれている。この二点を踏まえてその理由とする。 (五) 「精神のバランスをとっている」とは、精神面のストレスとその解消による精神の安定と考えてよいであろう。筆者は、あらゆる市販品の成分を確かめ、添加物の入った身体に悪そうなものを食べない自分を検閲官のようだと感じている。こういった姿勢にストレスがたまると、ジャンクフードつまり筆者にとっての毒を食べて、ストレスの解消と精神の安定を保っていると述べている。(六) 水彩画について、D以下の文で「色とは音のない音楽」と述べている。その後の「黄と青の和音」「清潔な響き」などの表現も含め、空欄には「音律的な調和」がふさわしい。(七)「病いであろう」の「病い」について、筆者は、「詩を書くこと、詩的現象の発見」をその内容とし、これを、「麻薬」「生きる癖」「悪癖」と述べている。この「病い」は、「この世でのあらゆる欲望を凌駕する欲望」の意の「禁欲」を意味している。詩人は、あらゆる対象に対し鋭敏な感性と想像力の働きにより、その現象を把握しそれにより生じた心の感興と情趣をことばで書き表す。こうしてあらゆる対象の現象を発見し、その生命力をイメージしながら詩を作ることを筆者は、「病い」と表現したのである。(八) 筆者の考えるレモンを冒頭の文から整理していく。レモンの容量と色、そして形などが創作(詩・掌編など)の基準となること。甘いものを食べる罪意識を浄化するレモンの酸味、水彩画にすれば音律的な調和を感じさせる。また、レモンには一切の欲望を凌駕する「禁欲という名前の別種の欲望」(禁欲主義)の面影があると述べている。そして、レモンという果実の分析のあとに、「レモンの本質は過激なものである」と述べ、レモンが現世のあらゆる欲望を色褪せさせる状態(レモンの酸味や苦味に価値あるいは安心を見出し、甘味への欲望が色褪せる状態)を生み出すことを推測し、それを「いつか爆発するだろう」と表現している。

【二】(一) a　ア　b　ウ　(二) あ　高貴な身分の聟を取ろう。　い　どのような策を講じたのだろうか。
(三) う　たちま(ちに)　え　ようや(く)　(四) (盗み出してきた)女が、頭と着ていた着物だけの状態になっていたのを見て、あまりにも驚き恐ろしくなったから。　(五) 様子がよくわからないところには、鬼が住んでいるかもしれないので、決して立ち寄ってはならず、ましてや泊まろうなどとは少しも考えてはいけない。

〈解説〉(一) aは、「親ども」の主格を表す。bは、関係代名詞のように用いる同格の意を表す。(二) あ「やむごとなからむ聟取り」は、「やむごとなし」(形容詞・ク活用)の未然形に婉曲の助動詞「む」の連体形のついた形で、「高貴な身分の聟取り」と訳す。「せむ」は、動詞「す」(サ変)の未然形＋意志の助動詞「む」の形で、「〜しよう」の意。 い 「いかにしてか構へけむ」の「いかにしてか」は、「どのようにして」の意の疑問の副詞。過去推量の助動詞「けむ」と呼応して係り結びになっている。「構へ」は、「構ふ」(ハ行下二段活用)の連用形で「策をねる。策を講じる。」の意。(三) 「忽」は、「たちま(ちに)」、「漸」は、「ようや(く)」と読む。(四) 中将が逃げ去ったのは、密かに盗み出した女を北山科の古い山庄に連れ込んだものの、突然の雷鳴により中将が立ち往生したあと、その女が頭と着物だけを残した状態になっているのを見て、「あさましく怖ろしくて」その場におれなくなったからである。(五) 「況や宿りせむことは思ひ懸くべからず」とは、「まして、宿泊しようなどと思ってはならない」という意。これは「A。況B乎」の抑揚形のBの内容で、Aは、「然れば案内知らざらむ所にはゆめゆめ立ち寄るまじきなり。」である。「然れば」は、前の文の「倉に住みける鬼のしけるにやありけむ」を受けている。Aは、「案内(物事の内情)がよくわからないところには、鬼が住んでいるかもしれないので、決して立ち寄ってはならない」の意。このAを理由にしてBにつなぎ、全体をまとめる。

【三】(一) 君主。為政者。 (二) b およ(そ) c にわか(に) (三) 一言不善 (四) 不レ可ニ出レ言有レ所ニ乖失一。 (五) どうして、庶民と同じだろうか。いや、同じではない。 (六) 煬帝が甘泉宮の庭園を見て、「蛍を少々つかまえてきて宮中に放て」と勅命を下したところ、係の役人は数千人を派遣して蛍をとり集め、車五百台分の蛍を宮中に送り届けるという大きな事態になったこと。 (七) 君主は天下で最も尊い地位に居り、もし過ちがあれば、昔の人が言ったように、すべての人々が日食や月食を見るように、君主に目を向けるから。

〈解説〉(二)　b　「凡」は、「おおよそ。一般に。」の意。　c　「遽」は、「すばやく。すみやかに。」の意。(三)　「之」は、指示代名詞で「一言不善」を指す。　(四)　返読文字「不」「可」「所」や述語・目的語、助詞や活用語尾の送りがなに注意して返り点をつける。　(五)　「あに匹夫に同じからんや」で、「豈～哉」の反語形である。「匹夫」は庶民のこと。　(六)　「小事尚爾」とは、「重要でないささいなこと」をいう。煬帝が甘泉宮に行き蛍火がないのを怪んで、蛍を捉取して宮中の夜を照らせ、と勅命したことをいう。「尚爾」の「爾」は、「このとおりである」の意で、ささいな勅命が「遣数千人、採拾、送五百輿於宮側」という結果になったことをさす。「小事尚爾」の後の文、「況其大乎」は、抑揚形「A。況B乎」の内容である。　(七)　「実に陛下の戒慎する所のごときなり」は、冒頭の文、太宗の「言語者、君子之枢機。談何容易。」や「不可出言有所乖失。～朕当以此為戒。」を踏まえて太宗を君主として評価している言葉である。その理由を魏徴は、「人君居四海之尊。」「若有虧失(過失)、「古人以為如日月之蝕、人皆見之(人君)」と述べている。

【中学校】

【一】(一)　a　け　b　そ　c　う　d　し　e　か　(二)　具体と抽象という概念を理解するとともに、具体的な事例を抽象化してまとめたり、抽象的な概念について具体的な事例で説明したりすることができるようにすること。　(三)　「情報の信頼性の確かめ方」としては、本であれば奥付に書かれた書名、著者名、発行年、出版社等を確認すること、インターネットであれば、同じ事柄に対する複数の情報源から収集した様々な情報を照らし合わせながら確認することなどが考えられる。また、一つの情報だけで確認するのではなく、複数の情報に当たることも重要である。これらの確かめ方を踏まえ、生徒に情報を収集させる際には、自分の考えを支える根拠として、客観性や信頼性の高い適切な情報を書く材料とさせることや、情報を慎重に取捨選択させ、場合によっては再度情報を収集させることに留意する。

〈解説〉(一) 第三学年の「知識及び技能」の(1)は、「言葉の特徴や使い方に関する事項」(2)は、「情報の扱い方に関する事項」(3)は、「我が国の言語文化に関する事項」である。(1)のアは「漢字」、イは「語彙」、ウは「話や文章」、エは「言葉遣い」の指導事項である。(3)のア・イは「伝統的な言語文化」、ウは「言葉の由来や変化」、エは「書写」、オは「読書」の指導事項である。(二) (2)のアは「情報と情報との関係」、イは、「情報の整理」の指導事例である。アは、第二学年のアを受けたもので、「具体と抽象という概念を理解するとともに、具体的な事例を抽象化してまとめたり、抽象的概念について具体的な事例で説明したりすることができるようにすること」である。(三) 第三学年の「書くこと」のアは、「題材の設定、情報の収集、内容の検討」の指導事項である。また、「知識及び技能」の(2)のイ「情報の整理」との関連では、情報の信頼性の確かめ方を通じ、一つの情報以外の情報と照らし合わせ等による客観的な信頼性の高い情報の収集を指導することが大切である。本設問の場合、テーマに沿って自分の考えを伝えるための根拠として、以上の収集を踏まえ、情報を取捨選択し、場合によっては再度情報を収集させることも考えておこう。

【高等学校】

【一】(一) a せ b こ c く d え e さ (二) 生徒が学習の中で、対象と言葉、言葉と言葉との関係を、言葉の意味、働き、使い方等に着目して捉えたり問い直したりして、言葉への自覚を高めること。 (三) 生徒が身近に感じられる文章(例えば、同年代の主人公の物語など)を取り上げ、文章に表れている心情やその変化等が分かるよう、行動の描写や会話文に含まれている気持ちがよく伝わってくる語句等に気付かせたり、心情の移り変わりが分かる文章の中のキーワードを示したり、心情の変化を図や矢印などで視覚的に分かるように示してから言葉で表現させたりするなどの配慮が考えられる。

〈解説〉(一)　新学習指導要領(高校国語)では、共通必履修科目として「現代の国語」及び「言語文化」とし、「論理国語」「文学国語」「国語表現」「古典探求」を選択科目として新設している。第3章「各科目にわたる指導計画の作成と内容の取扱い」の1「指導計画作成上の配慮事項」の(1)は、「主体的・対話的で深い学びの実現に向けた授業改善」、(2)は、「各科目の履修に関する配慮事項」、(3)は、〔知識及び技能〕に示す事項の指導、(4)は、「中学校との関連」、(5)は、「他教科との関連」、(6)は、「障害のある生徒などへの指導」が示されている。(二)　(1)の「言葉による見方・考え方を働かせる」とは、生徒が学習の中で、対象と言葉、言葉と言葉との関係を、言葉の意味、働き、使い方等に着目して捉えたり問い直したりして、言葉で表現される話や文章を様々な側面から総合的に思考・判断し表現して言葉の働きに着目することをいう。(三)　(6)は、障害のある生徒に対しての共生社会の実現に関わるインクルーシブ教育システムの構築を目指し、一人一人の教育的ニーズに応じてすべての教科における指導の工夫を計画的、組織的に行うことが示されている。

二〇一九年度　実施問題

【中高共通】

【一】次の文章を読み、(一)～(八)に答えなさい。

いったい、〝コミュニケーション〟とは何だろうか？

「ロボットと会話する」というが、コミュニケーションが本当に（　A　）しているのかどうか、まずそこから始めなくてはならない。なぜなら、言葉をはじめ、社会でつかわれる記号の「意味」の解釈は、コミュニケーションと不可分だからである。意味解釈が大きく食いちがえば、会話のキャッチボールはできず、コミュニケーションは成立しない。

とりあえずコミュニケーションを、「閉じた心をもつ存在同士が、互いに言葉をかわすことで（　B　）出来事」と定義してみよう。何だかムズカシそうな定義だが、実はそうでもない。

たとえば二人の商人AとBが契約の話をしているとする。「どうです、おたくにとっても、いい話じゃありませんかね」「いやまったく。そちらさんからのお話では、むげにお断りするわけにも行きませんなあ……ただまあ、もう少し景気がよくなるといいんですが。ええと、ちょっとトイレどこですかな」と言葉を①ニゴしてBが席を立ったとしよう。はたしてAは、契約の成立をどのくらい見こめるだろうか。

こういった腹の探り合い、共通了解のための意味解釈の相互交換は、コミュニケーションの典型例である。たえまなく揺れる意味解釈を通じて、推定作業があ動的に続けられる。人間の社会的なコミュニケーションの多くはそういうものなのだ。

だから、言葉(記号表現)のあらわす意味(記号内容)は、言葉にぴったり(　C　)した固定的なものではない。むしろ人間社会における多様な言語的なコミュニケーションの繰り返しを通じて、動的に形成されていくものだ。

さらに大切なことがある。人間の言葉は抽象化をおこなう。一つの言葉があらわす意味の幅は、コミュニケーションによって拡大され、多義的・多次元的にふくら[b]んでいくのである。たとえば座るためのさまざまな形態の家具は、みな「椅子」と呼ばれる。これは、コンピュータにさまざまな画像を見せて、その共通特徴を抽出する深層学習とは[い]逆の作用である。そればかりか、「彼がねらっているのは社長の椅子だ」というように、比喩的に椅子が「地位」を意味することもある。比喩的にイメージを重ね、ふくらませていく詩的作用が、人間の言語コミュニケーションの最大の特色に他ならない。

さて、コミュニケーションを人間の心のような自律的閉鎖系のあいだでおきる出来事と定義すると、機械と人間、または機械同士のあいだのコミュニケーションは本来、ありえないことになる。機械は他律的に作動する開放系だからだ。

実際、コンピュータ間通信は記号(デジタル信号)を送ればすむし、コンピュータに指令を伝えるにはキーボードからコマンドを入力すればいい。そこに意味解釈などはいる余地はまったくない。この延長で、ロボットに正確な指令をあたえれば、ロボットは、プログラム通りの機能を実行するだろう。つまり原則として、コンピュータにとって「意味」の解釈など無縁のしろものなのだ。

ただ、人間が日本語や英語などの自然言語でコンピュータと会話しようとすると、そこで一種の疑似的なコミュニケーション、疑似的な意味解釈がおこなわれることは事実である。では、ロボットと人間のあいだの

「疑似的コミュニケーション」の特色は何だろうか。

　人間が比喩によって言語記号の意味解釈を動的に広げていく傾向をもつのに対し、人工知能は逆に意味解釈の幅をせばめ固定しようとする。そして、論理的な指令(たとえば正確な機械翻訳の出力)に結びつけようとする。人工知能の自然言語処理においても「意味処理」はおこなわれているが、それらはことごとく、多義的な意味内容を一つに絞りこむための工夫なのである。

　わかりやすく整理すれば、人間のコミュニケーションは詩的で柔軟な「共感作用」、人工知能の疑似コミュニケーションは指令的で定型的な「伝達作用」に特長があるということになる。むろん、現実の社会的コミュニケーションでは両者が共存し、いりまじっているが、この特色の相違はとても大切である。もし、機械翻訳をふくめ人工知能技術を効率的に利用したいなら、なるべく定型的で機械的な情報伝達の場面に限定するほうが　う安全だ。

　一方、仮に、連句会や連歌会のような②モヨオしをおこない、人工知能ロボットを③エンカク参加させれば、それがチューリング・テストに合格することは難しいだろう。人工知能は過去の(　D　)をもとに作動するから、④チンプな作品しかうみだせない。直感のするどい芸術家の目をごまかすことは難しいはずである。

　ちなみに、人工知能に文学作品をつくらせるといった試みは、芸術活動としては明らかに邪道である。過去にない新たな作風の作品を創《つく》りだすのが近代芸術の大前提だからだ。コンピュータが効率よくマガイモノを大量生産して市場を制覇するなら、それは「芸術の死」を意味する。

(西垣通「言葉がわかる機械」より)

(注)　○　自然言語……社会において自然に発生して用いられている言語。

○チューリング・テスト……コンピュータが知能をもつかどうかを判定するテスト。人間および人間を模倣するコンピュータに対し、ディスプレーとキーボードを介してさまざまな質問をし、その返答の様子から、どちらが人間でどちらがコンピュータか区別ができないようであればコンピュータが知能をもつとみなすというもの。

(一)二重傍線部①～④のカタカナを漢字で書きなさい。
(二)波線部a「ん」、b「ん」の違いを文法的に説明しなさい。
(三)A、C、Dに入る語として最も適するものを次のア～コからそれぞれ一つ選び、その記号を書きなさい。
ア　模範　イ　付着　ウ　示唆　エ　用例　オ　誘発　カ　派生　キ　調和　ク　統合
ケ　皮相　コ　生起
(四)Bに入る語句として最も適するものを次のア～エから一つ選び、その記号を書きなさい。
ア　意味解釈を広げていく　イ　共通特徴を抽出する　ウ　共通了解をもとめていく
エ　情報伝達場面を限定する
(五)傍線部あ「動的に続けられる」とあるが、どういうことか、書きなさい。
(六)傍線部い「逆の作用」とあるが、どういうことか、七十字以内で書きなさい。
(七)傍線部う「安全」とあるが、その理由を書きなさい。
(八)筆者の考える機械と人間のコミュニケーションを具体的に説明しなさい。

(☆☆☆◎◎◎)

【二】次の文章を読み㈠～㈥に答えなさい。

おほかた、歌を詠まむには、題をよく[a]心得べきなり。題の文字は、三文字《みもじ》・四文字《よもじ》・五文字《いつもじ》あるをかぎらず、詠むべき文字、必ずしも詠まざる文字、まはして心を詠むべき文字、ささへてあらはに詠むべき文字あるを、よく心得べきなり。心をまはして詠むべき文字を、あらはに詠みたるもわろし。ただあらはに詠むべき文字を、まはして詠みたるも、くだけてわろし。[あ]かやうのことは、習ひ伝ふべきにもあらず。ただ、わが心を得てさとるべきなり。題をもよみ、その事となるらむ折の歌は、思へばやすかりぬべき事なり。

たとへば、春のあしたに[い]いつしか、と詠まむと思はば、佐保の山に、霞のころもをかけつれば、春の風に吹きほころばせ、峰のこずゑをへだてつれば、[う]心をやりてあくがらせ、梅のにほひにつけて、鶯をさそひ、子日《ねのひ》の松につけても、心の引くかたならば、千年をすぐさむ事を思ひ、若菜をかたみに摘みためても、心ざしの程をみえ、のこりの雪の消えうせぬるに、我が身のはかなき事を嘆き、[え]花咲きぬれば、ひとり心のしづかならず、白雪にまがへ、春の雪かとおぼめき、心なき風をうらみ、人ならぬ雨をいとひ、青柳のいとに思ひよりぬれば、思ひ乱るともくりかへし、木のもとに立ち寄らむことをいひ、草萌えいでむにつけても、早蕨をうたがひ、やまゐにもなりぬれば、山がつの園生《そのふ》にたてるものの姿につけても、すける心をあはれび、みちとせになるといふなる桃の、ことしはじめて咲きそめるかとうたがひ、春の、むなしく過ぎぬるにつけても、いたづらに年をおくることを嘆き、[お]いつしかと[b]時鳥を待ち、[か]やすき夢をだにむすばず、知らぬ山路に日を暮し、思はぬ伏屋にして夜をあかすにつけても、詠むべき節はつきもせず。

（「俊頼髄脳」より）

(注) ○ 佐保の山……平城京の東にある山。佐保山を神格化した佐保姫は、霞の衣を織り柳の糸を染め花を咲かせる春の女神とされる。
○ 子日の松……正月初子の日、野に出て小松の根を引き、若菜を摘んで、千代を祝い宴をする行事。
○ 山がつの園生……山に住む民の家の庭。
○ みちとせになるといふなる桃……三千年に一度実がなる桃の実を西王母が漢の武帝に与えたという中国の説話による。

(一) 二重傍線部a「心得」、b「時鳥」の読み方を現代仮名遣いで書きなさい。

(二) 傍線部あ「かやうのこと」とあるが、次は『無名抄』の中の、このことについて述べた部分である。本文を参考にして、［　　］に入る語句を十字以内で書きなさい。

歌は題の心をよく心得べきなり。俊頼髄脳といふ物にぞ記して侍るめる。必ずまはしてよむべき文字、なかなかまはしてはわろく聞ゆる文字あり。必ずしもよみすゑねども自ら知らるる文字あり。いはゆる暁天落花・雲間郭公・海上明月、これらのごとくは、第二の文字は［　　］、皆下の題をよむに具して聞ゆる文字なり。又かすかにて優なる文字あり。

(三) 傍線部い「いつしか」、お「いつしか」の意味を書きなさい。

(四) 傍線部う「心をやりてあくがらせ」、か「やすき夢をだにむすばず」を口語訳しなさい。

(五) 傍線部え「花咲きぬれば、ひとり心のしづかならず、白雪にまがへ、春の雪かとおぼめき」を解釈しなさい。

(六) 波線部「その事となるらむ折の歌」について、次の①、②に答えなさい。

① 本文中にあげられている例の歌題の歌としてあてはまらないものを次のア～コから一つ選び、その記号を書きなさい。

② 詠まれている季節が他の歌と異なるものを次のア～コから一つ選び、その記号を書きなさい。

ア 青柳の糸よりかくる春しもぞ乱れて花のほころびにける
イ 山がつの園生に立てる桃の花好けるなこれを植ゑて見けるも
ウ 春日野の若菜摘みにや白妙の袖ふりはへて人のゆくらむ
エ 春の夜の夢の浮橋とだえして峰に別るる横雲の空
オ 早蕨やしたにもゆらん霜枯れの野原の煙春めきにけり
カ 佐保姫の衣はるかぜなほ冴えてかすみの袖に淡雪ぞ降る
キ けさ来鳴きいまだ旅なる郭公花橘に宿はからなむ
ク みちとせになるてふ桃のことしより花さく春にあひにける哉
ケ 花の香を風のたよりにたぐへてぞ鶯さそふしるべにはやる
コ 花の色は移りにけりないたづらにわが身世にふるながめせしまに

(☆☆☆◎◎◎)

【三】次の文章を読み、(一)〜(七)に答えなさい。なお、設問の都合により訓点を一部省いてある。

前漢《ノ》張釈之字《ハ》季、南陽堵《しや》陽《やう》人《ナリ》。以《テ》貲《しヲ》為《リ》騎郎《ト》、事《フ》‖a
文帝《ニ》。十年《ナルモ》不得調《えらバルルヲ》、あ亡所知名。後《ニ》拝《セラル》廷尉《ニ》。持《スルコト》議《ヲ》平《ラカニシテ》、天
下称《ス》‖b之《ヲ》。王生《トイフ》者善《ク》為《ス》黄老《ノ》言《ヲ》。嘗《テ》召《サレテ》居《リ》廷中《ニ》、公卿尽《ク》
会立《ス》。王生《ハ》老人《ナリ》。曰《ク》、「吾《ガ》韈《べつ》解《ケタリト》。」顧《ミテ》謂《ヒテ》釈之《ニ》、「為《ニ》我《ガ》結《ベト》韈《ヲ》。」
釈之跪《イテ》而結《ブ》‖c之《ヲ》。或《ヒハ》譲《せむ》王生《ヲ》、い「独《リ》奈何《ゾ》廷《ニ》辱《シムト》廷尉《ヲ》。」王
生曰《ク》、「吾老《イ》且賤《シ》。自《ラ》度《ル》‖d終《ニ》う亡《シト》益《スルコト》於張廷尉《ニ》。廷尉《ハ》天下《ノ》
名臣《ナリ》。吾聊《いささカ》使《メテ》結《バ》韈《ヲ》、欲《スト》以《テ》重《クセント》之《ヲ》。」諸公聞《キテ》之《ヲ》、[A]王生《ヲ》
而[B]釈之《ヲ》。

（「蒙求」より）

（注）○ 以貲為騎郎……財貨を差し出して騎郎（騎を司る郎中）となる。
○ 廷尉……裁判を司る官名。

○ 黄老言……老子などの道家の説。道家は黄帝を祖とするので、黄老と言う。
○ 韈……革製の足袋のようなもので、紐がついているもの。
○ 譲……問いただす。

(一) 二重傍線部a「事」、b「称」の意味を書きなさい。
(二) 二重傍線部c「且」、d「度」の読み方を、現代仮名遣いで書きなさい。ただし、二重傍線部cは送り仮名も含めて現代仮名遣いで書きなさい。
(三) 傍線部あ「亡所知名」とあるが、ここで用いられている句法を二つ書きなさい。
(四) 傍線部い「独奈何廷辱廷尉」を口語訳しなさい。
(五) 傍線部う「亡益於張廷尉」とあるが、どういうことか、書きなさい。
(六) [A]、[B]に入る漢字の組み合わせとして最も適するものを次のア～エから一つ選び、その記号を書きなさい。

ア A 重 B 議
イ A 賢 B 重
ウ A 老 B 賢
エ A 調 B 老

(七) 王生の朝廷での言動とその真意について説明しなさい。

(☆☆☆◎◎◎)

【四】次の文は、新中学校学習指導要領(平成29年告示)「国語」の「各学年の目標及び内容」の「第一学年」の「内容」の「話すこと・聞くこと」である。あとの(一)、(二)に答えなさい。

(1) 話すこと・聞くことに関する次の事項を身に付けることができるよう指導する。
ア　目的や場面に応じて、日常生活の中から話題を決め、集めた(a)を整理し、伝え合う内容を検討すること。
イ　自分の考えや根拠が明確になるように、話の中心的な部分と付加的な部分、事実と意見との関係などに注意して、話の構成を考えること。
ウ　相手の反応を踏まえながら、自分の考えが分かりやすく伝わるように(b)を工夫すること。
エ　必要に応じて(c)したり質問したりしながら話の内容を捉え、共通点や相違点などを踏まえて、自分の考えをまとめること。
オ　話題や(d)を捉えながら話し合い、互いの発言を結び付けて考えをまとめること。
(2) (1)に示す事項については、例えば、次のような言語活動を通して指導するものとする。
ア　(e)や報告など伝えたいことを話したり、それらを聞いて質問したり意見などを述べたりする活動。
イ　互いの考えを伝えるなどして、少人数で話し合う活動。

(一)　a～eにあてはまる語句を次のあ～そからそれぞれ一つ選び、その記号を書きなさい。
あ　言葉　い　記録　う　方向　え　発表　お　表現　か　説明　き　知識　く　展開

け 助言 こ 情報 さ 特徴 し 紹介 す 語句 せ 材料 そ 交流

(二) (1)のイの事項について、(2)のイの言語活動を通して指導するために、「食事と栄養についてグループで話し合う」という学習活動を設定した。次の①、②に答えなさい。

① 「中心的な部分と付加的な部分、事実と意見との関係」を明らかにして、「話の構成を考える」上での留意点を書きなさい。

② 「少人数での話合い」の特徴や利点を明らかにして、指導する上での留意点を書きなさい。

(☆☆☆◎◎◎)

【五】次の文は、現行の高等学校学習指導要領「国語」の「各科目」の「国語総合」の「内容の取扱い」の一部である。あとの(一)～(三)に答えなさい。

(1) 総合的な言語能力を養うため、内容のA、B、C及び〔伝統的な言語文化と国語の特質に関する事項〕について相互に密接な関連を図り、効果的に指導するようにする。

(2) 内容のAに関する指導については、次の事項に配慮するものとする。

ア 話すこと・聞くことを主とする指導には(a)単位時間程度を配当するものとし、計画的に指導すること。

イ 口語のきまり、言葉遣い、(b)の用法などについて、必要に応じて扱うこと。

(3) 内容のBに関する指導については、次の事項に配慮するものとする。

ア 書くことを主とする指導には(c)単位時間程度を配当するものとし、計画的に指導すること。

(4)　内容のCに関する指導については、次の事項に配慮するものとする。

ア　古典を教材とした授業時数と近代以降の文章を教材とした授業時数との割合は、おおむね（　d　）とすることを目安として、生徒の実態に応じて適切に定めること。なお、古典における古文と漢文との割合は、一方に偏らないようにすること。

イ　文章を読み深めるため、音読、朗読、（　e　）などを取り入れること。

ウ　自分の読書生活を振り返り、読書の幅を広げ、読書の習慣を養うこと。

(一)　a～eにあてはまる語句を次のあ～そからそれぞれ一つ選び、その記号を書きなさい。

あ　15～25　い　20～30　う　25～35　え　30～40　お　4対6　か　同等
き　3対7　く　2対8　け　暗唱　こ　読み比べ　さ　敬語　し　語句
す　精読　せ　文体　そ　訓読

(二)　(4)のアの事項について、古典の学習において、古典を読むことへの意欲を喚起するためには、どのようなことが大切か、書きなさい。

(三)　(4)のウの事項について、「読書の幅を広げ」るためには、どのようなことが有効か、書きなさい。

(☆☆☆◎◎◎)

解答・解説

【中高共通】

【二】(一) ① 濁(して) ② 催(し) ③ 遠隔 ④ 陳腐 (二) a 打ち消しの助動詞「ぬ」の終止形 b マ行五段活用の動詞「ふくらむ」の連用形「ふくらみ」の撥音便 (三) A コ C イ D エ (四) ウ (五) 人間同士のあいだのコミュニケーションでは、一つの言葉があらわす意味の幅が拡大され、意味解釈がたえまなく揺れる中で、共通了解のために推定作業が続けられること。(六) コンピュータはさまざまな情報から共通特徴を抽出するのに対し、人間は言葉を抽象化し比喩的にイメージを重ね、ふくらませていくということ。(六十六字) (七) 人工知能は、意味解釈の幅をせばめ多義的な意味内容を一つに絞りこみ、論理的な指令に結びつけようとする、指令的で定型的な「伝達作用」に特長があるから。(八) コミュニケーションを共通了解のための意味解釈の相互交換と考えると、人間は社会で使われる記号の意味解釈を比喩によって多義的・多次元的にふくらませていくが、機械はさまざまな情報から共通特徴を抽出し意味解釈の幅をせばめ固定しようとするため、人間と機械のコミュニケーションは本来成立しないが、意味解釈が限定される場面では疑似的なコミュニケーションが可能だ。

〈解説〉(一) 漢字は表意文字である。文の内容と整合するように同音(訓)異義語や類似の字形に注意して楷書で書くこと。(二) aの「ん」は、打ち消しの助動詞「ぬ」の終止形で、丁寧語の「ます」の未然形「ませ」に付き、「ませぬ」が「ません」になったものである。 b 「ふくらんで」の「ん」は動詞「ふくらむ」の連用形「ふくらみ」の「み」が撥音化した形である。(三) 空欄補充は、その前後の語句や文と整合する必要がある。Aにはその前の文「ロボットと会話する」という言葉との関わりで、人間とロボットの間の問題から表出される語句が入る。　Cには、コミュニケーションにおける、たえまなく揺れる意味解釈に関わる語句が入る。Dには、人工知能がさまざまな情報から特徴を抽出して深層学習し、意味解釈をせばめ固定しようとすることをふまえて、入る語句を考える。(四)　コミュニケーションにおける言葉の交換による機能を考える。(五)　コミュニケーションにおいて、相手の立場や考えを尊重しながら互いに意見交換をする中で、様々な意味解釈を通じて、共通了解のために推定作業が続けられている。(六)　特定の「物」(例えば椅子)に対して、コンピュータは「画像」(情報)を収集してその共通の特徴を抽出し、深掘りして捉えようとするのに対して、人間はコミュニケーションによって多義的・多元的に膨らませ、抽象化していく。コンピュータはせばめていくのに対して、人間は広げていく。(七)　人間のコミュニケーションと人工知能技術の特徴には明らかな差異がある。人工知能は、定型的で機械的(論理的)な情報伝達機能があるので、効率的な利用を考えるなら、この分野に限定して活用した方がよいという趣旨である。(八)　人間同士のコミュニケーションは、「心」(精神作用)による自律的な存在間の共通了解のための意味解釈の相互交換、相互伝達として成立するが、「心」を持たない「機械」は他律的に作動するために、本来、人間と機械との間のコミュニケーションは成立しない。ただ、意味解釈面での擬似的なコミュニケーションなら可能であるとしている。

【二】(一)　a　こころう　b　ほととぎす　(二)　必ずしもよまず(七字)　(三)　い　いつの間にか　お　早く　(四)　う　遠く思いをはせさせ　か　短い夢でさえも見ないで　(五)　桜の花が咲くにつけ、散るのを惜しむ心で一人落ち着かず、花を白雪と見立て、散れば春の雪かと疑わしく思い、(六)　①　エ　②　キ

〈解説〉(一)　a　「心得(こころう)」は、「理解する」の意。　b　「時鳥(ほととぎす)」は、夏の季語である。

(二)　「かやうのこと」とは、「このろう)」は、「理解する」の意。

(二)　「かやうのこと」とは、「このような歌題の詠み方」の意。「無名抄」では、「必ずしもよみすゑねどおのずから知らるる文字」「皆下の題をよむに具して聞こゆる文字」として「暁天落花」「雲間郭公」等を挙げている。

筆者の「必ずしもよまざる文字」である。　(三)　いの「いつしか」は、「いつの間にか。知らぬ間に」の意。「いつしか春は来ぬ」として用いられている。　おの「いつしか」は、待ちこがれるの意の「早く」である。(四)　うの「心をやりてあくがらせ」の「心をやりて」は、「思いをはせて」、「あくがらせ」は「落ち着きを失わせ」の意。　かの「やすき夢をだにむすばず」の「やすき」は、「易し」(形・ク)の連体形で、「簡単な。短な。」の意。「夢をだに結ばず」の「だに」は、「～でさえ」の副助詞で以下に打ち消しを伴う。「夢さえ見ないで」と訳す。「一夜を待ち明かし」と意訳もできる。　(五)　「花咲ぬれば」の「ぬれ」は完了の助動詞「ぬ」の已然形で、「(待望の花が)咲くと」の意。「ひとり心のしずかならず」は、「(散るのを惜しむ心で)一人落ち着かず」の意。「白雪にまがへ」の「まがへ」は「紛ふ」(他ハ下二)の連用形で「見立て」の意。「春の雪かとおぼめき」の「おぼめき」は「おぼめく」(自カ四)の連用形で「はっきりしない」の意が転じて「疑わしい」の意である。　(六)　①　この文章は、歌題とそれにそって和歌をいかに作るかの歌論である。エの歌には歌題がなく、夢から覚めて春の景色を詠んだだけの歌である。　②　キの「郭公(かっこう)」は、「夏」の季語で、他の歌は、「春」の季節である。

【三】(一)　a　仕えた　b　ほめたたえた　(二)　c　かつ　d　はか(るに)　(三)　否定、受身
(四)　どうして朝廷で、張廷尉だけに恥をかかせたのか。　(五)　自分(王生自身)は張廷尉に何も役立つことをしてやれそうもないということ。　(六)　イ　(七)　朝廷であえて張廷尉に自分の韈の紐を結ばせ、張廷尉が老人を敬い、へりくだる姿を示すことによって、張廷尉が天下に重んじられることを意図した。

〈解説〉(一)　aの「事」は、「つかふ」と読む。「仕えた」の意。　bの「称」は、「しょうす」と読む。「称賛した」の意。　(二)　c　「且(かつ)」は、「そのうえまた」の意。再読文字の場合は返り点がつく。　dの「度る

に(はかるに)」は、ここでは「推しはかってみると(思うに)」の意である。㈢「亡所知名」の「亡」は、「無」と同じ。「名を知らるる所なし」と訓読する。「受身」と「否定」の句法が用いられている。㈣「独奈何廷辱廷尉」の「独」は、「ただ一人」の意に用いられ限定を表す。「奈何」(いかんぞ)は、疑問の副詞。「廷」は「朝廷」の意。「辱廷尉」は、「廷尉に恥をかかせる」の意。㈤「亡益於張廷尉」の「亡益」(益することなし)とは、「役に立つことがない」の意。その前の文「吾老且賤。自度」(私は老人であるうえに大した仕事もできない人間である。私が思うに)をふまえてまとめる。㈥王生の「廷尉天下名臣～欲以重之(廷尉)」の言葉に対して諸公がどういう判断と対応をしたかを考える。㈦道家を信奉する王生が張廷尉の人柄を認め、諸公に信奉させるために、自分の韈を張廷尉にひざまづいて結ばせ、その老いたる王生を敬う姿を見せることで、彼を重く用いるように仕向けた意図をのべる。

【四】㈠ a せ　b お　c い　d く　e し　㈡ ① 聞き手に伝えたい内容を分かりやすく伝えるために、集めた材料や具体的な事実、自分の感じたことや考えたことなどをどのように配列するかを考えたり、接続する語句や文末表現などに注意したりするなどして、食事と栄養について自分の考えやその根拠が明確になるように話を構成すること。② 一人一人の参加者が発言する機会が多くなるとともに、話し手と聞き手との距離が近く、開き手の反応を捉えながら話しやすいという特徴や、話合いの目的や進め方などを共有しやすいなどの利点を生かし、少人数で話し合うことで、食事と栄養についてそれぞれが根拠をもって自分の考えを明確にもてるように指導すること。

〈解説〉㈠ 新学習指導要領(平成二十九年告示)においては、国語において育成を目指す資質・能力を「知識及び技能」、「思考力、判断力、表現力等」、「学びに向かう力、人間性等」の三つの柱で整理した。問題で提示された文は、そのうちの「思考力、判断力、表現力等」における「話すこと・聞くこと」の内容である。現行の学習指導要領(平成二十年告示)から大きく改訂されており、その内容を熟読しておく必要がある。

(二) ①「話の中心的な部分」とは、食事と栄養について、特に伝えたいことや伝えるべきことなどであり、「付加的な部分」とは、伝えたいことを分かりやすく伝えるための説明や具体例を提示することである。「事実と意見との関係」は、聞き手に伝えたい内容を分かりやすくするための食事と栄養に関する材料や事実をどのように提示するかを考えたり、語句や文章表現を工夫したりしてテーマに対する根拠を明確にして話を構成することである。②少人数での話し合いの形態は、対話、グループでの協議があり、生徒相互のほかに、栄養教諭や養護教諭との対話や話し合いも考えられる。利点として参加者の発言の機会が多くなること、話し手と聞き手の距離の近さによる相手の反応が捉えやすいことなどがある。また食事と栄養についての話し合いの目的や進め方を共有しやすいので、共通理解を深める利点もある。コミュニケーションによる人間関係の構築についても言及しておこう。

【五】(一) a あ b さ c え d か e け (二) 古文、漢文の現代語訳や文法的な説明に終始するのでなく、古典を学ぶことの意義を認識させることが大切であり、そのために、表現の工夫の仕方に注意したり、要約や詳述をしたり、想像力をはたらかせたりしながら読み味わい、ものの見方、感じ方、考え方を豊かにしていくことが大切である。(三) 広く関係する機関と連携して指導し、生徒自らが学校図書館の司書教諭や地域の図書館の司書などによる適切な助言を受けること。

〈解説〉(一) 学習指導要領解説(平成二十二年)において、(1)「国語総合」の指導に当たって全般的に配慮すべき事項として、「総合的な言語能力を育成するためには、話すこと・聞くこと、書くこと及び読むことの言語活動を相互に密接な関連を図りながら実践していく必要がある。そこで、話したり書いたりする表現活動を近代以降の文章や古典を読むことと関連させて行ったり、課題についてそれぞれの考えをまとめ、その成果を発表したりするなどの多様な言語活動を、適切な指導と評価の計画の下に実践するなど、指導上の工夫が大切となる。」としている。そして、(2)では「A話すこと・聞くこと」、(3)では「B書くこと」、(4)では、「C読むこと」に関しての指導上の配慮事項が明記されている。学習指導要領及び学習指導要領解説の出題頻度は高いので、すべて熟読しておくことである。

(二)　「古典A」の内容の取扱いの(2)に「古典を読む楽しさを味わったり、伝統的な言語文化に触れることの意義を理解することを重視し、古典などへの関心を高めるようにする」と示してある。学習指導要領解説(平成二十二年)では、教材や指導の方法を工夫し、古典の世界に楽しく触れることができる授業を展開し、生涯にわたって古典に親しむ態度を育成していく必要があるなどと解説している。

(三)　生徒自身の主体的な取組みが読書の幅を広げることになる。そのため、司書教諭や地域の図書館の司書の助言による読書領域の拡大の指導も有効となる。

二〇一八年度 実施問題

【中高共通】

【一】次の文章を読み、(一)〜(七)に答えなさい。

子供の頃のことを思い出してみると、日々の暮らしの質感が今とはずいぶん違っていたことに気づく。人の性格やふるまいのことは措《お》こう。このところ気になっているのはモノだ。特に道具類。

かつてモノはずっとぼくたちの近くにいた。使い①ナれた道具をなくすまいと人は（　A　）だったし、モノの方も迷子になっては大変だと必死で人にしがみついていた。箒にしても、包丁にしても、下②ジきでもナイフでも、箸一膳まで、昔のモノはやわだったからすぐに使い癖が付き、傷が付き、新品とは違うものになって、自分専用という感じが出た。

だいたいモノが少なかったのだ。だから一つ一つが大事に思われ、後になってもよく覚えている。あの頃に頭を向けると、ぼんやりとした薄明の世界のあちこちに道具類が点々と散っているようで、少しあ切ない思いがする。

人は別れてもそれぞれに生きてゆくから、また会うこともあるし、aそうでなくともお互いさま。しかしモノはこちらの手を離れたらその先はまず無いわけで、他人に拾われて使われれば本当に幸運、たいていの場合は土の上に落ちて、泥にまみれて、やがて朽ちていったのだろう。もう今はどこにもない。だから切ない。

自分専用の道具の（　B　）的な例——剣玉は剣と、皿が二つある臼状の部分と、玉から成っている。買ったばかりの時は、剣と臼を組み合わせた部分と玉が凧糸で繋いであり、糸は細い釘を曲げたようなピンで留めてある。まずこのピンを抜き、凧糸を独楽紐《こまひも》と取り替える、臼から剣を抜いて、臼の穴に独楽紐を通して剣をしっかり押し込む。次に剣の先を切り出しで削って細くし、そこに鉛筆のキャップを塡《は》める。玉の穴を三角形のガラスの破片で削って大きくする。

穴を大きくする作業は授業中にこっそりやった。ともかく時間がかかる（　C　）の仕事。顔は先生の方を見ながら机の中に隠した手を動かすのだが、ガラスだから気を付けないと指を切る。こうしてようやく自分の剣玉が完成する。大事でないはずがない。

セーターは家で編むものだった。古いセーターをほどいて毛糸に戻す。薬缶の湯気で編み癖を取って、卓袱《ちゃぶ》台の端などに巻いて綛《かせ》にしてから、洗ったり染めたりする。こうして新品同様になった毛糸を編む。その際に綛では扱いにくいので玉に巻く。この作業をよく手伝わされた。母の正面一メートルほどのところに坐って、両手首の間に綛を懸け、母が玉を巻くのに合わせて上半身を左右に振って糸を繰り出す。③シバられている感じで、いつになっても解放されない。その後では暇を見つけては編み針を動かす母の姿がいつも視野の隅にあった。こうしてできあがったセーターは来歴を知っている分だけ親しいものに思われた。い ぜったいにぼくのセーターだった。

教室の記憶の中に宝物が転がっている。匂いガラスというのがあった。ガラスの破片に似て透明なのに、角は鋭くないしずっと軽い。机などにこすりつけると少しだけいい匂いがした。飛行機の窓ガラスのかけらだという話が伝わっていて、それはたぶん事実だった。有機ガラスというのが正しい名。

千枚ガラスの方は本当の名を子供たちも知っていた。雲母というもので、薄い透明な薄片を無数に重ねたような半透明の物体。上手にやるといくらでも剝がれてきた。誰かが教室に持ってきて、大事b そうに取引された。供給源はラジオのコンデンサーだったらしい。

家の中の道具で最も機械という感じが強かったのはミシンだ。今ふりかえってみると、当時のミシンはとても装飾性の強いデザインで、どこもかしこも唐草模様がモチーフだった。開口部がいくつもあって、蓋を外すと中のカムやリンクが見えた。ぼくはミシンの手入れが得意で、よく頼まれて人の家まで出張していた。あの油の匂い、油差しの底のぺこぺこという音、下糸をボビンに巻く仕掛け、踏み車と本体を結ぶ皮のベルト、④ソウジが終わってなめらかに動くミシンの気持ちのよい音。こうしてたぐってゆくといくらでも細部がよみがえる。

子供が持つ道具類は単純だった。鉛筆を削るのはボンナイフという、片刃のかみそりの刃を挟み込んだ折り畳み式のナイフ。文房具屋には肥《ひ》後守《ごのかみ》も売っていたが、刃が厚いので鉛筆を削るのには向かない。鞘が別になった三角の刃の切り出しは工作で使った。

物差しは竹で、三十センチと一尺が一本の両側に刻んであった。尺と寸がまだ使われていた頃の話だから、ぼくの体重もまだ八貫に届いていなかった。消しゴムは四角い白い「ひのでむかいどり」印。絵を描くのはペンテルか桜クレパス。糊は大和糊かセメダイン。

何かのおまけで金属ダイカストの飛行機を手に入れた。全長三センチほどの三角翼の戦闘機で、小さい割に重いのがいかにも貴重なモノという感じだった。

子供には自分が子供だという自覚がある。周囲を大人にかこまれて育つから、なにかにつけておまえは子供だと言われ、そうなのかと思う。その後で、おまえはもう大人なのだと言われる時が来て、またそうなのかと思うのだが、しかしそれで子供の自覚が消えるわけではない。体重八貫のぼくがいなくなって十六貫の今のぼくがいきなり出現したわけではない。八貫目のぼくはそのまま今のぼくの中にいる。一貫目ごと一歳ごとの自分が年輪のように内側に畳み込まれて重なり合っている。奥にゆけばゆくほど古い時代になり、懐かしい匂いが増す。

　昔は今のように人と人の間に距離がなかったし、モノはもっと人に親しかった。商業主義の支配が社会の体感温度を下げたというのは正しいが、それとは別に時の作用ということもあるだろう。ぼくの中の少年はまだそのまま元気でいるのに、ただ う彼にはもう出番がない。彼が使った単純な道具類がもう手に入らないのと同じように。

　今はキーワードを頼りに思い出すしかない――

　ゴム動力のA―1模型飛行機

　よもぎとぜんまい

　洗い張り

　オブラート

　茶簞笥

　雪

（池澤夏樹「体重が八貫目だった頃」より）

（注）○剣玉……両端を皿状にえぐった胴に、先端をとがらせて他端を皿状にえぐった柄を突き通し、それに穴を開けた球を糸で結びつけた木製の玩具。

○綛……取り扱いに便利なよう、一定の大きさの枠に糸を一定量巻いて束にしたもの。

○コンデンサー……ここではラジオ部品の一つ。

○カム、リンク……ここではミシン部品の一つ。

○肥後守……文房具の小刀の一種。
○貫……尺貫法の重さの単位。一貫は３・７５キロ。
○洗い張り……着物を解いて洗い、のりづけをして板などに張って干すこと。

(一) 二重傍線部①～④のカタカナを漢字で書きなさい。
(二) 波線部ａ「そう」、ｂ「そう」の違いを文法的に説明しなさい。
(三) 傍線部あ「切ない思いがする」とあるが、その理由を書きなさい。
(四) Ａ～Ｃに入る語として最も適するものを次のア～コからそれぞれ一つ選び、その記号を書きなさい。
ア 基底　イ 根気　ウ 規則　エ 律儀　オ 模倣　カ 真剣　キ 先般　ク 直截
ケ 模範　コ 典型
(五) 傍線部い「ぜったいにぼくのセーターだった」とあるが、どういうことか、七十字以内で書きなさい。
(六) 傍線部う「彼にはもう出番がない」とあるが、どういうことか、書きなさい。
(七) 筆者の考える昔と今の違いを具体的に説明しなさい。

(☆☆☆◎◎◎)

【二】 次の文章を読み、(一)～(六)に答えなさい。

一の宮は比叡山の麓小野といふ所に引き籠らせ給ひけり。蘭省の花の時、盧山《ろさん》の雨の夜、錦張の本《もと》、草庵の内、さこそ御心細かりけめ。金銀珠玉の床を引き替へて、埴生《はにふ》の小屋の葦簾《あしすだれ》、沈麝《ぢんじや》の烟《けぶり》そのままに、葦火焼《た》く屋《や》の夕嵐、寂寞《じゃくまく》たる御住居、春の花、夢の世をば遁《のが》れさせ給へども、山郭公《やまほととぎす》、友呼ぶ声御耳に近く、夕《せき》殿《でん》の蛍ばかりこそ挑《かか》げ残せる灯《ともしび》なれ。霜月の頃にやありけん、雪いと深く降り積みて、都だにも行き交《か》ふ人も希《まれ》なるに、ましてかの小野のほとりの御住居、思ひやられてあはれなり。

在原中将業平は、昔日《むかし》、浅からず申し契りし人なれば、さしもの雪を踏み分けつつ、ただ独り訪ね参りけるこそやさしけれ。いさらぬだに、人目も草も枯れぬれば、冬山里はさびしきに、まして降り積む雪の中、誰かは訪ね参るべき。皆白妙の庭の面《おも》、跡踏み付くる方ぞなき。宮は、端近く出で居させ給ひ、「香炉峰の雪は、簾を挑げて見る」なんど御口ずさみ、四方《よも》の山辺を眺めさせ給ふ折節、在中将の参りたるを御覧じて、夢か現か、現とも夢ともうさらに思し召し分《わか》ぬ御気色なり。中将もまた、かかる御有様を見奉るに、えいとど涙を押へかね、お過ぎにし頃の重陽の御遊び、交野《かたの》の御野の御狩なんど思ひ出でられて、哀れに悲しかりければ、中将、泣く泣くかくぞ思ひ連ねける。

忘れては夢かとぞ思ふ思ひきや雪踏み分けて君を見んとは

宮も哀れに思し召しつつ、御涙を押へてかくこそ。

夢かとも何か思はん世の中を厭はざりけることぞ悔しき

（「曾我物語」より）

(注) ○一の宮……惟喬《これたか》親王。文徳天皇の第一皇子。父帝に愛されたが、母の出自などのため皇太子になれず、大宰帥《だざいのそち》などを歴任した後、出家して比叡山麓の小野に隠棲した。

○錦帳……「張」は「帳」に同じ。

○埴生の小屋……土で塗っただけの粗末な家。

○沈麝……沈香と麝香。

○在原中将業平……紀有常《きのありつね》の娘を妻とし、紀氏を母とする惟喬親王に親しく仕えた。
○重陽の御遊び……陰暦九月九日に行われた節会。宮中で菊花の宴が催された。
○交野……平安時代以来皇室領の遊猟地。

(一) 二重傍線部「霜月」とあるが、陰暦の何月の異称か、書きなさい。

(二) 傍線部あ「蘭省の花の時、廬山の雨の夜、錦張の本、草庵の内」は、次に示す「白氏文集」中の漢詩「廬山草堂に、夜雨独り宿《しゆく》し、牛二・李七・庾《ゆ》三十二員外に寄す」の第三句と第四句を踏まえたものである。これを参考にして、傍線部あが表していることを書きなさい。

丹《たん》霄《せう》携《たづさ》フ㆑手ヲ三君子
白髪垂ル㆑頭ニ一病翁
蘭省ノ花時錦帳ノ下《もと》
廬山ノ雨夜草庵ノ中《うち》
終身膠《かう》漆《しつ》心応ニ㆑シ在ル
半路雲泥迹《あと》不㆑同ジカラ
唯ダ有リ㆓無《む》生《しやう》三昧ノ観
栄枯ハ一照ニシテ両《ふたつ》ナガラ成ル㆑空《くう》ト

○丹霄……天空。宮中をいう。 ○三君子……長安にいる三人の友。牛二・李七・庾三十二員外をさす。
○一病翁……作者の白居易自身をさす。
○蘭省……宮中図書を扱う尚書省。
○廬山……江西省九江県の名山。
○膠漆……にかわとうるしで固めたように固く不変の友情をいう。
○無生三昧観……生死を超脱し、悟りを開いた境地。
○一照……同じ仮の現象。 ○空……固定的実体がないこと。

(三) 傍線部い「さらぬだに、人目も草も枯れぬれば、冬山里はさびしきに、まして降り積む雪の中、誰かは訪ね参るべき」を解釈しなさい。

(四) 傍線部う「さらに」、え「いとど」の意味を書きなさい。

(五) 傍線部お「に」を例にならって文法的に説明しなさい。

　(例)「れ」…受身の助動詞「る」の未然形

(六) 和歌に表れている在原中将業平の心情を簡潔にまとめて書きなさい。

(☆☆☆◎◎◎)

【三】次の文章を読み、(一)～(七)に答えなさい。なお、設問の都合により訓点を一部省いてある。

潁《えい》川《せん》太守、髡《こんス》二陳仲弓《ツ》一。客《かく》有《リ》レ問《フモノ》二元方《ニ》一、「府君《ハ》(あ)何如《ト》。」

元方曰《ク》、「高明之君也《ト》。」「(い)足下《ノ》(う)家君《ハ》何如《ト》。」曰《ク》、「忠臣孝子也《ト》。」客曰《ク》、「易《ニ》称《ス》、『二人同《ジクスレバ》レ心《ヲ》、其《ノ》(え)利断《ツ》レ金《ヲ》。同心之言《ハ》、其《ノ》臭《かおり》如《シト》レ蘭《ノ》。』(お)何有高明之君、而刑忠臣孝子者乎《ト》。」

元方曰《ク》、「足下之言(か)何《ゾ》其《レ》謬《あやまレル》也。故《ニ》不《ト》二相答《ヘ》一。」客曰《ク》、「足下《ハ》(a)但因《リテ》レ傴《う》二為《シテ》レ恭《ト》而不《ルナリト》レ(b)能レ答《フル》。」元方曰《ク》、「昔高宗《ハ》放《チ》二孝子孝己《ヲ》一、尹《いん》吉《きつ》甫《ほハ》放《チ》二孝子伯奇《ヲ》一、董《とう》仲《ちゅう》舒《じょハ》放《テリ》二孝子符起《ヲ》一。

唯《ダ》此《ノ》三君《ハ》高明之君《ニシテ》、唯《ダ》此《ノ》三子《ハ》忠臣孝子《ナリト》。」［き］客慚《はヂテ》而退《ひきヌ》。

（「世説新語」より）

（注）○潁川……河南省潁川。　○太守……郡の長官。　○髠……頭髪をそり落とす刑罰。　○陳仲弓……後漢の地方官。
○元方……陳仲弓の長男。　○府君……郡の長官の敬称。　○易称……「易経」にあるという意。
○因傴為恭……背中を曲げているのを見て、うやうやしくしていると思うという意。
○高宗……殷の第二十二代王、武丁。　○尹吉甫……周の宣王の重臣。　○董仲舒……前漢の学者。

(一)　二重傍線部a「但」、b「能」の読み方を、送り仮名も含めて現代仮名遣いで書きなさい。
(二)　傍線部あ「何如」、い「足下」の意味を書きなさい。
(三)　傍線部う「家君」が指す人物を文章中から抜き出して書きなさい。
(四)　傍線部え「利」とあるが、この漢字を用いて、ここでの意味を表す二字の熟語を書きなさい。
(五)　傍線部お「何有高明之君、而刑忠臣孝子者乎」とあるが、次の書き下し文を参考にして、あとの白文に返り点を付けなさい。

（書き下し文）　何ぞ高明の君にして、忠臣孝子を刑する者有らんや。

　何有高明之君、而刑忠臣孝子者乎

(六)　傍線部か「何其謬也」とあるが、用いられている句形を踏まえて口語訳しなさい。
(七)　傍線部き「客慚而退」とあるが、「客」がこのような行動をとった理由について、「慚」の具体的内容を明らかにして説明しなさい。

（☆☆☆◎◎◎）

【中学校】

【二】次の文は、現行の中学校学習指導要領「国語」の「各学年の目標及び内容」の「第二学年」の「内容」の「書くこと」である。あとの(一)、(二)に答えなさい。

(1) 書くことの能力を育成するため、次の事項について指導する。
ア 社会生活の中から（ a ）を決め、多様な方法で材料を集めながら自分の考えをまとめること。
イ 自分の立場及び伝えたい事実や事柄を（ b ）にして、文章の構成を工夫すること。
ウ 事実や事柄、意見や心情が相手に効果的に伝わるように、説明や具体例を加えたり、描写を工夫したりして書くこと。
エ 書いた文章を読み返し、（ c ）や文の使い方、段落相互の関係などに注意して、読みやすく分かりやすい文章にすること。
オ 書いた文章を互いに読み合い、文章の構成や材料の活用の仕方などについて意見を述べたり（ d ）をしたりして、自分の考えを広げること。

(2) (1)に示す事項については、例えば、次のような言語活動を通して指導するものとする。
ア 表現の仕方を工夫して、詩歌をつくったり物語などを書いたりすること。
イ 多様な考えができる事柄について、立場を決めて意見を述べる文章を書くこと。
ウ 社会生活に必要な（ e ）を書くこと。

(一) a～eにあてはまる語句を次のあ～そからそれぞれ一つ選び、その記号を書きなさい。

あ 根拠　い 課題　う 目的　え 言葉　お 手紙　か 批評　き 情報　く 語句
け 資料　こ 案内　さ 特徴　し 記述　す 助言　せ 明確　そ 論理

(二) (1)のウの事項について、(2)のアの言語活動を通して指導するために、「身の回りの事柄をとらえて詩を書く」という学習活動を設定した。次の①、②に答えなさい。
① 「描写を工夫する」上での留意点を書きなさい。
② この学習活動の「書く能力」における具体的な評価規準を書きなさい。

(☆☆☆◎◎◎)

【高等学校】

【一】 次の文は、高等学校学習指導要領「国語」の「各科目」の「現代文A」の「内容」である。あとの(一)～(三)に答えなさい。

(1) 次の事項について指導する。
ア 文章に表れた(a)の見方、感じ方、考え方を読み取り、人間、社会、自然などについて考察すること。
イ 文章特有の表現を味わったり、(b)の用いられ方について理解を深めたりすること。
ウ 文章を読んで、言語文化の特質や我が国の文化と外国の文化との(c)について理解すること。
エ 近代以降の言語文化についての課題を設定し、様々な資料を読んで探究して、言語文化について理解を深めること。

(2) (1)に示す事項については、例えば、次のような言語活動を通して指導するものとする。
ア　文章の調子などを味わいながら音読や朗読をしたり、印象に残った内容や場面について文章中の表現を根拠にして（　d　）したりすること。
イ　外国の文化との（　c　）なども視野に入れて、文章の内容や表現の特色を調べ、発表したり（　e　）にまとめたりすること。
ウ　図書館を利用して同じ作者や同じテーマの文章を読み比べ、それについて話し合ったり批評したりすること。

(一)　a～eにあてはまる語句を次のあ～そからそれぞれ一つ選び、その記号を書きなさい。
あ　思想　い　編集　う　相違　え　論文　お　対比　か　説明　き　推敲　く　メモ
け　語句　こ　比喩　さ　関係　し　対象　す　もの　せ　文体　そ　簡潔
(二)　(1)のエの指導事項について、資料を収集する際やまとめる際には、それぞれどのようなことを生徒に留意させる必要があるか、書きなさい。
(三)　(1)のエの指導事項について、(2)のウの言語活動を取り入れた学習を行うこととした。具体的な学習活動を考えて書きなさい。

(☆☆☆◎◎◎)

解答・解説

【中高共通】

【二】(一) ① 慣(れた) ② 敷(き) ③ 縛(られて) ④ 掃除 (二) aは物事を指し示す働きをもつ副詞、bは様態の助動詞「そうだ」の一部。 (三) 昔はモノが少なく、一つ一つの道具を大切に使い、ぼんやりとした記憶の中でも道具のことは今もよく覚えているが、モノは自分の手を離れたら失われてしまい、もう今はどこにもないから。 (四) A カ B コ C イ (五) 古いセーターをほどいて玉にする時に自分も手伝ったし、編み直す母の様子をよく眺めていたために、自分のものだという気持ちが強くあったこと。(六十七字) (六) 子供の頃の記憶は大人になっても自分の中にあり、少年の頃の自分と別人になってしまうわけではないが、大人の自分の中にだけとどまっているということ。 (七) 昔は今と違って、人と人の関係が深かった。また、今は商業主義の影響でモノが大量にあふれているが、昔はモノが少なかったために、一つ一つを自分専用として大切に扱っていた。

〈解説〉(一) いずれも小学校・中学校で学習する漢字であるが、偏やつくりなど字形に注意する必要がある。楷書で丁寧に書くこと。 (二) a 副詞の「そう」「こう」「ああ」「どう」などの語は、指示の副詞である。b 助動詞「そうだ」の連用形「そうに」で、様態を表す。 (三) 筆者の子供の頃は、モノが少なく道具の一つ一つが貴重であったことが、ぼんやり記憶に残っている。そのモノがいったん自分の手から離れると二度と手元には戻ってこない。そのことが切ない、と言っているのである。 (四) 空欄補充では、当てはめる言葉が、空欄前後の語句や文と整合するよう注意する。Aは、道具を失くすまいとする人の姿の「真剣さ」、Bは、自分専用の道具についての取扱いの「典型」例。Cは、時間をかけての「根気」のいる仕事、という文脈である。

(五)　い　「ぜったいにぼくのセーターだった」には、セーターが編まれるまでのプロセスの多様な取組み(来歴)を自ら体験したことによる深い筆者の思い入れがある。このことを文中の言葉で具体的な例を示してまとめる。(六)　う　「彼にはもう出番がない」の「彼」は、「ぼくの中の少年」。少年時代の記憶は、未だに鮮明な形で、大人になった今の自分の記憶の中に残っているが、昔日の自分に帰ることはない、ということである。
(七)「昔と今」について述べている最後から2つ目の段落の内容をまとめる。人と人の距離(人間関係)とモノと人との関係が希薄化し、商業主義の支配による物的豊かさの反面、人々は心の豊かさを失いつつある今日の社会を批判的に述べている。

【二】(一)　十一月　(二)　かつては宮中で栄華を誇っていたが、今は山奥で粗末な暮らしをしている一の宮の、頼りない境遇。　(三)　雪深い時でなくてさえ、人の往来もなく草木も枯れてしまうので、冬の山里は寂しいものなのに、まして降り積もる雪の中では、一の宮のもとを訪ね参る者などいない。　(四)　う　全く・少しも　え　ますます・いっそう　(五)　「に」…完了の助動詞「ぬ」の連用形　(六)　雪深い山奥に隠棲した一の宮を訪問するという、夢にも思わなかった状況をしみじみと悲しむ心情。

〈解説〉(一)　陰暦の異称は、春(睦月・如月・弥生)、夏(卯月・皐月・水無月)、秋(文月・葉月・長月)、冬(神無月・霜月・師走)で、季語にも関わる。五月雨は「夏」、七夕は「秋」など。　(二)　七言律詩の三句と四句は「頷聯」といい、対句になっている。「蘭省花時」と「廬山雨夜」、「錦帳下」と「草庵中」は対語で、「栄華」と「衰退」が述べられ、かつて栄華を誇った一の宮の現在の隠棲が語られている。　(三)　い　「さらぬだに」は、「そうでなくてさえ」の意で、ここは「雪深い時でなくてさえ」となる。「枯れ」は、「離(か)る」(ラ・下二)の連用形が掛けてある。「人の往来もなく草木も枯れて」の意。「ぬれば」は、完了の助動詞「ぬ」の已然形＋接続助詞、順接の確定条件の「ば」。「冬山里はさびしきに」は、「ただでさえ、冬山里は寂しいのに」の意。「まして雪降り積む雪の中、誰かは訪ね参るべき」の「誰かは」の「かは」は、反語の係助詞で推定の助動詞「べし」の連体形と係結びになっている。「まして雪の降り積もる雪の中を一の宮を訪ねて来る者がいるだろうか。いやいまい。」と訳す。(四) う 「さらに」は、下に「分ぬ」と打消の意を伴い、「全く。少しも。」の意の副詞。 え 「いとど」は、「ますます。いよいよ。」の意の副詞。 (五) お 「に」は、完了の助動詞「ぬ」の連用形で、動詞「過ぐ」の連用形「過ぎ」に接続している。 (六) 歌意は、「ふと忘れては夢ではないかと思われます。この山里深く雪を踏み分けて宮にお目にかかろうとは思ったことでしょうか、いや思いもかけなかったことです。」である。隠棲した一の宮(惟喬親王)に再会し宮の出家前の思い出を懐古しながら現在不遇である身の宮に対する悲しみに涙を流す業平の心情を表している。

【三】(一) a ただ b あたわ(ざるなりと) (二) あ どうであるか い あなた (三) 陳仲弓
(四) 鋭利 (五) 何有㆘高明之君、而刑㆓忠臣孝子㆒者㆖乎。 (六) なんと間違いであることか。
(七) 徳が高く賢明である主君は、忠義心に富んだ家臣や親孝行な子どもに刑罰を与えたりはしないと「客」が「元方」をやり込めようしたのに対し、昔の三人の賢明な主君がそれぞれ孝行者の子どもを追放した例を元方から提示されたことで、逆にやり込められてしまい、恥じ入ってしまったから。

〈解説〉(一) a 「但」は、「もっぱら。ひたすら。」の意。 b 「能」は、「不」に返読するため、「能」(あたふ)の未然形になっている。「できる」意。 (二) あ 「何如」は、方法、状態、是非などを問う疑問詞。 い 「足下」は、同輩に対する敬称。 (三) う 「家君」とは、「他人に対して、自分の父をいう」。客が、陳仲弓の長男の「元方」に尋ねているのだから、「家君」は「陳仲弓」である。

(四)　え「利」は、この直後の語句「断金」から、「鋭利」が適切である。(五)　返読文字「有」、「刑」(述語)＋「忠臣孝子」(目的語)に注意し、返り点をつける。一・二点のあとに上・下点を訓読しながらつけること。文末が「～んや」なので反語形である。(六)　か「何～也」は詠嘆形。「何ぞ其れ謬れるや」は、「なんという間違いであることか」と訳す。(七)　客が、「高明之君」(高徳で賢明な主君)は、「忠臣孝子」(主君に忠実な家臣や親孝行な子ども)には刑罰を加えたりしない、と述べたのに対し、元方は、「何其謬也」と反論し答えなかったのに対し、また客が「因傴為恭而不能答」と元方の太守の恭順のため答えられないのだ、と責めるのを、元方が昔の「高明之君」三人を挙げ、自分の忠臣孝子を追放した例を示したため、客は恥じ入って退去したのである。

【中学校】

【一】(一)　a　い　b　せ　c　く　d　す　e　お　(二)　①　人間の心の動きや、自然現象を含む身の回りの様々な物事、印象に残る経験などを見つめ直して、それをイメージ豊かに文章に表すこと。②　感動の中心が読み手に伝わるように、身の回りの物事や体験、心の動きなどをとらえ、描写を工夫して詩を書いている。

〈解説〉(一)　「B書くこと」は、三領域の一つで、第二学年の指導事項のアは、「課題設定や取材に関する指導事項」イは、「構成に関する指導事項」ウは、「記述に関する指導事項」エは、「推敲に関する指導事項」オは、「交流に関する指導事項」である。(二)　①は(1)「B書くこと」の指導事項のウの「記述に関する指導事項」をふまえての(2)「言語活動」アを通しての詩作の学習活動である。詩作の対象は、「身の回りの事柄」であるから、日常生活での人間の心情や社会事象、加えて自然現象を、実体験をふまえ、比喩等も使いリズミカルに文章化する指導を行うことが大切である。②の詩作についての評価規準としては、身の回りの物事をどのようにとらえ、どのようにイメージし、他者に伝わるためにどのように表現を工夫しているかをポイントに評価し、必要に応じて添削指導を行い描写方法等のアドバイスを行う。

【高等学校】

【二】(一) a す b け c さ d か e え (二) 資料を収集する際…メディアからの情報を活用する際、特にウェブページには、新しくない情報、正しくない情報、書き手の主観が入った情報なども含まれているため、情報の信頼性や妥当性などに留意すること。資料をまとめる際…引用部分や出典を明示するなど、著作権を尊重すること。(三) 日本人の恋愛観や友情感について、言語文化という点から探究するため、「恋愛と友情の狭間」をテーマに近現代小説を読み比べ、批評文を制作する。小説を読み、特徴をカードにまとめたものを基に作品を比較、分析する。考察の論点を決めて、批評文を書いた後、互いに読み合い、コメントカードに講評を書いて渡す。

〈解説〉(一) 「現代文A」では、「近代以降の様々な文章」を取り扱う。指導事項のアは「ものの見方、感じ方、考え方を読み取り考察すること」、イは「表現を味わうこと、語句の理解を深めること」、ウは「言語文化の特質、我が国の文化と外国の文化との関係について理解すること」、エは「近代以降の言語文化についての課題を探究し、理解を深めること」である。また、「言語活動例」のアは「音読や朗読をしたり、説明したりすること」、イは「広い視野に立って文章の内容や表現の特色を調べ、発表したり論文にまとめたりすること」、ウは「読み比べたことについて、話し合ったり批評したりすること」が示されている。(二) (1)のエの指導事項で、近代以降の言語文化の課題の設定では、生徒自らが主体的に取り組むような学習指導を行うことが大切である。また、課題解決のための資料収集では、課題に応じた情報の取捨選択が必要になる。検索エンジンなどで入手できるウェブページには、正しくない情報が含まれているので生徒に注意を促す。情報をまとめる際には、引用部分や出典を明示させ、著作権の侵害にならないよう指導することも大切である。⑵　言語活動例のウは、文章を読み比べる学習活動の例を示している。その活動のために「図書館を利用する」ことを述べている。同じ作者の文章を複数読み、内容や表現の仕方について特色を見出すことは、作者や文章についての理解を深めることになる。また、同じテーマについての読み比べは、読み手の視野を広げ、ものの考え方や感じ方を深めることになる。この指導効果をふまえて、具体的な学習活動を考えてみよう。

二〇一七年度　実施問題

【中高共通】

【一】次の文章を読み、(一)～(八)に答えなさい。

哲学は、ソクラテスとともに《魂の世話》といわれた。そのあと《学問の女王》だとか《基礎学》だとか《根源への帰還》だとかいわれた。近いところでは《概念の創造》といわれることもある。いずれも人を惹きつける規定だが、いざ哲学の世界にふれてまず戸惑うのは、哲学が人のこころを有無を言わせず靡《なび》かせながら、その①カクシンが、あるいはその作法が、おぼろげにしかわからないということである。

哲学は、どんなに幼稚に見える問い、どんなに②フジョウリに見える問いも、そして答えがあるはずのない問いすらも、けっしてはじかれることのない、そういう（　Ａ　）の場を人びとのあいだに開いてゆくはずのものである。それなのにひとは哲学書を手にするやいなや、じぶんが拒まれているかのように感じる。

あ哲学に招かれながら、同時にそれに撥ねつけられるように感じてしまうのはなぜなのか。哲学に憧れながら、やがて多くの人がそれを③ケイエンするようになるのはなぜなのか。

テクストから入るにしても、哲学の記述形式は論文や論考とはかぎらない。古典文献として残されている著述をふり返っても、日記体のもの、告白体のもの、詩文や箴言、さらには対話体のものまで、なんとも多彩である。そういう事情もあり、哲学aの学びを開始するにあたって、「哲学するってどういうこと？　いったい何から始めたらいいbの？」といった問いに、まずは直面してしまうのである。

いったいどこから手をつけたらいいのか……。哲学の「初心者」はそう「専門家」に訊きたいところだろう。そしてまず何を読めばいいかを。そうして哲学の入門的な書物を開いてみる。けれども、どの入門書にも哲学が何であるかは明示的に書かれていない。入門書ではなく原典にあたってみると、何かを究めるといった凄みをその行文に予感しながらも、いざ読みはじめると概念が理解を超えていて、そこに書かれていることがじぶんの問いとどうつながるのかほとんど見えない。それどころかそうした問いを拒絶しているように感じられて、読みつづけることを断念することが多い。そしてなにより怖ろしいことに、どの哲学者も、その哲学書を「哲学は何から始めたらよいのか」という、解説ではなく「初心者」とおなじ問いから始めている。哲学の古典にかならず数え入れられるデカルトの『哲学原理』しかり――ラテン語のprincipium(原理)は元はといえば「始め」とか「端緒」、つまりはbeginingという意味である――、ヘーゲルの『論理学』しかり、プラグマティスト、ウィリアム・ジェイムズの『哲学の根本問題』しかり。現象学を創始したフッサールとなると、『厳密な学としての哲学』のなかで「哲学は学としてまだはじまってさえいない」と記す。さらにニーチェになると、「④グドンを痛めつける」ものとして哲学を批難する。

　このように見てくると、「哲学」という思考の道筋が確固としてあって、それにしたがって思考の歩みを進めてゆく、というのではどうもないらしい。「哲学」しようとしてまずぶち当たるのが、哲学とはそもそもどういうものなのかという、哲学そのものへの問いであるようなのだ。「哲学は～である」ではなくて「哲学とは何か?」という問いから始める。先に挙げたメルロ＝ポンティの「哲学とは(　B　)がたえず更新されてゆく経験である」という規定にしても、要は、始まりとおもっていたものがもはや最初のものでなかったことを身をもって知るということである。じぶんがこれから開始しようとしていることが何であるかがわかっていない、なんとも奇妙な学問なのである。

哲学はいってみれば素手で、無前提で、その作業を開始する。それはつまり、いかなる命題もあらかじめ妥当するものとみなさないということでもある。だから、哲学には初心者も専門家もいない。い哲学はむしろすすんで初心者であろうとする。「なぜ？」という問いを連発する子どもたちと（　C　）しようとする……。なんとも不思議な知的いとなみである。

だからだろう、ヘーゲルはその論理学に関する著作を、「哲学についてあらかじめ一般的な観念を与えることは不可能である」という（　D　）述懐から始めている。ハイデッガーは『哲学の根本的問い』のなかで、「哲学が何であるかは、根本的問いを問うことを通じて初めて規定される」と述べる。

もっと人を食った規定もある。「哲学をばかにすることこそ真に哲学することである」というパスカルの物言いはその典型である。そこまで言い切らないにしても、「う哲学を学ぶことはできない。ひとはただ哲学することを学びうるのみだ」というカントの言葉もそれに連なるものである。哲学の仕事とは、言葉の綾であたかも問題であるかのように立ってくる問いを、余計なもの、無意味なもの、つまりは擬似問題として失効させる、いってみれば「蠅取り器」のようなものだという、ヴィトゲンシュタインの指摘もある。

（鷲田清一「哲学の使い方」より）

(一) 二重傍線部①～④のカタカナを漢字で書きなさい。

(二) 波線部a「の」、b「の」をそれぞれ文法的に説明しなさい。

(三) A、Cに入る語として最も適するものを次のア～クからそれぞれ一つ選び、その記号を書きなさい。

ア　離反　イ　融合　ウ　提案　エ　連帯　オ　論詰　カ　談論　キ　統合　ク　熟慮

(四) Bに入る語句として最も適するものを次のア～エから一つ選び、その記号を書きなさい。

ア　自身の知的好奇心　　イ　原理に至る根本的問い　　ウ　おのれ自身の端緒
エ　論文や論考の記述形式

(五)　傍線部あ「哲学に招かれながら、同時にそれに撥ねつけられるように感じてしまう」とあるが、その理由を書きなさい。

(六)　傍線部い「哲学はむしろすすんで初心者であろうとする」とあるが、「初心者であろうとする」とはどういうことか、六十字以内で書きなさい。

(七)　Dに入る語句として最も適するものを次のア～エから一つ選び、その記号を書きなさい。
ア　根も葉もない　　イ　身も蓋もない　　ウ　如才がない　　エ　痛くもかゆくもない

(八)　傍線部う「哲学を学ぶことはできない。ひとはただ哲学することを学びうるのみだ」とあるが、どういうことか、説明しなさい。

(☆☆☆◎◎◎)

【二】　次の文章を読み、(一)～(五)に答えなさい。

花園左大臣は御形、心もちひ、身の才《ざえ》、すべて欠けたることなく、調《ととの》ほり給へる人なり。近き王孫にいます。かかりければ、かくただ人になり給へることを、人も惜しみ奉る。我が御心にもおぼし知りて、御喜びなるべきことをも、その気色人に見せ給ふことなかりけり。もし、仕《つかうまつ》り人の中に、男も女もおのづから心よげにうち咲《わら》ひなどするをも、「かかる宿世《しゅくせ》つたなきあたりにありながら、何事のうれしき」など、聞き過ぐさずはしたなめ給ひければ、初春《はつはる》の祝ひ事などをだに、思ふばかりはえいはぬ習ひにてなんありける。

春はa内裏あたりもあなかなかことうるはしければ、身に才あるほどの若き人は、ただこの殿にのみまうで集まりて、詩歌、管絃につけつつ心を慰さむること隙《ひま》なし。上《うへ》の御兄達《おんせうとたち》、はたいます。朝夕といふばかりさぶらひ給ひければ、大臣殿《おほいどの》など申すばかりこそあれ、さるべき色々の御もてなしに変らず、いあかぬことなく見えけれど、すべて身を憂きものに深くおぼしとりて、常には物思へる人ぞとぞ見え給ひける。

いづれの時にかありけん、京より八幡へb徒歩より、御束帯《そくたい》にて七夜参り給ふことありけり。別当光清《みつきよ》このことを聞きて、大きに御まうけ用意して、御気色し給ひけれど、「うこの度は、ことさらにたちやどるかたなくて詣でなん、と思ふ志あれば、えなん立ち入るまじき」とて、寄り給はざりけり。七夜に満じて帰り給ひけるに、美豆《みつ》といふ所において、え御望みかなふべきよしの歌奉りたれば、返しはし給はず、「これは御神の仰せなり」とて御袋に納めて、かへさに、乗り給ふ御馬をぞお鞍置きながら給はせける。

御供に仕る人、「いかばかりなる御望みなれば、かく徒歩にて夜を重ねつつ詣で給ふらん」とありがたく覚えて、「いかにもただごとにはあらじ。大菩薩は現人神《あらひとがみ》と申す中にも、昔の御門《みかど》におはします。限りある御氏《うぢ》の絶え給ひぬること、仰せらるるにや」とまで、おぼつかなく思ひけるに、御幣《みてぐら》の役すとて、近く候ひけるに聞きければ、か忍びつつ「臨終正念、往生極楽」と申させ給ひけるにぞ、きかなしくもまためでたくも覚えける。

まことに、御門の御位もやんごとなけれど、つひには刹利《せつり》も須陀《しゆだ》もかはらぬ習ひなれば、往生極楽の常のことにはしかずなん。

（「発心集」より）

(注)　○花園左大臣……源有仁《ありひと》。後三条天皇の孫、輔仁親王の皇子。白河院の養子だったが、崇徳天皇誕

生後、賜姓源氏となる。○近き王孫にいます……今上天皇に近い王孫でいらっしゃる。○ただ人……臣下。○宿世つたなきあたりにありながら……前世からの運命が不運である者の近くにいながら。○はしたなめ給ひければ……たしなめなさるので。○ことうるはしければ……窮屈であるので。○上……有仁の北の方。藤原公実女で、鳥羽天皇中宮待賢門院璋子の同母姉。○はたいます……またお見えになる。○八幡……京都府八幡市にある石清水八幡宮。○別当……八幡宮の事務を統轄する長官。○美豆……京都市伏見区淀美豆町。○かへさに……帰り道。○昔の御門……八幡神の神格は応神天皇だと考えられた。○御氏の絶え給ひぬること……跡継ぎがいらっしゃらないことを。○御幣の役す……神に奉る幣帛を供える役を勤める。○刹利……古代インドの四姓のうち、最高位の婆羅門に準ずる王侯・武士階級のこと。○須陀……四姓の最下位。

(一)　二重傍線部a「内裏」、b「徒歩」の読み方を現代仮名遣いで書きなさい。

(二)　傍線部あ「なかなか」、い「あかぬことなく」、か「忍びつつ」の意味を書きなさい。

(三)　傍線部う「この度は、ことさらにたちやどるかたなくて詣でなん、と思ふ志あれば、えなん立ち入るまじき」を口語訳しなさい。

(四)　傍線部え「御望みかなふべきよしの歌奉りたれば」、お「鞍置きながら給はせける」とあるが、それぞれ動作主が誰であるか、根拠を挙げて説明しなさい。

(五)　傍線部き「かなしくもまたためでたくも覚えける」とあるが、「御供に仕る人」はどのようなことについて、そのように思ったのか、説明しなさい。

(☆☆☆◎◎◎◎)

【三】次の文章を読み、(一)〜(六)に答えなさい。なお、設問の都合により訓点を一部省いてある。

斉桓公設庭《てい》燎《れう》、為士之欲造《いたり》見者。あ期年い而士不至。う於是東野鄙《ひ》人《じん》、有以九九之術見者。桓公曰、九九何足以見乎。鄙人a対曰、臣非以九九為足以見也。臣聞、主君設庭燎以待士、期年而士不至。夫士之b所以不至者、君天下え賢君也。四方之士、お皆自以《おもフ》論而不及君。故不至也。夫九九薄能耳。而君猶礼之、況賢於九九乎。夫太山不辞壌石、江海不逆小流、所以成大也。詩云、先民有言、詢《はかルト》于芻《すう》蕘《じやう》。言博謀也。桓公曰、善。乃因礼之。期月四方之士相携而並至。

（「説苑」より）

（注）○庭燎……庭で灯す篝火《かがり》。賢者を厚遇する礼儀。○鄙人……田舎者。○太山……山東省にある名山。泰山とも書く。○詩……詩経の大雅板篇。○芻蕘……草刈人と木こり。庶民をいう。○壌石……土や石。

(一)二重傍線部a「対」、b「所以」の読み方を現代仮名遣いで書きなさい。
(二)傍線部あ「期年」、う「於是」の意味を書きなさい。
(三)傍線部い「士不至」とあるが、その理由について「東野鄙人」はどのように主張しているか、書きなさい。
(四)傍線部え「夫九九薄能耳」を口語訳しなさい。
(五)傍線部お「君猶礼之、況賢於九九乎」とあるが、返り点を付けなさい。
(六)授業の場面において、この文章を読んで学習した後、「東野鄙人」の主張について説明する場合、どのように板書するか、次の条件一～三に従い、書きなさい。
条件一「太山」、「江海」の例にふれながら、「東野鄙人」が主張している内容について書くこと。
条件二　生徒のノート整理の見本として、文章の内容を簡潔に整理し、まとめること。
条件三　縦書きで書くこと。

(☆☆☆◎◎◎◎)

【中学校】

【二】次の文は、中学校学習指導要領「国語」の「各学年の目標及び内容」の「第三学年」の「内容」の「読むこと」である。あとの(一)、(二)に答えなさい。

(1) 読むことの能力を育成するため、次の事項について指導する。
ア （ a ）の中における語句の効果的な使い方など、表現上の工夫に注意して読むこと。
イ 文章の（ b ）の展開の仕方、場面や登場人物の設定の仕方をとらえ、内容の理解に役立てること。
ウ 文章を読み比べるなどして、（ c ）や展開、表現の仕方について評価すること。
エ 文章を読んで人間、社会、自然などについて考え、自分の意見をもつこと。
オ （ d ）に応じて本や文章などを読み、知識を広げたり、自分の考えを深めたりすること。

(2) (1)に示す事項については、例えば、次のような言語活動を通して指導するものとする。
ア 物語や小説などを読んで（ e ）すること。
イ 論説や報道などに盛り込まれた情報を比較して読むこと。
ウ 自分の読書生活を振り返り、本の選び方や読み方について考えること。

(一) a～eにあてはまる語句を次のあ～そからそれぞれ一つ選び、その記号を書きなさい。

あ 根拠　い 活用　う 目的　え 言葉　お 論理　か 批評　き 事実　く 特徴
け 資料　こ 分析　さ 言動　し 構成　す 描写　せ 文脈　そ 背景

(二) (1)のエの事項について、(2)のイの言語活動を通して指導するために、「新聞記事を集めて記事内容を読み比べる」という学習活動を設定した。次の①、②に答えなさい。

① 「記事内容を読み比べる」上での留意点を書きなさい。
② この学習活動の「読む能力」における具体的な評価規準を書きなさい。
(☆☆☆◎◎◎)

【高等学校】

【二】次の文は、高等学校学習指導要領「国語」の「各科目」の「国語総合」の「内容」の一部である。あとの(一)～(三)に答えなさい。

A　話すこと・聞くこと
(1)　次の事項について指導する。
ア　話題について様々な角度から検討して自分の考えをもち、根拠を明確にするなど論理の構成や展開を工夫して意見を述べること。
イ　目的や(　a　)に応じて、効果的に話したり的確に聞き取ったりすること。
ウ　課題を解決したり考えを深めたりするために、相手の立場や考えを尊重し、表現の仕方や進行の仕方などを工夫して話し合うこと。
エ　話したり聞いたり話し合ったりしたことの内容や表現の仕方について自己(　b　)や相互(　b　)を行い、自分の話し方や言葉遣いに役立てるとともに、ものの見方、感じ方、考え方を豊かにすること。
(2)　(1)に示す事項については、例えば、次のような言語活動を通して指導するものとする。
ア　状況に応じた話題を選んでスピーチしたり、資料に基づいて説明したりすること。

イ（ c ）したことなどをまとめて報告や発表をしたり、内容や表現の仕方を（ d ）しながらそれらを聞いたりすること。

ウ（ e ）を想定して発言したり疑問点を質問したりしながら、課題に応じた話合いや討論などを行うこと

(一) a～eにあてはまる語句を次のあ～そからそれぞれ一つ選び、その記号を書きなさい。

あ 点検　い 相手　う 評価　え 反論　お 研究　か 批評　き 吟味　く 発見
け 対象　こ 場　さ 題目　し 調査　す 認識　せ 理解　そ 批判

(二) (1)のウの指導事項について、「相手の立場や考えを尊重し」、「進行の仕方」を「工夫して話し合う」ために、どのようなことを生徒に留意させる必要があるか、それぞれ書きなさい。

(三) (1)のアの事項について、(2)のアの言語活動を通して指導するために、「社会的話題を取り上げてスピーチする」という学習活動を設定した。この学習活動の「話す・聞く能力」における具体的な評価規準を書きなさい。

(☆☆☆◎◎◎)

解答・解説

【中高共通】

【二】(一) ① 核心 ② 不条理 ③ 敬遠 ④ 愚鈍 (二) a 連体修飾語を示す格助詞 b 疑問を示す終助詞 (三) A カ C エ (四) ウ (五) 哲学書の記述形式が多彩であることもあり、哲学の学びをどう始めたらよいかという問いに直面するが、哲学を学ぶ手がかりを探ろうとして入門書を開いても、哲学が何であるかは示されず、原典を見てもそこに書かれていることがじぶんの問いとどうつながるのか見えず、逆に拒絶されているように感じるため。 (六) 「哲学とは何か?」という問いも含め、いかなる命題もあらかじめ妥当するものとみなさず、常に問いを発し続けること。(五十五字) (七) イ (八) 「哲学を学ぶことはできない」とは、哲学が何であるかを現在までだれも規定できていないということであり、「哲学することを学びうる」とは、身の回りも含めたあらゆる物事について、自分の考えを深く巡らせることに、学びがあるということである。

〈解説〉(一) 同音異義語があるものは、文脈から意味を判断できるようにしておくこと。 (二) 品詞は、自立語か付属語か→活用があるかないか→修飾語か被修飾語か→修飾語の場合は被修飾語の品詞は何か、という手順で判別していくとよい。 (三) A 空欄の直前には指示語「そういう」があり、その前の内容を指す。どのような問いにも開かれる「場」を言い表す語として適当なものを選ぶ。 C 空欄の文の内容は、二文前の「哲学には初心者も専門家もいない」の言い換えである。「哲学」しようとする人はいずれも「「なぜ?」という問い」を発することから始めることを言い表す語として適当なものを選ぶ。 (四) 空欄Bを含む「規定」の内容は、直後の「要は」以下で詳述される。「じぶんがこれから開始しようとしていること」を簡潔に言い表しているものを選べばよい。(五)　傍線部あ以下の二つの段落で説明されている内容をまとめる。(六)　傍線部いの段落とその前の段落の内容をまとめる。(七)　「哲学についてあらかじめ一般的な観念を与えることは不可能である」という述懐は、著作の冒頭としては取りつく島もないような直截な表現であろう。このようなニュアンスを含む慣用句としては、イが適当。(八)　本文の要点となる問題である。最後の二段落は、筆者の哲学の定義に沿う例を羅列している箇所である。例が始まる前、つまり、この二段落より前の内容を見る。

【二】(一)　a　うち・だいり　b　かち　(二)　あ　かえって　い　物足りないことなく　か　こっそり　(三)　今回は、特に泊まらずに参詣しようと思うので、立ち寄ることはできまい。(四)　この場面における登場人物は、花園左大臣と別当光清であり、花園左大臣のほうが位が上である。傍線部えでは、謙譲語「奉る」を用いていることから、動作主は別当光清であり、傍線部おでは、尊敬語「給はす」を用いていることから、動作主は花園左大臣であると判断できる。(五)　花園左大臣が石清水八幡宮の八幡大菩薩に参詣している理由は、跡継ぎのことを祈っているからだと思っていたが、実はそうではなく、臨終の時に極楽往生することを願っていたからであったこと。

〈解説〉(一)　a　天皇の住まいのこと。　b　歩いて行くこと。(二)　あ　「むしろ」と解答してもよい。なお、下に打消の語を伴う場合は「簡単には(〜しない)」という現代語に近い意味になる。　い　「あく」は「満足する」の意。下に打ち消しの助動詞「ず」の連体形「ぬ」が続いている。　か　「忍ぶ」は「隠れる」の意。(三)　副詞「え」は下に打消の表現を伴って、不可能の意を表す。(四)　敬語の判別について、地の文であれば筆者から動作主への敬意を示すことが多い。会話文の場合は、発言主から動作主への敬意を示す。(五)　傍線部きの直後で詳述されている。

【三】(一)　a　こた(えて)　b　ゆえん(の)　(二)　あ　(満)一年(で)　う　そこで　(三)　士たちは、天下きっての賢明な君主である桓公に自分はかなわないと思っているから、桓公のもとに謁見を求めて来ないのだと主張している。　(四)　そもそも九九の術は、取るに足りない能力にすぎません。

(五)　君猶礼レ之、況賢ニ於九九一乎。

(六)

比喩
太山（泰山）→細かな土や石も退けない。
江海（長江や海）→小さな水流を拒まない。
＝小さなものを受け入れることで大きなものになる。
⇓
桓公が、取るに足りない能力の持ち主や、身分の低い者を礼遇して広く相談すれば、多くの士たちが集まり、斉の国も大きくなるだろう。

〈解説〉(一)　a　現在でもこの意味で用いられている熟語として「対応」などがある。　b　「理由」の意である。

(二)　あ　「期年」は現在でもこの意味で用いられる熟語なので覚えておくとよいだろう。　う　「是」は、人、物事、場所などを指す。　(三)　傍線部いの二文後の「鄙人対曰」以下の、鄙人の発言内で説明されている。

(四)「夫」は「そもそも」の意。「耳」は限定を表す。「能」は可能の意も表すが、その場合は動詞の前に置かれる。(五)「賢」は、「まさ(る)」と読む。動詞は下から返って読む。(六) 比喩はあくまでも、主張に説得力を持たせるために用いるためのものである。

【中学校】

【二】(一) a せ b お c し d う e か (二) ① ・書き手が論説の対象として取り上げた物事について、どのような立場からどのような論を展開しているかを読み取ること。 ・起こった出来事をとらえ、それについて書き手がどのように報道しているかを読み取ること。 ② ・報道された情報を比較し、述べられている内容について、立場を明らかにして自分の意見をもっている。

〈解説〉(一) 学習指導要領は、丸暗記ではなく、全体の構成の中で細部を体系的に理解しておきたい。(二) ① 中学校学習指導要領「国語」の「指導計画の作成と内容の取扱い」に示されている教材についての留意事項を踏まえた記述としたい。 ② (1)のエの事項の究極のねらいである「自分の意見をもつこと」につながるように評価規準を設定すればよい。

【高等学校】

【二】(一) a こ b う c し d き e え (二) 相手の立場や考えを尊重するための留意点…相手の意見を無批判に受け入れるのではなく、相手の考えの要点を自分なりに整理すること、相手の示す根拠の適否などを確かめるために質問すること、相手の意見と自分の意見との共通点や相違点についてまとめること。 進行の仕方を工夫して話し合うための留意点…少人数での話合いにおいても司会者や提案者などを立てるようにすることや、すべての参加者が話合いの経緯を振り返ったりこれからの展開を考えたりすること。

(三)　・調べたことを整理し、異なる立場に立つなど多角的に分析し、自分なりに判断している。

・自分の考えが、根拠から妥当な論理の展開で導き出されていることを相手に分かりやすく示している。

〈解説〉(一)　学習指導要領は、丸暗記ではなく、全体の構成の中で細部を体系的に理解しておきたい。(二)　中学校学習指導要領「国語」に示されているように、中学校第三学年での学習において「話合いが効果的に展開するように進行の仕方を工夫し、課題の解決に向けて互いの考えを生かし合う」という基礎づくりをしている。これを踏まえ、高等学校での学習として、自分と相手双方の意見や考えを高めるため、第三者視点を取り入れることが求められる。(三)　(1)のアの事項の究極のねらいは、自分の考えをもち意見を述べることである。また、(2)のアの言語活動は、自分の考えをもつ前提として、話題の検討や根拠の明確化を実践するねらいで行われるものである。これらのことを踏まえた解答とすること。

二〇一六年度　実施問題

【中高共通】

【一】次の文章を読み、(一)～(八)に答えなさい。

ふいに、『桜の森の満開の下』の一節が想い出された。

> 桜の森の満開の下の秘密は誰にも今も分りません。あるいは「孤独」というものであったかも知れません。なぜなら、男はもはや孤独を怖れる必要がなかったのです。彼自らが孤独自体でありました。

背に籠球部と書かれたTシャツを着た大柄な女生徒が入って行く校門はあのころとおなじに狭く、①ワキミチにそれて学校の周囲を回ってみたが、思っていた以上に距離があった。

②コウレイの秋の多摩湖一周マラソンに備え、体育の授業では必ずこの路を走らされたのだが、いつも半周目でバスケット部の女子たち数人に抜かれた。野球部のバックネットが見えるその地点だけはなぜか鮮明に覚えている。色白の横顔に赤みがさして、小柄で……。抜かれたくやしさよりも、うしろからながめるその腰から大腿にかけてのたくましさに憧れた。

でも、いまこうして金網の向こうの校舎の窓の並びをながめてみても、いかなる女子の顔も鮮明な像を結ばない。

ここで目撃した多くの影たちの、そして、おなじ影であったあこの身の背後に控えていたはずのなにか確固としたものの本体を、首筋を痛めるまでに無理して振り向き、必死で探し、手持ちの言葉を駆使しつつ粗っぽくかたどる。小説を書くとは結局そういう行為にほかならないのだなと、動物園の猿のごとく金網に両手をかけて、また一つ、こざかしい諒解を重ねる。

高校一年のとき、旺文社の「高一時代」に③トウコウした短文が一席になり、これが活字になった最初の自作だが、あのころから、書くことによって近づきたかったのは（　A　）でうっとうしい現実を突き抜けたところにあって言語化を拒む普遍なるものだけだったのではないか。遠目にはとても渡れそうにない河川が視野に入ったとき、とりあえず歩いて行って川の縁に立たないかぎり、あるいは実際に踏み込んでみるまでその川の渡河不能性は見きわめられない。だから、まずは言葉を履いて歩き始めてみたのではないか、との都合よくまとめられた青春物語が脳裏に浮かんでい安易な納得を迫ってくるゆえ、歩を速め、頬に風を受けて強引に消し去る。

「山極先生もここを歩いたんだね」

高校の周囲をめぐり終え、向こう側に渡る歩道橋の上から桜並木の絶景を見やりつつ妻が④トウトツにつぶやいた。

妻はマウンテンゴリラの野外研究で世界的に有名な京都大学の山極寿一教授のファンである。何度かテレビで観て、こういう男のひとには弱い、と頬を赤らめていた。

いつだったか、教育テレビに出ていた山極教授が、先生にとって人間とはなんですか、との問いに、う人間とは他者のなかにじぶんを見いだそうとする動物だと思います、と答えていた。この場合の他者とは、生物でなくとも、自然、山などなんでもいいとのことだった。

「よくａわかっているひとの話はわかりやすいんだね」

笑顔のすくなくなっていた妻の顔が久しぶりによい血色になった。

ほんの二週間ばかり前にも「ゴリラ先生ルワンダの森を行く」というＮＨＫ総合テレビの放送を観たばかりだから、思い入れはなおさら強いようだ。

若き日にルワンダのマウンテンゴリラの野外研究にうち込んでいた山極教授が、二十六年ぶりに現地を訪ね、当時六歳の子供だったタイタスという名のオスのゴリラと再会するところが番組の山場だったが、こちらも思わず座を正してテレビ画面に見入ってしまった。

現地の若い案内人に連れられて標高三千メートルの高地を長靴をはいて歩く山極教授の足は速い。いつからか、ひとが山を歩く場面がテレビに出てくると、頭のなかでじぶんも歩いてみて速度を測る癖がついてしまったが、教授はあきらかにこちらの二倍近い速さで急勾配を登っている。

森のなかでゴリラに出会う。

いまではグループのリーダーになっているタイタスが山極教授を見つめる。教授はゴリラの声を真似て挨拶する。二十六年ぶりに会う山極教授をタイタスが確実に認識している様子がアップの表情で見て取れる。

タイタスとの無言の対面のあと、

「なんだかじぶんの人生までふりかえっちゃってさ」

と、うれしそうに語る山極教授のアップ。

妻がファンになるのも無理はないと納得できる、たくましくて（　Ｂ　）な、それでいて邪気のない笑顔だった。

言葉が介在しないにもかかわらず、あるいはだからこそ、再会の感動が互いにより深いところから湧いているらしい。ゴリラとのそういうコミュニケーションが成り立つのを見せつけられると、乏しい語彙を駆使して世界をかたどろうとする蛮行に没頭するこの身が哀れになってきたが、それは奇妙な（　C　）を伴う虚しさでもあった。

クラスは違ったが、同学年でバスケット部だったはずの山極君を、サッカー部の練習中に見た覚えがある。あのころから女子にモテていたような気がしてくる。女は可愛げのある男を好むものだ、と教えてくれたのは田辺聖子だったたか。

「そうだな。あの山極教授が高校時代に学生服着て、いろんなことに悩みながら歩いてた道だったんだなって思うと、なんだかいいな」

イデア、つまり、（　D　）は、桜の下の異界にあってこそ価値があるのだ。あるいは、そういうところにしかあらわれないものなのだ。

その場で思いついただけの安直な⑤カンガイを歩道橋を下りつつ、なるべくかみくだいて妻に語ってやった。

「そんな理屈はどうでもいい」

妻は桜の枝を手にとり、花びらを見つめているようだったが、その視線の先は明らかに花の上のかすんだ青い空に向かっていた。

（南木佳士「先生のあさがお」より）

（一）　二重傍線部①～⑤のカタカナを漢字で書きなさい。

（二）　波線部ａ「わかって」を文法的に説明しなさい。

(三) A、B、Cに入る語として最も適するものを次のア～コからそれぞれ一つ選び、その記号を書きなさい。

ア 知的　イ 高尚　ウ 無垢　エ 悲しさ　オ すがすがしさ　カ 単純
キ 猥雑　ク 低俗　ケ 潔癖さ　コ はずかしさ

(四) Dに入る語句として最も適するものを次のア～エから一つ選び、その記号を書きなさい。

ア 混沌とした無秩序で自由奔放な状態　イ 感覚的世界における森羅万象の観念
ウ 理性によってのみ認識されうる実在　エ 無意識に感じ取る永遠不変の価値

(五) 傍線部あ「この身の背後に控えていたはずのなにか確固としたものの本体」と同じ意味で用いられている語句を、文章中から十五字以内で抜き出して書きなさい。

(六) 傍線部い「安易な納得」とはどういうことか、「正当化」という語を用いて具体的に書きなさい。

(七) 傍線部う「人間とは他者のなかにじぶんを見いだそうとする動物だ」とはどういうことか、文章中の「ゴリラ先生ルワンダの森を行く」の例を用いて、具体的に書きなさい。

(八) 筆者と山極教授のあり方について、「言葉」、「本質」の二語を用いて対比しながら書きなさい。

(☆☆☆◎◎◎)

【二】 次の文章を読み、(一)～(五)に答えなさい。

伏見《ふしみの》修理《すりの》大夫《だいぶ》俊綱《としつな》の事

これも今は昔、伏見修理大夫は宇治殿の御子にておはす。あまり公達《きんだち》多くおはしければ、やうを変へて橘俊遠《たちばなのとしとほ》といふ人の子になし申して、蔵人《くらうど》になして、十五にて尾張守になし給ひてけり。それに尾張に下りて国行ひけるに、その比《ころ》熱田神《あつたのかみ》いちはやくおはしまして、おのづから笠をも脱がず、馬の鼻を向け、無礼をいたす者をば、やがてたち所に罰せさせおはしましければ、大宮司《だいぐうじ》の威勢、国司にもまさりて、国の者どもおぢ恐れたりけり。

それにこの国司下りて国の沙汰どもあるに、あ大宮司、我はと思ひてゐたるを、国司咎めて、「いかに大宮司ならんからに、国にはらまれては見参にも参らぬぞ」といふに、「さきざきさる事なし」とてゐたりければ、国司むつかりて、「国司もい国司にこそよれ。我らにあひてかうはいふぞ」とて、いやみ思ひて、「う知らん所ども点ぜよ」などいふ時に、人ありて大宮司にいふ。「まことにも国司と申すに、かかる人おはす。見参に参らせ給へ」といひければ、「さらば」といひて、衣冠に衣出して、供の者ども三十人ばかり具して、国司のがり向ひぬ。国司出であひて対面して、人どもを呼びて、「きやつ、たしかに召し籠めて勘当せよ。神官といはんからに、国中にはらまれて、いかに奇怪をばいたす」とて、召したてて、ゆぶねに籠めて勘当す。

その時、大宮司、「心憂き事に候ふ。御神はおはしまさぬか。え下臈の無礼をいたすだにたち所に罰せさせおはしますに、大宮司をかくせさせて御覧ずるは」と、泣く泣くくどきてまどろみたる夢に、熱田の仰せらるるやう、「おこの事におきては我が力及ばぬなり。その故は僧ありき。法華経を千部読みて我に法楽せんとせしに、百余部は読み奉りたりき。国の者ども貴がりて、この僧に帰依しあひたりしを、汝むつかしがりて、その僧を追ひ払ひてき。それにこの僧悪心を起して、『我この国の守になりて、この答をせん』とて生れ来て、今国司になりてければ、我が力及ばず。その先生《せんじやう》の僧を俊綱《すんがう》といひしに、この国司も俊綱といふなり」と、夢に仰せありけり。人の悪心はよしなき事なりと。

（「宇治拾遺物語」より）

(注) ○宇治殿……藤原頼通《よりみち》。道長の長子で、後一条・後朱雀・後冷泉天皇三代の摂政・関白を歴任した。
○熱田神……名古屋市熱田区に鎮座する熱田神宮の祭神日本武尊《やまとたけるのみこと》。天皇家の祖神として崇拝された。
○いちはやく……神威があらたかで。
○国にはらまれて……この国に生まれて。
○我ら……ここでは「私」の意。
○いやみ思ひて……憎たらしく思って。
○勘当せよ……処罰せよ。
○法楽……手向け、供養。
○先生……前世。

(一) 傍線部あ「大宮司、我はと思ひてゐたる」とあるが、大宮司はどのように思っていたのか、四十字以内で書きなさい。

(二) 傍線部い「国司にこそよれ」について、次の①、②に答えなさい。

① 授業の場面において、生徒が傍線部い「国司にこそよれ」を「国司にもっと近寄れ」と誤訳した。この場合、生徒はどのようにとらえて誤訳したと考えられるか、説明しなさい。

② 傍線部い「国司にこそよれ」について、適切な口語訳を書きなさい。

(三) 傍線部う「知らん所ども点ぜよ」の解釈として最も適するものを次のア～エから一つ選び、その記号を書きなさい。

ア　大宮司が治める領地を調べて没収せよ。　イ　大宮司が知っている悪事を調べて明らかにせよ。

ウ　大宮司の隠れた弱点を調べて報告せよ。　エ　大宮司が理解しないなら罪状を調べて罰せよ。

(四)　傍線部え「下臈の無礼をいたすだにたち所に罰せさせおはしますに、大宮司をかくせさせて御覧ずるは」を解釈しなさい。

(五)　傍線部お「この事におきては我が力及ばぬなり」とはどういうことか、「力及ばぬ」理由を明らかにして説明しなさい。

(☆☆☆◎◎◎)

【三】次の文章を読み、(一)〜(五)に答えなさい。なお、設問の都合により訓点を一部省いてある。また、旧字体は新字体に改めている。

　子路初メテ[a]見ユ二孔子ニ一。子曰ク、汝何ヲカ好楽スト。対ヘテ曰ク、好ム二長剣ヲ一。孔子曰ク、吾非ザル二此ヲ之レ問フニ一也。[b]徒謂《おもフニ》以テシテ二子之所ヲレ能クスル、而加フルレ之ヲ以テスレバ二学問ヲ一、豈ニ可ケンレ及ブ乎ト。子路曰ク、学豈ニ益アランヤト也哉。孔子曰ク、[c]夫レ人君ニシテ而無クンバ二諫臣一、則チ[d]失ヒレ正ヲ、士ニシテ而無クンバ二教友一、則チ失フレ聴《ちやうヲ》。御スルニハ二狂馬ヲ一

不釈《す》策《むち》、操《と》弓不反檠《けい》。木受縄則直《なほ》、人受諫則聖。受学重問、あ孰不順哉。毀《そし》仁悪《にく》士、必近於刑。君子い不可不学。子路曰、う南山有竹。不揉《た》自直、斬而用之、達于犀《さい》革《かく》。以此言之、何学之有。孔子曰、括《くわつ》而羽《う》之、鏃《ぞく》而礪《みがか》之、其入不亦深乎。子路再拝曰、敬《つつし》而え受教。

（「孔子家語」より）

（注）
- ○好楽……好む。
- ○諫臣……主君の過ちを注意して正す臣下。
- ○士……ここでは、道に志して学問修養をしている人。
- ○教友……悪い点などを指摘してくれる友人。
- ○狂馬……むやみに走り回る馬。
- ○檠……ゆだめ。弓の曲がったくせを直す道具。
- ○縄……木に直線を引くための墨縄。
- ○聖……賢いこと。
- ○順……道理にかなう。
- ○揉……曲がったものをまっすぐにする。

○犀革……サイの堅固な皮。
○括……やはず。矢をつがえるとき、矢が弦に当たる部分。
○羽……矢羽。
○鏃……やじり。矢の先端にあって物につきささるとがった部分。

(一)二重傍線部a「見」、b「徒」、c「夫」、d「則」の読み方を現代仮名遣いで書きなさい。
(二)傍線部あ「孰不順哉」について、適切な口語訳を書きなさい。
(三)傍線部い「君子不可不学」について、次の①、②に答えなさい。
①　ここで用いられている句法を書きなさい。
②　次の白文に送り仮名と返り点を付けなさい。

君　子　不　可　不　学。

(四)傍線部う「南山有竹」とあるが、南山の竹についての子路と孔子の主張の違いを説明しなさい。
(五)傍線部え「受教」とあるが、子路がこのように態度を改めた理由を、具体的に六十字以内で書きなさい。

(☆☆☆◎◎◎)

【中学校】

【二】次の文は、中学校学習指導要領「国語」の「各学年の目標及び内容」の「第一学年」の「内容」の「読むこと」である。あとの(一)、(二)に答えなさい。

(1) 読むことの能力を育成するため、次の事項について指導する。

ア 文脈の中における語句の意味を的確にとらえ、理解すること。

イ 文章の中心的な部分と付加的な部分、（ a ）と（ b ）などとを読み分け、目的や必要に応じて要約したり要旨をとらえたりすること。

ウ 場面の展開や登場人物などの（ c ）に注意して読み、内容の理解に役立てること。

エ 文章の構成や展開、表現の（ d ）について、自分の考えをもつこと。

オ 文章に表れているものの見方や考え方をとらえ、自分のものの見方や考え方を広くすること。

カ 本や文章などから必要な情報を集めるための方法を身に付け、目的に応じて必要な情報を読み取ること。

(2) (1)に示す事項については、例えば、次のような言語活動を通して指導するものとする。

ア 様々な種類の文章を音読したり朗読したりすること。

イ 文章と（ e ）などとの関連を考えながら、説明や記録の文章を読むこと。

ウ 課題に沿って本を読み、必要に応じて引用して紹介すること。

(一)　a～eにあてはまる語句を次のあ～そからそれぞれ一つ選び、その記号を書きなさい。

あ　意見　い　描写　う　理由　え　考え　お　効果　か　図表　き　根拠　く　事実
け　資料　こ　言動　さ　構成　し　仕方　す　例　せ　特徴　そ　設定の仕方

(二)　中学校学習指導要領解説国語編の「国語科改訂の趣旨」で述べられている「実生活で生きてはたらき、各教科等の学習の基本ともなる国語の能力」を身に付けさせるためには、具体的な言語活動を通して指導事項を指導することが大切である。そこで、(1)のオの事項について、(2)のアの言語活動を通して指導するために、文学的文章を朗読するという学習活動を設定した。次の①、②に答えなさい。

①　「音読」と「朗読」の違いを説明しなさい。

②　この学習活動の「読む能力」における具体的な評価規準を書きなさい。

(☆☆☆◎◎◎)

【高等学校】

【一】　次の文は、高等学校学習指導要領「国語」の「各科目」の「古典A」の「内容の取扱い」の一部である。あとの(一)、(二)に答えなさい。

(3)　教材については、次の事項に留意するものとする。

ア　教材は、特定の文章や作品、文種や形態などについて、(　a　)のあるものを中心として適切に取り上げること。

イ　教材には、古典に関連する(　b　)以降の文章を含めること。また、必要に応じて日本漢文、(　b　)

以降の文語文や漢詩文などを用いることができること。

ウ　教材は、次のような観点に配慮して取り上げること。

(ア)　古典を進んで学習する意欲や態度を養うのに役立つこと。

(イ)　人間、（　c　）、自然などに対する様々な時代の人々のものの見方、感じ方、考え方について理解を深めるのに役立つこと。

(ウ)　様々な時代の人々の生き方や自分の生き方について考えたり、我が国の（　d　）と文化について理解を深めたりするのに役立つこと。

(エ)　古典を読むのに必要な知識を身に付けるのに役立つこと。

(オ)　現代の国語について考えたり、（　e　）を豊かにしたりするのに役立つこと。

(カ)　中国など外国の文化との関係について理解を深めるのに役立つこと。

(一)　a～eにあてはまる語句を次のあ～そからそれぞれ一つ選び、その記号を書きなさい。

あ　価値　い　伝統　う　歴史　え　心情　お　想像力　か　近世　き　近代
く　中世　け　中古　こ　言語感覚　さ　社会　し　意味　す　文化　せ　民俗
そ　まとまり

(二)　次の文は、高等学校学習指導要領「国語」の「各科目」の「古典A」の「内容」の一部である。あとの①、②に答えなさい。

古典特有の表現を味わったり、古典の言葉と現代の言葉とのつながりについて理解したりすること。

①　この事項について指導する学習活動の例を考え、取り上げる教材を明らかにして具体的に書きなさい。

②　①の学習活動において、(3)のウの(ア)の傍線部「古典を進んで学習する意欲や態度を養う」ための工夫を、具体的に書きなさい。

(☆☆☆◎◎◎)

解答・解説

【中高共通】

【二】(一)　①　脇道　②　恒例　③　投稿　④　唐突　⑤　感慨　(二)　ラ行五段活用動詞「わかる」の連用形「わかり」の促音便「わかっ」と接続助詞「て」　(三)　A　キ　B　ア　C　オ　(四)　ウ　(五)　言語化を拒む普遍なるもの(十二字)　(六)　高校一年の頃から文章を書き続けているのは、一見渡れそうにない川でも踏み込んでみないと渡河不能性は見きわめられないように、言葉にすることが難しい普遍なるものも書いてみなければつかめるかどうかが見きわめられないからだと自分の行為を正当化すること。　(七)　山極教授がマウンテンゴリラのタイタスと二十六年ぶりに再会し、タイタスとの無言の対面をとおして、自分の人生もふりかえっていたこと。　(八)　筆者は、物事の本質に近づきたいと願い、言葉にすることが難しい普遍なるものを言葉にしようとあがいているのに対して、山極教授は、言葉を使わなくても、深い感動を味わうなど、言葉を超えた物事の本質をとらえている。

〈解説〉(一)　「常用漢字表」(平成二十二年内閣告示第二号)に示されている漢字の読み、書き、用法や熟字訓は完壁に習得しておきたい。また、同音(訓)異義語や類似の字形に注意すること。(二)　活用語の連用形の語尾の「ち」「ひ」「り」が、「て」「た」「たり」などの助動詞に連なるときに促音(「っ」)になることを促音便という。

(三)　A　「(A)で」は直後の「うっとうしい」を修飾しているので、その性質や程度を表す語となる。

B　山極教授は、「人間とは他者のなかにじぶんを見いだそうとする動物だ」とかつて述べている。ゴリラとの対面の感想はまさにこのことを体現しており、主張と行動が一貫している研究者としての知的な面をうかがわせる。　C　言葉を介在しないゴリラとのコミュニケーションを成立させる山極教授のうれしそうな姿を見て、筆者は現実の自分の、他者との思うようにならないコミュニケーションの乏しさによる哀れさに、おかしみを覚えているのである。(四)　Dの直前の「イデア」とは哲学用語で「人間の日常的感覚の対象ではなく、それを超えた精神的な真の実在とされるもの。観念。理念」の意。(五)　傍線部あの前の「多くの影たちの」は、「おなじ影であったこの身の」と同じ連体文節で「背後」を修飾する。「影」とは「心の中に思い浮かべた人の姿」ととらえれば、その「影」のもつ「確固としたものの本体」は、人の本性、つまり普遍的なものである。このことを示す語句をさがす。(六)　傍線部いの「安易な納得」とは、自分の想念や行為を弁護するための自己を正当化する表現である。高校時代から言語によって表現することの困難な人間の本性を究明しようとしていた筆者は、河川を例にして、「渡河不能」(解明不能)なテーマ(人間の本性)であっても言葉に表現してその究明への第一歩をスタートさせることが必要であることを強調し、自己の表現による試行錯誤を正当化しているのである。(七)　傍線部うでの「他者」を「自然」と考えた場合、時間に制約された人間界の「自分」と、超時間的でなにものにも制約されない「自然」を対比させると、人間のもつ宿命的な生き方や自己を凝視することで自分自身を見い出すことができる。若き日に出会ったルワンダのマウンテンゴリラと二十六年ぶりに再会した山極教授の場合、「他者」であるゴリラは、同じ動物ではあるが人間とは異なる。山極教授がゴリラのタイタスと再会し、二十六年間のタイタスの生存を推し測る心は、同時に過去の教授自身の生き方の回顧や反省を喚起させるのである。(八)　筆者は書くことを通じて人間や物事の本質を表そうとしている。しかし、言葉による普遍なるものの表出は決して容易ではないと感じている。一方、山極教授は言葉が介在しないゴリラとの本能的なコミュニケーションにより深いものを共有している。動物愛という普遍的な教授の心情を通じ、言葉のないゴリラと教授は皮膚的・本能的に結びついているのである。

【二】(一)　熱田神宮の大宮司として威勢をふるう自分は、国司の指図など受けないと思っていた。(三十九字)

(二)①　「よれ」をラ行四段活用動詞「寄る」の命令形と誤ってとらえている。②　国司によりけりだ。

(三)ア　(四)　熱田神は下賤の者が無礼をはたらくのでさえ、ただ見ていらっしゃるとは情けないことです。すぐに処罰なさるのに、この私、大宮司をこのようなひどい目にあわせて、ただ見ていらっしゃるとは情けないことです。(五)　かつて大宮司は、法華経を千部読んで熱田神を供養しようとして国の人々に敬われていた僧を忌み嫌い、追放した。そのことを恨み呪った僧が生まれ変わって国司となり、報復として大宮司を厳しく処罰しているので、熱田神は国司に神罰を下して大宮司を救うことはできないということ。

〈解説〉(一)　熱田神の神威があらたか(神仏の霊験が著しいこと)であったことから、(熱田神宮の)大宮司の威勢は国司にまさっており、国司を見下していたのである。そのため、新任の国司の指図があっても、大宮司は自分には関係ないと思ったのである。　(二)　「国司にこそよれ」の「よれ」は、「因る」あるいは「由る」の已然形。ここは係助詞「こそ」と呼応して係結びになっている。「国司といっても人によりけりだ。」の意。

(三)　「知ら」はラ行四段活用の他動詞「知る」の未然形で「統治する」意。「ん(む)」は婉曲の助動詞の連体形。「点ぜよ」はサ行変格活用の他動詞「点ず」の命令形で、「点検する。調査する」の意で、ここでは「調査して没収せよ」という言外の意が含まれる。(四)「下﨟」は、「身分や地位の低い者」のこと。「無礼をいたすだに」は、「無礼をはたらくのさえ」の意。「たち所に罰させおはしますに」は、「たちどころに処罰させていらっしゃるのに」と訳す。「御覧ずる」は大宮司から御神への尊敬表現。(五)「この事」とは、大宮司が国司からひどい処罰を受けたことをいう。「我が力及ばぬなり」とは熱田神の力ではどうにもならないということ。その理由は、「その故は僧ありき」(その理由は、(前世に)僧がいた)以下に述べられている。法華経を千部読んで熱田神を供養しようとした僧を国の者たちが敬いおおぜいが帰依したのを大宮司がいやがり、その僧を追放した。その僧が大宮司への恨みをもって生まれかわってきたのが今度の国司の俊綱なのだから、熱田神は「我が力及ばぬなり」と言ったのである。

【三】(一) a まみ(ゆ) b ただ c そ(れ) d すなわ(ち) (二) 道理にかなわない者などあろうか。いやいない。 (三) ① 二重否定 ② 君 子《(ハ)》 不レ《(ト)》 可レ《カラ》 不レ《ル》 学《バ》。 (四) 子路は、南山の竹に手を加えて矯正しなくてもひとりでにまっすぐで、切って矢として使用すればサイの皮をも貫くと主張している。それに対して孔子は、竹に矢はずや矢羽をつけ、やじりをつけてよく研いだなら、より深く奥まで達すると主張している。 (五) 南山の竹を例にして、もともと優れている者も学問をすることにより、さらに立派な人間になると諭した孔子の話に納得したから。(五十九字)

〈解説〉(一) a 「見」は「面会する」の意の謙譲語。「お目にかかる」と訳す。 b 「徒」は「唯」などと同義で、限定の意を表す。「いたずらに」と混同しないこと。 c 文頭の「夫」は「そもそも」と訳す。 d 「則」は接続詞。直前の仮定(ここでは、無《クンバ》)と合わせて「〜ならば…だ」の意味となる。 (二) 直前の「受学重問」(学問を学んで問を重ねれば)を受けて、「孰」は反語形で訳す。 (三) ① 「不〜不」(ざル〜ず)は、二重否定で強い肯定となる。二重否定となるのはこの他に「無レ不」「非レ不」「無レ非」「無二～不一」「未嘗不二～一」などがある。②「君子は学ばざるべからず」と書き下し、「君子は学ばないわけにはいかない」と訳す。(四)南山の竹についての子路の考えは「不揉自直、斬而用之、達于犀革」(手を加えて矯正しなくてもひとりでにまっすぐで、切って(矢として)使用すれば犀の皮をも貫くのです)。だから「何学之有」(何の学ぶことか之れ有らん)と、学ぶことの必要性を否定している。これに対して孔子は、「括而羽之、鏃而礪之、其入不亦深乎」(矢はずをつけて矢羽をつけ、やじりをつけてよく研いだならより深く達するだろう」とのべ、学問を修養することの大切さを子路に説いている。(五)子路のいう「南山の竹」は、もともと資質・能力を身に備えた人間の例示であるが、孔子がそのような人間も学問を修めることによってより高い人格者になることを説いたことに、子路は心服し孔子からの教えを乞うたのである。

【中学校】

【一】(一) a く　b あ　c い　d せ　e か　※a・bは順不同　(二)①音読が、語のまとまりや言葉の響きなどに気を付けて、内容の中心や場面の様子が相手によく分かるように伝えることであるのに対して、朗読は、そこに描かれている情景や登場人物の心情などを想像しながら、作品の形態や特徴を生かして自分の思いや考えを伝えることである。②・朗読の仕方の工夫だけでなく、なぜそのように読むのかという理由を明確にすることで、文章に表れたものの見方や考え方を捉えている。・自分なりに解釈したことや、感心や感動したことが伝わるように朗読することで、自分のものの見方や考え方を広げている。

〈解説〉(一)　中学校学習指導要領「国語」の「各学年の目標及び内容」の「読むこと」は、語句の意味の理解、文章の解釈、自分の考えの形成、および読書と情報活用に関する指導事項から構成される。第一学年では、第二、三学年と比べて、文章の解釈に関する指導事項の比重が大きくなっているのが特徴である。また、言語活動は、領域ごとの指導内容を効果的に定着させるためのものである。(二) ① 中学校では、小学校学習指導要領「国語」の「各学年の目標及び内容」の「読むこと」で指導されたことを踏まえ、文章の理解を一層深める活動として音読や朗読を行う。音読については、「語のまとまりや言葉の響きなどに気をつけ」(小学校第一学年及び第二学年)たり、「内容の中心や場面の様子がよく分かるように読む」(小学校第三学年及び第四学年)ことを踏まえ、相手に分かるように正確に音読することが求められる。また、「自分の思いや考えが伝わるように」(小学校第五学年及び第六学年)音読や朗読をすることも求められる。音読が、文章の内容や表現をよく理解し伝えることに重点があるのに対して、朗読は生徒一人一人が自分なりに解釈したことや感動したことを文章全体に対する思いや考えとしてまとめ、表現性を高めて伝えることに重点がある。② 「朗読」を「読む能力」について評価する基準であるから、「文章内容についての自分の考えを正しくまとめているか」、「朗読方法についての表現の工夫」、「相手に分かるように伝えようとしているか」、などが評価基準となろう。

【高等学校】

【二】(一) a そ b き c さ d い e こ (二) ① 季語集や歳時記など季語に関する様々な書籍を教材として取り上げる。グループごとに関心をもった季語を集めて、その意味や語源、成り立ち、読み込まれた俳句などを調べ、選択肢形式の問題を作成する。その後、グループで司会を担当してクイズ大会を行う。さらに、興味をもった季語を選び、それを基に俳句を創作したり随筆を書いたりする。② 多くの生徒になじみのない語彙である季語を使ってクイズを作成するとなると、抵抗感をもつ生徒もいる。そこで、最終的にどのようなものが出来上がればよいのかが分かるように、そのモデルを初めに示す。

〈解説〉(一) 「古典A」での教材選定について、生徒の知識や興味をより広げるために、文章の種類や形態を限定せず幅広い範囲で教材を取り上げようとすると、それは「古典B」の教材選定の観点となってしまい、「生涯にわたって古典に親しむ態度を育てる」というねらいにとどまる高等学校学習指導要領「国語」の「各科目」の「古典A」の「目標」から逸脱してしまうので注意する。また、「古典B」では必ず取り上げることとされる日本漢文について、「古典A」では教材選定の選択肢の一つとしてあげられているのも特徴である。

(二) ①　高等学校学習指導要領解説国語編(平成二十二年六月)第2章　第5節　古典A　3　内容　(1)　イによると、「古典特有の表現を味わ」うとは「文章の内容だけでなく、古典特有の表現の美しさ、深さ、面白さを理解し味わうこと」、「古典の言葉と現代の言葉とのつながりについて理解」するとは、「古典の言葉と現代の言葉とには時間的な連続性があり、両者を時代を超えた一続きの言語文化ととらえることの重要性」である。この両者について生徒に理解させるために適切な教材の例として和歌がある。たとえば、三大和歌集である「万葉集」「古今和歌集」「新古今和歌集」の成立、撰者、主要歌人、時代区分、形式、修辞、歌風を調べるグループ学習を行い、三大和歌集の比較を行う。さらに五七五七七の三十一音の古典文学の特質が現代短歌とどのように関わっているか、という伝統文化と現代文学の関わりおよび古典の言葉と現代の言葉の時間的連続性を理解させる。　②　グループごとに、現代の歌人や流派の学習を学校図書館を利用して行ったり、自作の短歌を公表し合い相互に評価し合ったりする学習を導入し、短歌への関心を深め、古典尊重とともに伝統文化を継承する精神と態度を培う内容でまとめるとよいだろう。

二〇一五年度 実施問題

【中高共通】

【一】次の文章は、原研哉の「大量発話時代と本の幸せについて」の一部である。これを読み、(一)～(八)に答えなさい。

紙か電子かという問題もあるが、ツイッターの登場で「大量発話時代」が幕を開け、情報の流れに新たな変化が起きた。電子ブックにしても著者から版元、メディアを通して読者へという情報の流れは変わらないが、大量に発話され大河のような流れをなす夥《おびただ》しい言葉の断片を情報の「資源」ととらえるなら、これは従来の流れに逆行する新たな情報源の誕生を意味する。

一例として典型的な旅行ガイドブックを想像してほしい。編集側が入手した情報のみならず、旅行者の投稿を活用するこの種の旅行ガイドは、体験に根ざした情報だけに(　A　)があって、自主的に動いていく旅行には欠かせないものであった。分厚い書籍はかさばるので、旅のエリアに応じて本を分割して、必要なところだけ持っていくようなことがよく行われてきた。iPadなどのタッチパネルデバイスの登場は、この分厚い本を持ち歩くことから旅行者を解放してくれることだろう。これはこれで便利である。しかし、電子ブックはそこで終わらない。旅の情報が実際に旅をしてきた人たちの体験に近づくほどリアリティを持つなら、情報ソースは、過去に旅をした人から寄せられるデータよりも、むしろ「今、旅をしている人たち」からもたらされるものの方が(　B　)性が高い。だから電子ブックは「今」を取り込もうとするだろう。

たとえば、陸路でインドに入ろうとしている旅人に、インドとパキスタンの国境の町に今いる人のつぶやきは限りなく貴重である。治安状況は刻々と変化しているからである。あるホテルに六ヵ月前に宿泊した経験を持つ読者の投稿はそのホテルを評価する上で貴重な情報源だったが、そこに「今、泊まっている」人のつぶやきのリアリティには及ばない。今は雨期で、快適なはずのホテルにも雨漏りが発生しているかもしれないからである。

ツイッターのような不安定な情報でも、それをつまみ出して整理するしたたかな編集感覚を働かせるなら、そこにユニークな旅行ガイドが生まれる可能性がある。「旅行ガイド」はあらゆる書籍の比喩である。あ新たな情報の源泉や流れを把握した編集は、ユーザーの能動性と連携し、読者からさらに新たな情報資源が生み出されていく。この関係には今後も注目が必要 a だ。

都市もこれからますます「読み物」になっていくだろう。目指した映画館やショップにたどり着くだけではなく、都市という未知なる出来事の塊の中から自分にとって好ましい情報をタイムリーに読み出してアクセスできるなら、都市はその①シンオウまで利用可能になる。

地図や買い物ガイドのような、あらかじめ編集された情報ではなく、情報端末から都市が読み出せるようになったらどうだろう。たとえば、おなかがすいているときに、「三人」「カジュアル」「十九時」「イタリアン」などと、項目を選択するだけで、今いる都市エリアから、該当するレストランを②セイミツに読み出すことができたら便利である。あるいは、花を買おうと思い立ったときに、「野草」「切り花」「茶事」などと、希望条件を選択するだけで、歩いていける距離にある花屋が複数件紹介されるような仕組みができてくると、都市の使い勝手はさらによくなる。映画にしても、セールの情報にしても、マッサージにしても同じことだ。

都市は膨大な情報で出来ている生命体のようなもの b だ。それを読み出す「編集」の創造性が増す、すなわちい血流が加速するなら、都市はいっそう細やかに成長していくだろう。表通りに面した一等地にのみ客が集まるのではなく、裏通りの小さな店の存在や魅力を読み出すことができたら、街はさらに奥深く③ブンキしていく可能性を持つだろうから。

また、都市を今、歩いている人たちの多くは情報の発信者でもある。大量に発話された情報を目的に合わせて④エツランすることもできる。メディアの充実と、タッチパネルデバイスの充実は、書籍の可能性のみならず、情報の流れや編集の可能性を確実に変えていくものであり、これによって個人が手にする情報の量や行動の可能性を飛躍的に拡大させていく。

しかしながら、う人間の幸福が、メディアの進展に伴って飛躍するかどうかはわからない。情報や選択肢が爆発的に増えたからといって、それだけよりよい人生が送れるという保証はない。卵を五十万個差し上げますと言われても、あまりピンとこない。とても食べきれないし、そんな量を抱えること自体が落ち着かない。人が賞味できるのは常に一つの卵であって、それを何分ボイルし、どの程度の半熟かを吟味し、どんなエッグスタンドに立て、いかなるソルトシェイカーで塩をふりかけ、どのような銀のスプーンでそれをすくって食べるかが人生なのである。そこを踏まえつつ、飛躍的に増える情報の行方に目を⑤コらさなくてはならない。

電子ブックの登場で、テキストの管理・保存が楽になり、それを読みたい人にスムーズに提供できるようになると、紙の本のように手間のかかる方法で存在を許されるテキストは減少するだろう。電子ブックなら限りなくローコストで流通させられるのだから、平均的なコンテンツなら紙に刷る必要はない。情報文化の周辺に発生する新たなコモンセンスによって紙の本は減る。しかしその速度は想像しているより早くないかもしれない。人類が書物のようによく出来た、そして慣れ親しんだメディアを手放すには相応の時間がかかるのだ。

一方で、「本になる」というのは徐々に希少価値になっていく。言葉と紙の書物にとってこの傾向はむしろ望ましい。ここしばらくの間、作れば売れるということもあってか、本にならなくてもいいような（　C　）なテキストが、深く顧みられることもなく次々と紙に刷られてしまった。だから本の尊厳が下落して、そのほとんどは電子ブックに置き換えられうると錯覚されるほどの存在に成り果てていた。

おそらく出版社の数は減り、書店の数も減るだろう。しかし生き残った出版社は安易に本を制作することを慎むようになり、出版への覚悟と意志を明快に書籍に表現するようになるはずだ。書物として所有したいと意欲されるような魅力に満ちたテキスト。希有な業績であると誰もが認める内容。さらには、吟味されたタイポグラフィや装丁が⑥カモし出す物体としての風格や尊厳。そういったものが、紙の書籍に再び求められるようになるだろう。だから「紙の本」は祝福された情報のかたちとして、新たな重みを獲得するはずである。

（注）○ツイッター……ユーザーが「つぶやき」と呼ばれる短い記事を書き込み、他のユーザーがそれを読んだり返信したりできるインターネット上のサービス。
○電子ブック……書籍をデジタル化し、パソコンや携帯情報端末、携帯電話などで読める形にしたもの。
○タッチパネルデバイス……画面に直接触れて操作する装置、機器。
○コンテンツ……中身、内容。
○タイポグラフィ……活字の大きさ・書体・配置など、印刷上の紙面構成や表現。

(一)　傍線部①〜⑥のカタカナを漢字で書きなさい。

(二)　傍線部a「だ」、b「だ」をそれぞれ文法的に説明しなさい。

(三)　Aにあてはまる最も適切な語句を文章中から抜き出して書きなさい。

(四) B、Cに入る語として最も適切なものを次のア～カから選び、その記号を書きなさい。

ア 難解　イ 雑駁　ウ 創造　エ 反駁　オ 信憑　カ 緊急

(五) 傍線部あ「新たな情報の源泉や流れ」とあるが、従来のあり方を文章中から抜き出して書きなさい。

(六) 傍線部い「血流が加速する」とはどういうことをたとえているのか、六十字以内で書きなさい。

(七) 傍線部う「人間の幸福が、メディアの進展に伴って飛躍するかどうかはわからない」理由を八十字以内で書きなさい。

(八) この文章の題名に沿って筆者の考えをまとめ、書きなさい。

(☆☆☆◎◎◎)

【二】 次の文章を読み、(一)～(五)に答えなさい。

(次の文章は、「女」(和泉式部)と「宮」(冷泉帝第四皇子帥宮敦道親王)とが恋の歌を贈答している場面である。

色々に見えし木の葉も残りなく、空も明かう晴れたるに、やうやう入りはつる[あ]日かげの心細く見ゆれば、例の聞こゆ。

なぐさむる君もありとは思へどもなほ夕暮はものぞかなしき

とあれば、

「A　夕暮はたれもさのみぞ思ほゆるまづ言ふ君ぞ人にまさるる

と思ふこそあはれなれ。ただ今[い]参り来ばや」とあり。

またの日のまだつとめて、霜のいと白きに、「ただ今のほどはいかが」とあれば、

起きながら明かせる霜の朝《あした》こそまされるものは世になかりけれ

など聞こえかはす。例のあはれなることども書かせたまひて、

B　われひとり思ふ思ひはかひもなしおなじ心にう君もあらなむ

御返り、

君は君われはわれともへだてねば心々《こころごころ》にあらむものかは

かくて、女かぜにや、おどろおどろしうはあらえねど、おなやめば、ときどき問はせたまふ。よろしくなりてあるほどに、「いかがある」と問はせたまへれば、「すこしよろしうなりにてはべり。しばし生きてはべらばやと思ひたまふるこそ罪ふかく。さるは、

絶えしころ絶えかねと思ひし玉の緒の君によりまた惜しまるるかな」

とあれば、「いみじきことかな、かへすがへすも」とて、

C　玉の緒の絶えむものかはちぎりおきしなかに心は結びこめてき

（「和泉式部日記」より）

（注）○例の……いつものように　　○心々に……心が別々である

（一）傍線部あ「日かげ」、い「参り来ばや」、お「なやめば」の意味を書きなさい。

（二）Aの和歌を解釈しなさい。

（三）Bの和歌について、次の①～③に答えなさい。

② ① 「君」は「女」と「宮」のどちらを指すか、根拠を挙げて説明しなさい。
② 授業の場面において、生徒が傍線部う「君もあらなむ」を「きっと君も同じ心であるだろう」と誤訳した。この場合、生徒はどのようにとらえて誤訳したと考えられるか、文法的に説明しなさい。
③ 傍線部う「君もあらなむ」について、適切な口語訳を書きなさい。

(四) 傍線部え「ね」、か「ね」を例にならって、それぞれ文法的に説明しなさい。
(例)(「れ」受身の助動詞「る」の連用形)

(五) Cの和歌の傍線部は、関係のある語句を用いることで表現効果を増す修辞技法である。この修辞技法を漢字二字で書きなさい。

(☆☆☆◎◎◎)

【三】次の文章を読み、(一)~(六)に答えなさい。なお、設問の都合により訓点を一部省いてある。また、旧字体は新字体に改めている。

太宗有リ二一駿馬一、特ニ愛シレ之ヲ、恒ニ(a)於テ二宮中ニ一養飼ス。無クシテレ病而暴にはかニ死ス。太宗怒リ二養フレ馬ヲ宮人ヲ一、(あ)将レ殺レ之。(い)皇后(b)諫メテ曰ク、昔斉ノ景公、以テ二馬ノ死スルヲ一殺サントスレ人ヲ。(う)晏子請ヒテレ数セメント二其ノ罪ヲ一云フ、爾養ヒテレ馬ヲ而死セリ。爾ガ罪ノ一也。(え)使公以馬殺人。百姓聞カバレ之ヲ、必ズ怨ミン二吾ガ君ヲ一。爾ガ罪ノ二也。諸侯

聞《カバ》レ之《ヲ》、必《ズ》軽《ゼン》二吾《ガ》国《ヲ》一。爾《ガ》罪《ノ》三也。公乃《チ》釈《ゆるセリ》レ罪《ヲ》。陛下嘗《テ》cc読《ミテ》レ書《ヲ》見《タリ》二此《ノ》事《ヲ》一。豈《ニ》忘《レシ》レ之《ヲ》邪。お太宗意乃《チ》解《ク》。又謂《ヒテ》二房玄齢《ニ》一曰《ク》、皇后《ハ》庶事相啓沃《ス》、極《メテ》有《ル》二利益一爾《ト》d。

（「貞観政要」より）

（注）○太宗……唐の第二代皇帝　○晏子……名は嬰、字は平仲、春秋時代の斉国の大夫。
○啓沃……心に思うことを君主の心に注ぎ入れること。君主を教え導くこと。

(一)　二重傍線部a「恒」、b「諫」、c「嘗」、d「爾」の読み方を現代仮名遣いで書きなさい。

(二)　傍線部あ「将殺之」とあるが、「之」の内容を明らかにして口語訳を書きなさい。

(三)　傍線部い「皇后」とあるが、皇后が太宗に言った言葉はどこからどこまでか、皇后の言葉の、最初と最後の漢字三字を抜き出して書きなさい。ただし、送り仮名と返り点は除き、句読点は一字として数えないものとする。

(四)　傍線部え「使公以馬殺人」とあるが、「景公様に、馬を死なせたという理由で馬飼いの宮人を殺させることとなった」という解釈になるように、次の白文に送り仮名と返り点を付けなさい。

使　公　以　馬　殺　人

(五)　傍線部お「太宗意乃解」とあるが、どういうことか、三十字以内で説明しなさい。

(六) 授業の場面において、この文章を読んで学習した後、晏子の主張について生徒に説明する場合、どのような板書するか、次の条件1～3に従い、書きなさい。

1 縦書きで書くこと。
2 生徒のノート整理の手本として、文章の内容を整理し、まとめること。
3 傍線部う「晏子請数其罪云」とあるが、晏子の言う「其罪」の具体的内容と、この言動における晏子の真意について書くこと。

(☆☆☆◎◎◎)

【中学校】

【一】次の文は、中学校学習指導要領「国語」の「各学年の目標及び内容」の「第二学年」の「内容」の「話すこと・聞くこと」である。あとの(一)、(二)に答えなさい。

(1) 話すこと・聞くことの能力を育成するため、次の事項について指導する。

ア（ a ）の中から話題を決め、話したり（ b ）するための材料を多様な方法で集め整理すること。
イ 異なる立場や考えを（ c ）して自分の考えをまとめ、話の中心的な部分と付加的な部分などに注意し、論理的な構成や展開を考えて話すこと。
ウ 目的や状況に応じて、資料や機器などを効果的に活用して話すこと。
エ 話の論理的な構成や展開などに注意して聞き、自分の考えと比較すること。
オ 相手の立場や考えを（ d ）し、目的に沿って話し合い、互いの発言を（ e ）して自分の考えを広げること。

(2)　(1)に示す事項については、例えば、次のような言語活動を通して指導するものとする。
ア　調べて分かったことや考えたことなどに基づいて説明や発表をしたり、それらを聞いて意見を述べたりすること。
イ　（　a　）の中の話題について、司会や提案者などを立てて討論を行うこと。

(一)　a～eにあてはまる語句を次のあ～こから選び、その記号を書きなさい。
あ　書いたり　い　日常生活　う　分析　え　尊重　お　話し合ったり
か　比較　き　想定　く　把握　け　社会生活　こ　検討

(二)「実生活で生きてはたらき、各教科等の学習の基本ともなる国語の能力」を身に付けさせるためには、具体的な言語活動を通して指導事項を指導することが大切である。そこで、(1)のウの指導事項に(2)のアの言語活動を組み合わせて、「おすすめの観光コースを提案する」という学習活動を設定した。次の①、②に答えなさい。
①　資料や機器などを活用する目的と効果的に活用させるための留意点について書きなさい。
②　この学習活動の「話す・聞く能力」における具体的な評価規準を書きなさい。

（☆☆☆◎◎◎）

【高等学校】

【二】次の文は、高等学校学習指導要領(平成二十一年三月告示)「国語」の「各科目」の「国語表現」の「内容」の一部である。あとの(一)、(二)に答えなさい。

(1) 次の事項について指導する。

ア 話題や題材に応じて情報を(a)し、分析して、自分の考えをまとめたり深めたりすること。

イ 相手の立場や異なる考えを尊重して課題を解決するために、論拠の(b)性を判断しながら話し合うこと。

ウ 主張や(c)などが効果的に伝わるように、論理の構成や描写の仕方などを工夫して書くこと。

エ 目的や場に応じて、言葉遣いや文体など表現を工夫して効果的に話したり書いたりすること。

オ 様々な表現についてその効果を吟味したり、書いた文章を互いに読み合って(d)したりして、自分の表現や推敲《こう》に役立てるとともに、ものの見方、感じ方、考え方を豊かにすること。

カ 国語における言葉の成り立ち、表現の特色及び言語の(e)などについて理解を深めること。

(一) a～eにあてはまる語句を次のあ～こから選び、その記号を書きなさい。

あ 妥当　い 整理　う 歴史　え 役割　お 思考
か 収集　き 感動　く 正当　け 客観　こ 批評

(二) (1)のエについて、次のような言語活動を取り入れた学習を行うこととした。次の①、②に答えなさい。

相手や目的に応じて、紹介、連絡、依頼などのための話をしたり文章を書いたりすること。

① 傍線部について、具体的な学習活動を考えて書きなさい。
② ①で挙げた学習活動における評価規準を設定することとした。評価の観点と具体的な評価規準を書きなさい。

(☆☆☆◎◎◎)

解答・解説

【中高共通】

【一】(一) ① 深奥　② 精密　③ 分岐　④ 閲覧　⑤ 凝(らさなければ)　⑥ 醸(し)
(二) a 形容動詞「必要だ」の一部　b 断定の助動詞「だ」　(三) リアリティ　(四) B オ　C イ　(五) 著者から版元、メディアを通して読者へという情報の流れ。　(六) 常に発信され続ける都市についての膨大な情報を読み出し整理する新しい「編集」方法が生まれ、情報の流れが活性化すること。
(七) 情報や選択肢が増えたとしても、人間が扱うことのできる情報量には限りがあり、各人なりに情報をどのように扱い、消化するかによって人間の幸福は決まるから。　(八) メディアの進展によって多くの人々が自ら情報を発信し、大量の情報を簡易に手にすることができるこれからの時代では、平均的なテキストは電子ブックに置き換えられ、本当に価値のあるテキストのみが「紙の本」となり、本の尊厳が再び増すだろう、という考え。

〈解説〉(一) 漢字の書きとり問題の学習では、その単語の意味も合わせて覚えるようにすると、(四)のような問題にも対応できる。⑥の〝醸す〟はその場にある雰囲気や状態をつくりだすことをいう。(二) a 自立語で活用と述語があり、「だ」で終わるものは形容動詞である。b 付属語で活用があり、体言につくので断定の助動詞「だ」である。(三) 2段落6行目に〝旅の情報が実際に旅をしてきた人たちの体験に近づくほどリアリティを持つ〟と書かれており、これはAを含む文で述べようとしている内容と一致する。(四) 各単語の意味を理解していれば、何があてはまるかが分かるだろう。イの雑駁(ざっぱく)は雑然としていてまとまりがないこと。エの反駁(はんばく)は他人の主張、批判に対し論じ返すことである。(五) 形式段落第一段落に〝著者から版元…情報の流れは変わらないが〟とある。(六) 血流の加速は、すぐ前の〝「編集」の創造性が増す〟を言い換えたものである。その「編集」は形式段落第四段落にあるようにツイッターなど膨大な情報の一部をうまくつまみだし整理することを指す。(七) 傍線部うの後文で、卵の食べ方の例を使って述べられているので、その内容をまとめればよい。(八) 形式段落第一段落目に「ツイッターの登場で「大量発話時代」が幕を開け」とあるので、本のタイトルである「大量発話時代」とは、あらゆる人が情報の発信・獲得を簡単にできる時代を指していることがわかる。また、「本の幸せ」については、最後の三段落で述べられている。「幸せ」とあるので、「書物として持ちたい」と感じる本は電子化されず「紙の本」として残る。「紙の本」は人々から大事にされ、その地位を高めることができる、といった肯定的な内容でまとめればよい。

【二】(一) あ 日の光 い 伺いたい お 具合が悪いので (二) 夕暮れは、誰でも皆そのように寂しく思われるのですよ。だが、その寂しさを真っ先に歌ったあなたが、誰にもまして心細い思いでおいでなのですね。 (三) ① Bの和歌の直前の地の文で「書かせたまひて」という最高敬語を用いていることから、

Bの和歌は「宮」が詠んだものであり、その中の「君」とは「女」を指している。②「あらなむ」の「な」を強意の助動詞「ぬ」の未然形、「む」を推量の助動詞「む」の終止形と判断して口語訳したものと考えられる。③あなたもあってほしい　(四)え…打消しの助動詞「ず」の已然形　か…完了の助動詞「ぬ」の命令形　(五)縁語

〈解説〉(一)あ　古文の「かげ」は「光」の意味をもつことに注意する。い　ここでの「来(き)」は「行く」という意味で使われている。「…ばや」は「…したいものだ」という意味である。う　古文の「なやむ」は「苦労する」「病気を患う」「非難する」といった意味をもつ。(二)最後の「人にまされる」を訳せるかがポイント。「まさる」は「多くなる」「秀でている、優れている」の二つの意味を持つがこの歌では前者の意味をとる。(三)①　問題文は女(和泉式部)自身が作者であり、歌の直前で「書かせたまひて」という最高敬語をつかっていることから歌は宮が詠んでおり、「君」は女を指していることがわかる。②③　願望を表す助詞「なむ」を「な」、「む」の2つに分けてしまったことが誤訳の原因である。ここでは、「あり(有り)」＋「なむ」で「あってほしい」と訳す。(四)二つの「ね」が、意味が違うことをおさえる。特に傍線部かの「ね」は打消しと勘違いしやすいので注意。この歌は「(あなたの運びがなくなってしまったころは)絶えてしまえと思っていた私の命ですが、(またあなたがくるようになって)命をつなぐ緒が惜しくなく再び生きながらえたらと思われます」という意味なので、「ね」を打消しの助動詞にすると意味が通じなくなってしまう。(五)縁語は一首の中のある単語に関係のある語を用いること、掛詞(一つの言葉に二つの意味をもたせること)と混同しないよう注意。

【三】(一) a つね(に) b いさ(めて) c かつ(て) d のみ(と) (二) この馬飼いの宮人を殺そうとした。 (三) 最初…昔斉景 最初…忘之邪 (四) 使《ム》二公《ヲシテ》以《テ》レ馬《ヲ》殺《サ》一レ人《ヲ》。 (五) 太宗の、馬飼いの官人に対する怒りが解けたということ。 (六)《馬飼いの三つの罪》①景公の馬を死なせたこと→景公が馬を処刑したせいで、②景公が人民に恨まれること ③斉国が諸侯に侮られること 《晏子の真意》馬飼いの処刑は、景公にとっても斉国にとっても不利益だからやめるよう諫めている。

〈解説〉(一) 漢文での読み方と現代文での読み方は、必ずしも一致しないので注意すること。 (二) 同じ文の中で「太宗、馬を養う宮人を怒り」とあるので「之」は馬を世話していた宮人であることがわかる。 (三) 皇后は、馬使いの3つの罪と皇帝である太宗がどんな対応を取るべきか語っている。 (四) 漢文には使役に使われる漢字がいくつかある。例えば「使」「教」「遣」「令」などであり、これらの語が出てきたときは目的語を2つとり「使○△」は「○をして△しむ」とよむことが多い。 (五) 皇后に諭されたことで、太宗の馬使いに対する怒りは収まったことを書けばよい。 (六) 板書計画については1~3の指示があるので、それを漏れがないように書くこと。特に指示2については、3つの晏子の主張を明確に書くこと。

【中学校】

【一】(一) a け b お c き d え e こ (二) ① 目的…話の要点を明らかにすることで話し手の意図が的確に伝わって、聞き手の理解をより深め、わかりやすくするため。 留意点…相手意識を明確に持たせ、グラフや表、写真や図などを取り入れた分かりやすい資料つくりや提示の仕方を工夫する。 ② 集めた材料を整理して、観光コースの魅力を明確にし、聞き手に伝わりやすいよう資料を活用して話している。

〈解説〉(一)「A　話すこと・聞くこと」は「話題設定や取材に関する指導事項」「話すことに関する指導事項」「聞くことに関する指導事項」「話し合うことに関する指導事項」で構成されている。学習指導要領解説に各学年における指導事項が、表形式になっているので相違点を比較しながら学習するとよい。(二)①　資料や機器は、話し手が話の要点を明らかにしたり、論理的に筋道立てて話したり、聞き手の注意を惹く目的で使う。その中で留意することは、聞き手を想定した文言の選択や、資料に図や写真など視覚的なわかりやすさを高める等があげられる。②　ア、ウを組み合わせたときの評価規準を意識し、二つの内容をおさえること。

【高等学校】

【二】(一)　a　か　b　あ　c　き　d　こ　e　え　(二)①　中学生の体験入学のときに、自分たちの学校のよさについて紹介するために、発表の内容や構成、言葉遣い、効果的な機器の使い方などについてグループで考え発表する学習活動。　②　評価の観点…「話す・聞く能力」　具体的な評価規準…中学生に内容が伝わるように、文章の形態や文体、語句などを適切に選び話している。

〈解説〉(一)「国語表現」は、「ア　話題や題材に応じた情報をもとに、考えをまとめ、深める」「イ　異なる考えを尊重し、課題解決のために話し合う」「ウ　内容が効果的に伝わるように、論理の構成や描写の仕方などを工夫する」「エ　表現を工夫して、効果的に話したり書いたりする」「オ　表現について考察したり交流したりして、考えを深める」「カ　言葉の成り立ち、表現の特色、言語の役割などについての理解を深める」で構成されている。それぞれの特徴を把握しておこう。(二)「エ」では目的や場にふさわしい表現を使うことに重点を置き、例えば「話し言葉で伝えるか、書き言葉で伝えるか」など言葉の選択をしながら文章や言葉を適切に組み立てていくことが重要である。それを踏まえて内容を構成するとよい。

二〇一四年度 実施問題

【中高共通】

【一】次の文章を読み、(一)~(八)に答えなさい。

音楽担当の教師が目論《もくろ》んでいたことは、どうやら「全国合唱コンクール」であるらしく、発育が遅くて声変わりがしていないぼくはそのメンバーに組み入れられた。当時はようやく世界的な文化交流がぽつぽつ再開されはじめた時期であって、オーストリアとかドイツとかいったあたりから、なんとか少年合唱団だとか、なんとか聖歌隊なんていうものが続々とやって来て、ベレー帽に蝶《ちょう》ネクタイだとか、ぞろっと長い白衣などでうち揃《そろ》って、この世のものとは信じ難いとんでもない声を出していたから、ぼくたちの合唱団も目標はあそのあたりにあるらしく、とんでもない声を発せられる可能性がありそうだということで、このぼくも一員にされたのだ。

ただ、とんでもないと思っているのはぼくの方だけであって、女教師はそれを天使の声だと思いたがっているのだから、その練習もどちらかが必ずや①ツラくなるのは目に見えていて、最初の頃は教師の方が②ザセツ感を味わったようだ。ぼくたちのハイ・トーンはどうみても少年合唱隊のものではなく、むしろ、その当時の人気読み物「少年ケニア」の叫び声の方であったから、足をちょっと開いて、腕を軽く後ろに廻したようなポーズではどうにもならaない。それに万一うまくいったところで、蝶ネクタイやベレー帽や、まして白衣などが似合う面《つら》ではないし、それでもなんとか纏《まと》めたければ、絣《かすり》のつんつるてんの少年③ミンヨウ団の方が早そうなのだが、教師の理想はあくまで天使の声であって、持ち出す歌も「モーツアルトの子守歌」とか「埴生《はにゅう》の宿」などというもので、コンクールの課題曲というのもまた、「まわれ　まわれ　花のように　風のように……」などという実につまらbないもので、い少年ケニアたちはまことに盛り上がらなかった。

ま、しょせん学校で唱う歌というものはつまらないという、まったくもったいない（　Ａ　）があったが、そんな中でもまあ「滑るスキーの　風切る速さ　飛ぶは粉雪《こゆき》か　舞い立つ霧か」などという少しは元気になる歌もあるのだから、ぼくとしては、そちらならばなんとかつき合えると思っていたのだ。それに「錨《いかり》を上げて　船は離れてゆくよ　恋の港よ　いつまた逢《あ》える　半歳《はんとし》過ぎて　また来る日まで　みんな元気で　いておくれ　船は行く　船は行く　さよなら港」という藤島なんとかという人の歌をやっと憶《おぼ》えて得意になっていた頃だから、ぼくはモーツァルトも埴生の宿も、まわれまわれも好きにはなれなかった。

だが後家のガンバリというものは恐ろしいもので、理想は天使の声と決め込んだ女教師の意地は、少年ケニアをなんとなく天使っぽく見せはじめ、殊《こと》に課題曲は、さすがに輪唱だとかかけ合いみたいな個所がなかなかうまく作ってあって、たまたまうまくゆくとそれなりの快感もあり、ぼくたちでさえ、ひょっとするとこれは行けるんじゃないだろうか、と思ったりするほどまでになった。だがそれは甘すぎるわけであって、輪唱とかけ合いが間違いなくうまくゆけばそれで済むというものではないらしく、女教師は「感情が入っていない」と言った。勘定が入っていないと言ったのかもしれないが、それはどうでもいい。なにしろ、花のように、風のようになのだから、花になった気持、風になった気持でうたわなければならないということであった。ぼくたちは少年ケニアにはなれても、花や風にはなり難く、ぼくなどはひまわりの④マネをして、指揮棒で殴られた。

そして教師がさらに言ったことが、ぼくたちを混乱させた。彼女は「うまく歌おうと思ってはいけない」と言った。それが合唱を始める前の言葉であったら、ぼくたちは混乱までしなくて済んだのだろうが、もう練習も三日目に入っていて、ようやく輪唱もかけ合いのところもうまくゆくようになったと、それなりに満足しはじめていた頃だけに、こともあろうに、うまく歌ってはいけない、という言い草はまことにショックであって、う以後輪唱はずれっぱなし、かけ合いははずれっぱなしで、メタメタになった。

「だめだめ、ちがうの」と女教師は指揮棒を⑤フメン台にたたきつけながら叫んだ。あ、指揮者みたいだ、とぼくはちょっと思った。「言ってることがわかんないの」と彼女は怒鳴った。サーカスの団長みたいだ、とぼくは思った。「どうしてなの」と彼女は大きな溜《た》め息《いき》をついた。そして少し泣いているようであった。少年ケニアはそういう場面に少し弱いので、やや緊張した。輪唱とかけ合いはうまく合わせておいて、なおかつうまく歌わないというえ至難の業に、それでももう一度挑戦しなくてはならないという気分になった。

何が動いたのかはっきりとは判らないが、まあたぶん教師の涙というちょっとした異常さが第一の理由であったには違いない。加えてここをひとつ乗り越えなければ、いつになっても家に帰れないという恐怖感が合唱団全体に満ちたこともある。気を取り直した教師が、「これが最後よ。いいこと」と少し投げやりな感じでひと言いって指揮棒を振り出したその歌は、われながらちょっとしたものであった。歌い終わった時、ぼくは自ら⑥ハクシュをしたいほどの気持であったが、それでもなお、女教師にしてみれば理想からはほど遠いものらしく、そう明るい表情にはなっていなかった。額に被《かぶさ》った髪を掻《か》き上げながら、それでも、「そう、やれば出来るじゃないの」と彼女は言った。ぼくは、あ、先生みたいだ、とそのとき思った。

(五味太郎「ときどきの少年」より)

(注) ○埴生の宿……イギリスの作曲家ビショップ(1786—1855)の代表作。

(一) 傍線部①～⑥のカタカナを漢字で書きなさい。

(二) 傍線部a「ない」、傍線部b「ない」をそれぞれ文法的に説明しなさい。

(三) 傍線部あ「そのあたり」とあるが、「音楽担当の教師」にとっての合唱団の理想的な姿を四十字以内で書きなさい。
(四)　傍線部い「少年ケニア」に用いられている表現技法を書きなさい。
(五)　Aに入る語として最も適切なものを次のア～エから選び、その記号を書きなさい。
ア　戒律　　イ　通り相場　　ウ　常套手段　　エ　通則
(六)　傍線部う「以後輪唱はずれっぱなし、かけ合いははずれっぱなしで、メタメタになった」のは「ぼくたち」と「音楽担当の教師」の合唱に対する認識の違いがあったためだが、それぞれどのような認識であったのか、「合唱というものは」に続く形で三十五字以内で書きなさい。
(七)　傍線部え「至難の業に、それでももう一度挑戦しなくてはならないという気分になった」とあるが、その理由は何か、文章中の語句を用いて二十字以内で書きなさい。
(八)　「音楽担当の教師」に対する「ぼく」の見方の変化を、人物の表記に注意して説明しなさい。

(☆☆☆◎◎◎)

【二】　次の文章を読み、(一)～(五)に答えなさい。
〈次の文章は、「古今和歌集」に載っている二首の歌について論じたものである。二首とも「伊勢物語」にも載っているが、返しの歌の下の句は「伊勢物語」では「夢うつつとはこよひさだめよ」となっている。ただし「俊頼髄脳」では「こよひさだめむ」として論を展開している。〉

君やこしわれやゆきけむおぼつかな夢かうつつかねてかさめてか(古今　恋三　六四五、六帖　四　二〇三六)

返し

かきくらす心のやみにまどひにき夢うつつとはよ人さだめよ（古今　恋三　六四六、六帖　四　二〇三七）

この歌の返しは、おろさかしきよの人は、「あひが事なり。さばかりのしのび事をば、いいかでかよ人はしるべきぞ。こよひさだめむといへるこそ、いはれたれ」と申すめり。それが、もろもろのひが事にて候《さぶらふ》めり。まづこの歌は、う伊勢物語のごとくならば、またもえ遇はずして、あくる日はほかの国へまかりぬ。今宵また遇ふべくはこそは、みづからはさだめめ。夢のやうにて、またもえ遇はで、心にもあらで別れぬれば、この事はいますこしめでたけれ。夜ごとに遇ひて、日ごろにならば、むげに思ひもなき心ちす。えよ人さだめよ　と詠めるは、まことに、世の中の人あつまりておさだめよといふにはあらず。われは、またも、え遇ふまじければ、すべきやうもなしとて、如何にも、え知らぬよしにて、言ひすててかいぬるなり。かくよの人にさだめよといへる事ぞ、ことの心も、歌の心も、えもいはぬことにてはあれ、き今宵さだめむ　といへる人は、和歌の外道なり。

（「俊頼髄脳」より。ただし、文章の一部を省略した。）

（注）○いはれたれ……自然な表現である。
○むげに思ひもなき心ちす……一途な思いが全く伝わってこない感じがする。
○ことの心も、歌の心も……はかないかりそめの情趣も、その返歌とした発想も

（一）傍線部あ「ひが事」、傍線部い「いかでかよ人はしるべきぞ」の意味を書きなさい。
（二）傍線部う「伊勢物語」の主人公とされる人物名と成立した時代を書きなさい。
（三）傍線部え「よ人さだめよ」にはどのような思いが込められていると俊頼は考えているか、文章の内容に

即して六十五字以内で書きなさい。

(四)　傍線部お「さだめよ」、傍線部か「いぬる」を例にならって、それぞれ文法的に説明しなさい。

(例)(「ゆき」　カ行四段活用動詞「ゆく」の連用形)

(五)　傍線部き「今宵さだめむ　といへる人は、和歌の外道なり」とあるが、俊頼が「外道」であると考えた理由を「合理性」、「心情」、「言葉の外」という三つの語句を用いて説明しなさい。

(☆☆☆◎◎◎)

【三】次の文章を読み、(一)～(六)に答えなさい。なお設問の都合により訓点を一部省いてある。また、旧字体は一部新字体に改めている。

周処年少ノ時、兇《きよう》彊《きやう》俠《けふ》気《き》ニシテ、為ル二郷里ノ所ト一レ患《うれ》フル。又義《ぎ》興《こう》ノ水中ニ有リレ蛟《みづち》、山中ニ有リ二邅《てん》跡《せき》ノ虎一、並ビニ皆暴二‐犯ス百姓ヲ一。義興ノ人謂ヒテ為シ二あ三横ト一、而シテ処尤《もつと》モ劇《はげ》シ。或ヒト説キテレ処ニ殺シレ虎ヲ斬ラシムレ蛟ヲ。実ハい冀フナリ三三横唯ダ餘《のこ》サンコトヲ二其ノ一ヲ一。処即チ刺二‐殺シ虎ヲ一、又入リテレ水ニ撃ツレ蛟ヲ。蛟或イハ浮キ或イハ没シ、行クコト数十里、処与レ之倶ニシ、経タリ二三日三夜ヲ一。郷里皆謂《おも》ヒ二‖a已死セリト一、更《こもごも》相慶ス。竟ニ殺シテレ蛟ヲ而出デ、聞キ二里人ノ相慶スルヲ一、始メテ知リレ為リシヲ二人情ノ所ト一レ患フル、有リ二う自ラ改ムルノ意一。乃チ入リレ呉ニ尋ヌ二陸ヲ一。平原不レ在ラ、正ニ見エテ二清河ニ一、具《つぶさニ》以テレ情ヲ告ゲ、并《ならビニ》云フ、「欲スルモ二自ラ修改セント一、而年已蹉《さ》跎《たタリ》、終ニ無カラントレ所レ成ス。」清河曰ク、「古人貴ブ二朝ニ聞イテ夕ニ死スルヲ一。b況君ノ前途尚可ナルヲヤ。且ツ人ハ患フ二志之不ルヲレ立タ、亦何憂令名不彰邪。」処c遂ニ自ラ改励シ、終ニ為ル二忠臣孝子ト一。

（「世説新語」より）

（注）○周処……呉郡陽羡の人。　○兇彊……凶暴で残忍なさま。　○義興……地名。
○蛟……龍の一種で四足があり、よく大水を起こすといわれる。
○邅跡虎……あたりを彷徨する虎。　○呉……国名。
○二陸……陸機（平原）・陸雲（清河）の兄弟。　○蹉跎……時機を失すること。
○令名……名声。　○彰……世に顕れる。

（一）二重傍線部a「已」、二重傍線部b「況」、二重傍線部「遂」の読み方を、送り仮名も含めて現代仮名遣いで書きなさい。
（二）傍線部あ「三横」が指すものを三つ、それぞれ文章中から抜き出して書きなさい。
（三）傍線部い「冀三横唯餘其一」を、口語訳しなさい。
（四）傍線部う「有自改意」とあるが、「周処」がこのように考えたのはなぜか、その理由を説明しなさい。

(五)　傍線部え「何憂令名不彰邪」とあるが、「どうして名声が世に顕れないことを嘆く必要があろうか、いや嘆く必要などない」という意味になるように、送り仮名と返り点を付けなさい。

(六)　授業の場面において、波線部「古人貴朝聞夕死」に関連して「論語」中の「朝に道を聞かば、夕べに死すとも可なり」の句を示したところ、生徒が「道」を「道順」ととらえてしまった。最初に「論語」の句全体が示す意味を正しく解釈した上で、「清河」が「周処」にこのように言った意図を説明しなさい。

(☆☆☆◎◎◎)

【中学校】

【一】次の文は、中学校学習指導要領「国語」の「各学年の目標及び内容」の「第三学年」の「内容」の「書くこと」である。あとの(一)〜(三)に答えなさい。

〔第3学年〕

B　書くこと

(1)　書くことの能力を育成するため、次の事項について指導する。

ア　(　a　)生活の中から課題を決め、(　b　)を繰り返しながら自分の考えを深めるとともに、文章の形態を選択して適切な(　c　)を工夫すること。

イ　論理の展開を工夫し、資料を適切に引用するなどして、説得力のある文章を書くこと。

ウ　書いた文章を読み返し、文章全体を整えること。

エ　書いた文章を互いに読み合い、論理の展開の仕方や表現の仕方などについて(　d　)して自分の表現に役立てるとともに、ものの見方や考え方を深めること。

(2)　(1)に示す事項については、例えば、次のような言語活動を通して指導するものとする。

ア　関心のある事柄について批評する文章を書くこと。
イ　目的に応じて様々な文章などを集め、工夫して（　e　）すること。

(一)　a～eにあてはまる語句を次のあ～こから選び、その記号を書きなさい。

あ　表現　い　評価　う　編集　え　朗読　お　社会
か　推敲《こう》　き　交流　く　取材　け　構成　こ　日常

(二)　(2)のアについて、「青森県のいくつかの観光地のパンフレットから関心のあるものを一つ選んで、批評する文章を書く」という言語活動を設定した。次の①、②に答えなさい。

①　(1)のイの指導事項にこの言語活動を組み合わせて「書く能力」の具体的な評価基準を設定しなさい。
②　(1)のイの指導事項にある「資料を適切に引用する」ために、どのようなことを生徒に留意させる必要があるか、書きなさい。

（☆☆☆◎◎◎）

【高等学校】

【一】次の文は、新高等学校学習指導要領(平成二十一年三月告示)「国語」の「各科目」の「現代文B」の「内容」の一部である。あとの(一)～(三)に答えなさい。

(1)　次の事項について指導する。

ア　文章を読んで、構成、展開、要旨などを的確にとらえ、その論理性を評価すること。
イ　文章を読んで、書き手の意図や、人物、情景、心情の描写などを的確にとらえ、表現を味わうこと。
ウ　文章を読んで（　a　）することを通して、人間、社会、（　b　）などについて自分の考えを深めたり発展させたりすること。

エ　目的や（　c　）に応じて、収集した様々な情報を（　d　）、整理して資料を作成し、自分の考えを効果的に表現すること。

オ　語句の意味、用法を的確に理解し、語彙《い》を豊かにするとともに、文体や修辞などの表現上の特色をとらえ、自分の表現や（　e　）に役立てること。

㈠　a～eにあてはまる語句を次のあ～こから選び、その記号を書きなさい。

あ　分析　い　自然　う　発表　え　活動　お　課題

か　歴史　き　評価　く　決定　け　批評　こ　推敲《こう》

㈡　(1)のアとして、「論理的な文章を読んで、書き手の考えやその展開の仕方などについて意見を書く」という学習活動を行う際の「指導上の留意点」を書きなさい。

㈢　(1)のイとして、「文学的な文章」を題材とし、次のような言語活動を取り入れた授業を行いたい。傍線部の内容に注意し、具体的な学習活動を考えて書きなさい。

伝えたい情報を表現するためのメディアとしての文字、音声、画像などの特色をとらえて、目的に応じた表現の仕方を考えたり、創作的な活動を行ったりすること。

（☆☆☆◎◎◎）

解答・解説

【中高共通】

【二】(一) ① 辛　② 挫折　③ 民謡　④ 真似　⑤ 譜面　⑥ 拍手　(二) a 打消の助動詞「ない」　b 形容詞「つまらない」の一部　(三) (例) ベレー帽や蝶ネクタイ、長い白衣などでうち揃って、天使の声で歌っている姿。　(四) 比喩法　(五) イ　(六) (例)「ぼくたち」(合唱というものは、)輪唱やかけ合いをうまく歌うことができれば満足できるという認識。「音楽担当の教師」(合唱というものは、)輪唱やかけ合い以上に、感情を込めて歌わなくてはならないという認識。　(七) (例) 教師が泣く異常さと帰宅できない恐怖感。　(八) (例) 音楽担当の教師について、それぞれ場面ごとに職業としての「教師」、指示を出す存在としての「指揮者」、「ぼくたち」を調教する存在としての「サーカスの団長」と使い分け、最後に「先生」と表記することで「ぼくたち」を導いてくれる教育者として捉え始めている。

〈解説〉(一) 同音(訓)異義語や類似の字形に注意すること。　(二) aの「ない」は、打消の助動詞で、「なる」(ラ行五段活用)の未然形「なら」に接続している。bの「ない」は、形容詞「つまらない」の一部。

(三) 傍線部あの「そのあたり」は、「(某合唱団や某聖歌隊の)ベレー帽に蝶ネクタイや長い白衣で、この世のものとは信じ難い声で歌うこと。」を指し、また傍線部あのあとにも、「教師の理想はあくまで天使の声であって」とある。　(四) 傍線部いの「少年ケニア」は隠喩で、「～のように」や「～のごとく」を用いないで直接にたとえただけをいう修辞法。　(五) Aにかかる「(しょせん学校で唄う歌というものは、)つまらないという」および「まったくもったいない」の意味・内容をふまえて適切な言葉を選べばよい。　(六)「ぼくたち」の合唱に対する認識は、練習三日目に入って、ようやく輪唱もかけ合いもうまくなったと満足しはじめていたころ、教師からの「うまく歌おうと思ってはいけない」の言葉にショックを受けたという所にポイントがある。一方、「音楽担当の教師」の認識は、輪唱とかけ合いがうまくいけば、それで済むというものではないという認識。　(七)　傍線部えのすぐ後の文に「何が動いたのかはっきりとは判らないが、まあたぶん教師の涙というちょっとした異常さが第一の理由であったには違いない。」とある。　(八)　最初に「音楽担当の教師」として女教師の職業からスタートし、その職務への情熱を「だが後家のガンバリというものは恐ろしいもので、理想は天使の声と決め込んだ女教師の意地は～」と述べている。合唱の練習が進むにつれて、合唱に感情移入できない子どもたちに、激しく指導する女教師を「指揮者みたいだ」と「ぼく」は思う。次に女教師の理想どおりに歌えない「ぼくたち」を激しく怒鳴る姿を、動物を調教する「サーカスの団長」のように「ぼく」はイメージする。それでも涙を流して合唱を指導する女教師が「やれば出来るじゃないの」と「ぼくたち」を評価する心やさしさに、「ぼく」は、女教師を教育熱心な教師「先生」として捉える。「ぼく」の心情の中での女教師を指す言葉の移り変わりを解答ではカギカッコを使って強調することで「ぼく」の心理の変化を効果的に表現していることを説明するとよい。

【二】(一)　あ　間違い　い　どうして世間一般の人が知ることができるだろうか、いやできるはずがない。
(二)　人物名　在原業平　時代　平安時代　(三)　(例)　二度と会うことができず、自分ではどうすることもできない恋なので、無理に知らないふりをしてかなわぬ恋をあきらめようという思い。　(四)　お「さだめよ」マ行下二段活用動詞「さだむ」の命令形　か「いぬる」ナ行変格活用動詞「いぬ」の連体形
(五)　(例)　和歌は言語表現に尽きるのではなく、言葉の外にもにじみ出ている心情を読み取るべきであり、表現の合理性だけにとらわれるのは本来の読み方ではないから。

〈解説〉(一)「ひが事」は、「道理にはずれていること。不都合なこと」の意。「いかでかよ人はしるべきぞ」の

「いかでか」は、反語の副詞で「どうして～しよう(～はしない)」と訳す。「よ人はしるべきぞ」は、「世間一般の人々(第三者)が知ることができようぞ」の意。「いかでか～べき」は、係結び。　(二)「伊勢物語」は、約百二十五段の歌物語で、在原業平の一代記風のため、「在五中将日記」「在五が物語」とも言われている。成立は十世紀中ごろ(平安時代)である。　(三)　俊頼は「よ人さだめよ」以下の文の中で「世の中の人のあつまりてさだめよといふにはあらず(文字どおり世間一般の人が集まって定めなさいという意ではない)」と述べ、「われは、またも、え遇ふまじければ、すべきやうもなしとて、如何にも、え知らぬよしにて、言ひすててぃぬるなり。」に詠んだ歌人の思いがこめられている、と言っている。「われは～いぬるなり」の解釈は、「私は、二度とは逢い得ない恋なので、どうしようもないと思って、なんとか、自分もわからない態度をとおして、この歌を詠み捨てて去って行ったのである。」となる。　(五)「和歌の外道」とは、和歌は言語表現につきるのではなく、その表現外にも内包されている心情を享受すべきで、表現の合理性だけにとらわれるのは、和歌を詠みまたは鑑賞するためには邪道であることをいう。

【三】(一)　a　すでに　　b　いわんや　　c　ついに　　(二)(周)処、蛟、(邅跡)虎　　(三)(例)三横のうち、一つだけが残るようにしたいと願ったのである。　(四)(例)郷里の人々が、蛟とともに自分が死んだと思い込み喜んでいるのを聞き、初めて自分の乱暴な行いが人々に嫌われていることに気付いたから。

(五)　何《ソ》憂《ヘン》ニ令名《ノ》不ㇾ《ルヲ》彰《レ》邪。

(六)(例)(注)の句は「人としての正しい道を悟ることができたならば、いつ死んでも本望だ」という意味である。自分の行いを改めたいが、時機を逸してしまい無理だろうと言う周処に、人としての道を学ぶのに時機は関係なく、周処にも十分可能だと伝える意図が清河にあった。

〈解説〉（一）　a　「已」は「すでに」と読む完了の副詞。　b　「況」は「いわんや」と読み、「まして」の意で上を受けて更に一歩を進めて説く語。　c　「遂」は「ついに」と読み、「その結果。こうして」の意。　（三）「冀」は、「こい(ひ)ねがう(ふ)」と読む。「三横唯だ其の一を餘さんことを冀ふなり」は、「(せめて)三横のうち、一つだけが残るようにしたいと願ったので」となる。　（四）「有自改意」とは、「自ら行いを改めようという気になった」の意。　（五）　口語訳は、「どうして名声が世に顕われないことを嘆く必要がありましょう。いやありません。」　反語形「何～邪」の応用である。　（六）「古人貴朝聞夕死」は、論語の「里仁」にある「朝聞道、夕死可矣」(朝に道を聞かば、夕に死すとも可なり)をふまえたものである。その意は、「朝、人のふみ行うべき正しい道(仁道)を聞いて深く心に悟ることができれば、夕方に死んでもかまわない。」ということであり、人間は、仁道を身につけることが極めて大切だということである。これは、周処が「欲自修改、而年已蹉跎、終無所成。」(私は自分の行いを改めたいと願っておりますが、年もすでに盛りを過ぎており、結局はできないと思います。)と言ったことに対して、仁道を身につけるために時機は関係ないと励ましの言葉を清河が述べたもの。

【中学校】

【一】（一）　a　お　b　く　c　け　d　い　e　う　（二）　①　（例）　パンフレットについての自分の意見が読み手に伝わるような文章構成を考え、パンフレットの内容等を適切に引用しながら、批評する文章を書いている。　②　（例）　自分の考えの根拠としてふさわしいかどうかについて検討したり、引用部分を明らかにした上で、資料が伝えたいことと自分の考えとの関係について補足したりすること。　また、引用の際には、かぎ(「」)でくくること、出典を明示すること、引用する文章が適切な量であることなど。

〈解説〉中学校学習指導要領「国語」の「各学年の目標及び内容」の「書くこと」の領域では、従来、第2学年及び第3学年については、目標と内容を2学年まとめて示していたが、今回の改訂では学年ごとに示している。(二) 第3学年の「B書くこと」の(1)は、アは課題設定や取材・構成、イは記述、ウは推敲、エは交流に関する指導事項である。(2)の言語活動例は、領域ごと科目ごとの指導内容と言語活動との密接な関連を図り、学習意欲を高め、主体的な学習活動を通して、指導内容を確実に身につけさせることをねらいとして示したものである。今回の改訂では、それぞれの領域の特性を生かしながら生徒主体の言語活動を活発にし実現できるように、これまで指導計画の作成と内容の取扱いに示されていた言語活動例を内容の(2)に位置づけて再構成している。 (二) ① (1)イの指導事項は、論理の展開を工夫し、資料を引用する内容であり、設問の言語活動のテーマは、(2)アの指導の具体的実践内容である。(2)アの「関心のある事柄」とは、社会生活にかかわる様々な事物や出来事であり、テーマの「青森県のいくつかの観光地のパンフレット」がこれに当たる。このパンフレットの批評が、(1)イの指導に従って書かれているかどうかが評価基準となる。「文章構成の適否」「資料が適切に引用されているか」「記述は、対象となる事柄を分かりやすく説明したり、判断や評価の理由や根拠などを明確に示したりしているか」がポイントになる。 ② 「資料を適切に引用する」のは、「説得力のある文章」にするためである。そのためには、客観性や信頼性の高い資料を選んで用いることが重要である。

【高等学校】

【一】(一) a け b い c お d あ e こ (二) (例) 文章に書かれた事実と自分の意見とを明確に書き分けることや、適切な論拠に基づくことなどに留意させる。また結論の述べ方や、具体的な事例の挙げ方など、文章の構成や展開にも工夫を凝らすことを留意させる。 (三) (例) ・小説の紹介を、書評、本の帯、広告カード(ポップ)などの目的に応じて行う学習活動。 ・小説を読んで、その内容を戯曲や脚本に翻案したり、実際に演じたりする学習活動。

〈解説〉「現代文Ｂ」は、これまでの「現代文」の内容を改善し、近代以降の様々な文章を的確に理解し、適切に表現する能力を高めるとともに、ものの見方、感じ方、考え方を深め、進んで読書することによって、国語の向上を図る態度や人生を豊かにする態度を育成するなど、詠むことを中心としつつも総合的な言語能力を育成することをねらいとした選択科目である。目標に、適切に表現する能力を高めることと、国語の向上を図る態度を育てることを新たに加えている。　(一)　高等学校学習指導要領「国語」の「各科目」、「現代文Ｂ」の「内容」のウは、「文章を批評し、考えを深め発展させること」、エは、「情報を収集、分析して資料を作成し、考えを効果的に表現すること」、オは、「語句や語彙と文章の推敲」に関する指導事項である。　(二)　「現代文Ｂ」の言語活動例イは、「書き手の考えや、その展開の仕方などについて意見を書く言語活動」である。論理的な文章を読んで、「意見を書く」に当たっては、例えば、文章の中で述べられている主張が、確実な根拠に基づいた妥当な推論を伴って書かれているかどうかを読み取り、その適否を判断するなどを考察することになる。　(三)　(1)イに関わる言語活動例は、「表現の仕方を考えたり、創作的な活動をしたりする言語活動」である。設問は、「文字、音声、画像」のメディアを用いて「文学的な文章」を題材とした言語活動である。「文学的な文章」には、散文の「小説」や韻文の「詩・短歌・俳句」がある。「創作的な活動」とは、目的や場に応じたメディアを用いて自ら表現活動を行うことであり、生徒の学習意欲を高め、主体的な読書や表現へといざなうものである。

二〇二三年度 実施問題

【中高共通】

【一】 次の文章を読み、(一)～(八)に答えなさい。

比較の方法を用いる学問がいくつもあるから、比較の概念はわれわれにごく親しいものになっている。一般に比較という語が用いられるとき、比較は特定の二者あるいはそれ以上のものの部分相互における類似と差異を求める認識の作業を意味している。もっと限定すると、AがBに影響を与えている。そこでAとBを比較して、Bの中にその影響を探るという比較研究がある。いずれにしても、比較の対象になるのは、有機的関連をもったひと組の事象①である。

こういう(A)的で技術的な比較研究に対して、もっと範囲の広い全体意識の相互比較といったものが考えられる。それは、任意の二つ以上のものの間に見られる異同の相互検証を行うものである。社会と社会の文化全般を対比させ、そこにみられる相互の特色や過・不足を明らかにする異文化間研究(クロス・カルチュラル・スタディズ)も、この広義の比較によるもののひとつである。

あ言語においては、ひとつの言語を他の言語へ移す翻訳がやはり比較によって行われる。翻訳の作業に比較の操作が含まれていることは、普通、あまり気づかれていないが、ふたつの言語体系の並列を意識することなしには、翻訳は不可能である。外国語を知っていなければならないのは当然であるが、(B)、外国語にaシュウジュクしていても母国語の知識の乏しい人間には翻訳は困難である。

ここで、俗に英文解釈法と呼ばれているものに触れなくてはならない。実学的語学がbリュウセイになった最近は色あせたものとなってしまったが、明治以来、わが国における英語教育が収めた成果のうち、もっとも独創的なもののひとつが英文解釈法であると言ってもcカゴンではない。

明治のはじめ、英語にも漢文と同じように訓点をつけて読もうとしたが、成功しなかった。しかし、語順の大きく異なる英語を日本語で解釈するには語順入れ換えについての一定の規則をつくらなくてはならない。（　C　）、日本人にとって、英語のもっとも困難を覚えるような部分から帰納して、解釈上の公式をこしらえた。これが英文解釈法である。両言語の比較にもとづいて生まれたメタ・ラング②である。これによって、英語がわれわれにとって、どれほど理解しやすいものになったか、はかり知れない。

その英文解釈法が、現在はせいぜい受験参考書のための便法《べんぽう》的なものくらいにしか考えられていないのは惜しむべき③である。これを洗練、整備して、日英両語の意味論的特質を明らかにするための方法にまで高めて行くことは考えられてよい問題であろう。さらにそれを進めて、二つの文化の間の相互の特色を対照的に明らかにする文化解釈論の基礎に展開することも不可能ではあるまい。

一般の外国語の学習では、本国人のように言葉をdクシする能力をつけることが目標にされる。多くの外国人にとってそれはeシナンの業であるから、学習者はつねに自分の外国語の能力について劣等感をいだいている。どうしても、自分の国の文化や言語を外国のそれらよりも低いもののように考えやすい。両者を対等に同一の次元に並べて、比較によって相互の性格をとらえて行くような社会学、文化人類学的方法や態度をとることはきわめて稀④である。

たとえて言うならば、い外国語の学習は旅行のようなものである。学習者は土地不案内な旅行者として外国語を訪れる。そこに定住すれば旅行者ではなくなるのだから、滞在は一時的である。したがって、その土地についての知識ではもとからの住民にとてもかなわない。ところが、そういう旅行者が未知の土地について、すぐれた観察や発見をすることがすくなくない。旅行者の目がfクモっていないからであるが、さらに、旅行者は土地の人とちがって、ほかとの比較ができるからである。それと同じように、外国語学習者もしばしば外国語について、本国人の思いもよらなかったような新しい面を指摘することができるものである。旅行者は自ら旅人であることを恥じることはないが、外国語の学習者は自分の能力について劣等感をもちやすい。しかし、ものにとらわれない、ほかのものとの比較の可能なその立場をこそ大切にすべきであろう。

二つのものを並べて見ると、一方にあるものが他に欠けており、逆に一方にないものが他にあるというようなことが気づかれる。そういうことを通じて両者の特徴と欠損部が発見される。明治以来、日本文化の特色について外国人から指摘されてはじめて、われわれがその意義に目ざめたという例はすくなくない。最近その事例はますます多くなっているように見受けられる。

母国語では、事物と言葉があまりにも密着しているため、事物が言葉を覆い、あるいは逆に言葉が事物を覆っていることがしばしばである。うこの種の言語的掩蔽《えんぺい》は、母国語だけしか知らない場合、とり除くことができない。それどころか、掩蔽のおこっていること自体が意識されない。外国語を通じて、それをいわば斜めから見ると、言葉と事物の関係が絶対的なものでなくて、任意なものであることがはっきりする。そして、母国語だけではどうしても見えなかった部分が姿を見せるようになったりする。

（外山滋比古「言語と思考」より）

（注）○メタ・ラング……メタ言語。

(一)　傍線部a～fのカタカナを漢字で書きなさい。

(二)　Aにあてはまる語を文章中から探し、漢字二字で書き抜きなさい。

(三)　B、Cに入る語として最も適切なものを次のア～カからそれぞれ選び、その記号を書きなさい。

ア　そこで　　イ　しかも　　ウ　なぜなら　　エ　かりに　　オ　よもや　　カ　まるで

(四)　傍線部①～④の「で」のうち、文法的に異なるものを一つ選び、ほかとの違いを明確にして文法的に説明しなさい。

(五)　傍線線部あ「言語においては、ひとつの言語を他の言語へ移す翻訳がやはり比較によって行われる」とあるが、どのように行われたのかを、文章中の例を用いて説明しなさい。

(六)　傍線部い「外国語の学習は旅行のようなものである」とあるが、「外国語の学習」と「旅行」はどのような点で同じといえるのか、四十字以内で書きなさい。

(七)　傍線部う「この種の言語的掩蔽は、母国語だけしか知らない場合、とり除くことができない」といえるのはなぜか、文章中の語句を用いてわかりやすく説明しなさい。

(八)　□部分に入る、「外国語の学習」について筆者の主張をまとめる文章を、「母国語」、「比較」、「文化」の三語を用いて八十字以内で書きなさい。

(☆☆☆◎◎◎)

【二】　次のA・Bの文章を読み、(一)～(五)に答えなさい。

A

故鎌倉の大臣殿の、御京上《ごきやうじやう》あるべきに定まりける。世間の人、内々歎《なげ》き申しけれども、事に顕《あらは》れて申す事なかりけり。さすがに人の歎きにやと思ひ給ひて、人々、京上あるべしや否やの評定ありけるに、上の御気色を恐れて、子細申す人なかりけり。故筑後前司入道知家、遅参す。この事意見申すべきよし、御気色ありければ、申されけるは、「天竺《てんぢく》に師子と申す獣《けだもの》は、一切の獣の王にて候ふなるが、余の獣を損ぜんと思ふ心はa候はねども、その音《こゑ》を聞く獣は、みな肝《きも》失ひ、或《ある》は命絶えb候ふとこそ承れ。されば、君はあ人を悩まさんと思しめす御心はなけれども、人の歎き、争《いかで》か候はざらん」と申されければ、「御京上は留まりぬ」と仰せありける時、万人悦び申しけり。「い聖人は心なし、万人の心をもて心とす」と云へり。人の心の願ふ所をまつりごととす、これ聖人の質《すがた》なり。賢王世に出づれば、賢臣威をたすけ、四海静かに、一天穏《おだや》かなり。

（「沙石集」より）

B

昔、魏の文王、我れは賢王なりと思ひて、臣下の中に、「朕《ちん》、賢王なるや」と問ひ給ふに、仁佐《じんざ》と云ふ大臣、「君は賢王にてはおはせず」と申す。「いかなれば」と宣《のたま》へば、「天の与ふる位を受くるこそ賢とは申せ、威を以て位に居給ふ、これ賢王の儀に非ず」と云へり。伯父の王位をうち落して、かの后《きさき》をとりて我が后とし給へる事を申しけるにこそ。さて瞋《いか》りて座席を追ひ立てらる。次に郭課《くわくか》と云ふ大臣に、「朕は賢王なりや」と問ひ給へば、「賢王とこそ申さめ」と申す。「何の故」と宣へば、「う賢王には必ず賢臣生る」と申しければ、この詞《ことば》を感じて、仁佐召し返し、政《まつりごと》正しくし、賢王の名を得たりと云へり。君も臣も賢なる世こそあらまほしく侍《はんべ》れ。

（「沙石集」より）

（注）

○故鎌倉の大臣殿……三代将軍源実朝（源頼朝との説も）。

○故筑後前司入道知家……八田知家。鎌倉幕府の重鎮。

○四海……四方の海。転じて天下の意。
○一天……一天下の略で、国全体の意。
○文王……戦国初期の名君とされる。正しくは文侯。
○仁佐……文侯の臣。

(一)　傍線部a「候は」と傍線部b「候ふ」の動詞の用法の違いを文法的に説明しなさい。
(二)　傍線部あ「人を悩まさんと思しめす御心はなけれども」を「人を悩ますことはしないと思う心はないけれども」と口語訳した。この訳の誤りを具体的に説明しなさい。また、適切な口語訳を書きなさい。
(三)　傍線部い「聖人は心なし、万人の心をもて心とす」とあるが、これは誰がどうしたことを受けての言葉か。文章の内容に即し、具体的に説明しなさい。
(四)　傍線部う「賢王には必ず賢臣生る」とあるが、この言葉によって「文王」が「仁佐」を召し返したのはなぜか。文章の内容に即して五十字以内で書きなさい。
(五)　AとBの文章の展開の共通点を踏まえて、「賢臣」と「賢王」の両者の在り方について書きなさい。
(☆☆☆◎◎◎)

【三】次の文章を読み、(一)～(十六)に答えなさい。なお、設問の都合により訓点を一部省いてある。また、旧字体は新字体に改めている。

〈斉の桓公がある日酒を飲み、酔って冠を落とした。それを恥じて三日間朝廷に出てこない。宰相の管仲は「そのような事は国を保つお方の恥ではありません。なぜ善い政治をなさってその恥をぬぐい去りませんか」と進言した。桓公は政府の倉を開いて貧しい人々に与え、囚人らの罪を調べて軽い者を釈放した。〉

或《ヒト》曰《ク》、「管仲《ハ》雪《すすギテ》二桓公之恥《ヲ》於ア小人《ニ》一、而《しかモ》生《ぜリ》二桓公之恥《ヲ》
於君子《ニ》一矣。使《メバ》下桓公《ガ》発《シテ》二囷《きん》倉《そうヲ》一而賜《ヒ》二貧窮《ニ》一、論《ジテ》二囹《れい》圄《ごヲ》一而出《いだセルヲシテ》二
薄罪《ヲ》一、非《ザラ》上義《ニ》也、イ不可以雪恥。使《メバ》二之《ヲシテ》而義《ナラ》一也、桓公宿《とどメテ》レ義《ヲ》、
ａ須《まチテ》レ遺《おとセルヲ》レ冠《ヲ》而後《ニ》行《ハバ》レ之《ヲ》、則《チ》是《レ》桓ｂ公《ノ》ウ行《フハ》レ義《ヲ》、非《ザル》レ為《ニ》レ遺《セルガ》レ冠《ヲ》也。是《レ》
雖《モ》レ雪《グト》二遺《セル》レ冠《ヲ》之恥《ヲ》於小人《ニ》一、而《モ》亦遺《のこス》二宿《ムル》レ義《ヲ》之恥《ヲ》於君子《ニ》一
矣。ｃ且夫《レ》発《シテ》二囷倉《ヲ》一、而賜《ヘル》二貧窮《ニ》一者《は》、是《レ》賞《スル》二無功《ヲ》一也。論《ジテ》二囹圄《ヲ》一、
而出《ス》二薄罪《ヲ》一者《は》、是《レ》不《ル》レ誅《セ》レ過《あやまちヲ》也。ｄ夫《レ》賞《セバ》二無功《ヲ》一、エ則《チ》民偸《とう》幸《こうシテ》而
望《ミ》二於上《かみニ》一、不《ンバ》レ誅《セ》レ過《ヲ》、則《チ》民不《シテ》レ懲《リ》而易《レ》為《なシ》レ非《ヲ》。此《レ》乱之本《もと》也、

安《クンゾ》可《ケン》ニ以《テ》雪《グ》レ恥《ヲ》哉《や》。」

（「韓非子」より）

（注）○囷倉……円形の倉。　○論囹圄……囚人らの罪を調べる。
○使之而義也……この事が正当であったならば。　○宿……しないでいること。
○須……待つ。～を機会とする。　○偷幸……あてにすること。
○望於上……お上に期待する。

㈠　二重傍線部 **a**「雖」、**b**「亦」、**c**「且」、**d**「易」の読み方を、送り仮名も含めて現代仮名遣いで書きなさい。

㈡　傍線部ア「小人」について、読み方を現代仮名遣いで書き、その意味も書きなさい。

㈢　傍線部イ「不可以雪恥」を書き下し文にしなさい。

㈣　傍線部ウ「遺宿義之恥於君子矣」はどのようなことを述べているのか、恥の内容を明らかにして説明しなさい。

㈤　傍線部エ「此乱之本也」とあるが、なぜ乱れるもとになるのか、その理由を韓非子の政治信条を踏まえて六十字以内で説明しなさい。

㈥　傍線部オ「安可以雪恥哉」を、反語の句法がわかるように口語訳しなさい。

（☆☆☆◎◎◎）

【中学校】

【一】次の文は、中学校学習指導要領「国語」に示されている、第一学年及び第二学年の「読むこと」の「内容」の一部である。あとの(一)~(三)に答えなさい。

〔第一学年〕

(1) 読むことの能力を育成するため、次の事項について指導する。

ア （　a　）の中における語句の意味を的確にとらえ、理解すること。

イ 文章の中心的な部分と付加的な部分、事実と意見などとを読み分け、目的や必要に応じて要約したり要旨をとらえたりすること。

ウ （　b　）の展開や登場人物などの描写に注意して読み、内容の理解に役立てること。

エ 文章の構成や展開、①表現の特徴について、自分の考えをもつこと。

オ 文章に表れているものの見方や考え方をとらえ、自分のものの見方や考え方を広くすること。

カ 本や文章などから必要な情報を集めるための方法を身に付け、目的に応じて必要な情報を読み取ること。

〔第二学年〕

(1) 読むことの能力を育成するため、次の事項について指導する。

ア （　c　）的な概念を表す語句や心情を表す語句などに注意して読むこと。

イ 文章全体と部分との関係、例示や描写の（　d　）、登場人物の言動の意味などを考え、内容の理解に役立てること。

ウ　文章の構成や展開、②表現の仕方について、根拠を明確にして自分の考えをまとめること。
エ　文章に表れているものの見方や考え方について、知識や（　e　）と関連付けて自分の考えをもつこと。
オ　多様な方法で選んだ本や文章などから適切な情報を得て、自分の考えをまとめること。

(一)　a～eにあてはまる語句を次のあ～こから選び、その記号を書きなさい。
あ　効果　い　抽象　う　意味　え　文章　お　文脈　か　体験　き　論理
く　場面　け　理由　こ　段落

(二)　傍線部「本や文章などから必要な情報を集めるための方法」を身に付けるには、様々な資料の形式や特性を理解して、必要な部分に効率的に着目することが大切である。具体的な「資料の形式」として「新聞」を例に挙げ、その特徴を明らかにしながら、必要な部分に効率よく着目する方法を説明しなさい。

(三)　傍線部①「表現の特徴」と傍線部②「表現の仕方」の違いを明らかにして、〔第一学年〕のエと〔第二学年〕のウの指導事項の系統性について説明しなさい。

（☆☆☆◎◎◎）

【高等学校】

【一】次の文は、新高等学校学習指導要領（平成二十一年三月告示）「国語」の「各科目」の「国語総合」の「内容」の一部である。あとの(一)～(三)に答えなさい。

(1)　C　読むこと
次の事項について指導する。

ア　文章の内容や（　a　）に応じた（　b　）に注意して読むこと。
イ　文章の内容を（　c　）に即して的確に読み取ったり、必要に応じて要約や（　d　）をしたりすること。
ウ　文章に描かれた人物、情景、心情などを表現に即して読み味わうこと。
エ　文章の構成や展開を確かめ、内容や表現の仕方について評価したり、書き手の意図をとらえたりすること。
オ　（　e　）本や文章を読み、情報を得て用いたり、ものの見方、感じ方、考え方を豊かにしたりすること。

(2)　(1)に示す事項については、例えば、次のような言語活動を通して指導するものとする。
ア　文章を読んで脚本にしたり、古典を現代の物語に書き換えたりすること。
イ　文字、音声、画像などのメディアによって表現された情報を、課題に応じて読み取り、取捨選択してまとめること。
ウ　現代の社会生活で必要とされている実用的な文章を読んで内容を理解し、自分の考えをもって話し合うこと。
エ　様々な文章を読み比べ、内容や表現の仕方について、感想を述べたり批評する文章を書いたりすること。

(一)　a～eにあてはまる語句を次のあ～こから選び、その記号を書きなさい。
あ　語句の使い方　い　形態　う　目的　え　表現の特色　お　詳述　か　目的に応じて
き　描写　く　叙述　け　幅広く　こ　紹介

(二)　(1)のエにおいて、「書き手の意図をとらえ」るとはどういうことか、「段落」、「書き手」、「思考」の三語を用いて説明しなさい。

(三)　(2)のエとして、「枕草子」と別の文章を読み比べて、内容や表現の仕方について批評する言語活動を取り上げることにした。「読み比べる文章」、「批評する視点」を具体的に考えて書きなさい。

(☆☆☆◎◎◎)

解答・解説

【中高共通】

【一】(一)　a　習熟　b　隆盛　c　過言　d　駆使　e　至難　f　曇　(二)　部分

(三)　B　エ　C　ア　(四)　番号…④　説明…④は形容動詞の活用語尾で、ほかは断定の助動詞。

(五)　英語と日本語を比較して語順の違いに注目し、語順入れ換えについての一定の規則としての英文解釈法をつくることによって翻訳が行われた。　(六)　先入観にとらわれず、ほかのものと比較できることで新しい発見が可能になる点。　(七)　言葉と事物の関係が絶対的なものではなくて、任意なものであることは、母国語だけしか知らない場合には意識されず、外国語を通じて見えてくるものだから。　(八)　外国語の学習は、単に言葉を使うだけではなく、言語や文化を比較して、母国語では意識されない問題に気づくとともに、新たな発見を可能にするという点で有意義なものである。

〈解説〉(五) 本文「明治のはじめ」から始まる段落に、「語順の大きく異なる英語を日本語で…両言語の比較にもとづいて生まれたメタ・ラングである」とあることから、比較を行い、一定の規則としての英文解釈法をつくることによって、翻訳が行われていたことがわかる。 (六) 傍線部いの後の文に「すぐれた観察や発見をすることがすくなくない。……ほかとの比較ができるからである。」とある。この文は旅行者についての文で、「旅行者の目がクモっていないから」とは、先入観にとらわれていないことを示しており、また他との比較をすることで新たな発見があるということを述べている。そして、あとに続く文には「それと同じように、外国語学習者も…」とあり、先に述べた部分が同じような点が指摘されていることがわかる。 (七) 傍線部うの後の文に「外国語を通じて、それをいわば斜めから見ると、……見せるようになったりする。」とあるので、ここを参考に説明するとよい。 (八) 本文には、言語や文化を比較すること、また(六)の解説のように、母国語でないからこそ先入観にとらわれることがなく、新たな発見を可能にするということが述べられている。

【二】(一) aの「候は」は、「あり」の丁寧語の(本)動詞で、bの「候ふ」は動詞本来の意味を失って、上の動詞に丁寧の意を添える補助動詞である。 (二) 説明…この口語訳は、「悩まさん」の「ん」を、意志ではなく、現代語の助動詞と同じ打消しの意味で訳していることと、「思ふ」の尊敬語「思しめす」と「御心」という尊敬表現を適切に訳していない点が誤りである。 口語訳…人を悩まそうとお思いになるお心はなくても。

(三) 鎌倉の大臣殿が、自分の考えに固執することなく、人々の願いを思いはかって上洛を取りやめたこと。

(四) 賢臣がいるから文王は賢王であるという郭課の言葉で、自分を諫める賢臣として仁佐が必要だと気付いたから。 (五) どちらの文章も、臣下の者が主君に「賢王」としての在り方を婉曲的に示し、それによって主君は、自分の行いを改めている。

「賢臣」は、主君をうまく立てながらも、自らの考えをしっかりと伝えていることが大切であり、また、「賢王」は、臣下の者を信頼し、その思いや言葉を受け止め、良い王であろうとすることが大切である。
〈解説〉㈡　本文冒頭の「鎌倉の大臣殿」が傍線部いの主語である。また、「天竺に師子と申す獣は、……争か候はざらん」とあり、「御京上は留まりぬ」とあることから、自分の考えを貫くのではなく、人々の願いを思いはかって上洛することをやめたことがわかる。㈣　傍線部うの言葉から、文王は賢臣の必要性を感じた。そして本文の「天の与ふる位を受くるこそ賢とは申せ、威を以て位に居給ふ、これ賢王の儀に非ず」という部分が、仁佐が文王を諫めている部分であることから、自分にとって仁佐が必要だと思い召し返した。

【三】㈠　a　いえども　b　また　c　かつ　d　やすし　㈡　読み方…しょうじん　意味…徳のない、つまらない人間　㈢　以て恥を雪ぐべからず。　㈣　桓公の行為は本来、冠を落としたことを待ってすべきことではなく、むしろ、今まで正しいことをやらずにいた恥を、徳のある人に対して示すことになるということ。　㈤　政治は法治主義に立って行うべきであり、功績のない者を賞し、罪人を処罰しないというやり方では民に対し公平性が保てないから。　㈥　どうして恥をぬぐい去ることができるだろうか、いやできはしない。
〈解説〉㈣　「恥」の内容とは、冠を落としたことをきっかけとしてすべきことではなく、正当になすべきことをせずにいたということ自体が恥である、というものである。これは、本文の「桓公宿義、須遺冠而後行之、」を訳すと、「正当に為すべきことをせずにいて、酔って冠を落としたのを機会として、」となることからわかる。
㈤　傍線部エの直前の一文(「夫賞無功……而易為非。」)を訳すと、「功のない人を賞すれば、民はもうけ物を上に期待し、罪ある人を重く罰せねば、民は罰に懲りずにまた悪事をなし易いであろう。」となるので、ここを参考に説明するとよい。　(六)「安」は「いづクンゾ…[セ]ン(ヤ)」と読み、「どうして…か。いや、…ない」と訳す。

【中学校】

【一】(一)　a　お　b　く　c　い　d　あ　e　か　(二)「新聞」は、社会や地域の報道・解説・論評を、すばやく広く伝えるためのものである。読み手は、目的や状況に応じて、必要な(あるいは興味のある)内容を選択して読むことが大切である。そのために、「紙面の構成」の知識をもとに、どの紙面や部分にどのような種類の内容が書かれているかを理解し、「見出し」や「リード」に着目して、おおよその文章の内容を把握することで、効率よく情報を集めることができる。　(三)「表現の特徴」とは、文章の種類や形態による叙述の特徴などのことである。第1学年では、本や文章などの内容や形態に応じて読むことができるように指導する。それに対して、「表現の仕方」とは、書き手の目的や意図による文章の表現の違いを表す。第2学年では、文章における表現の仕方と書き手の意図との関連を考えさせ、そのような表現をした書き手の目的や意図を考えたり、その効果について考えたりすることを指導する。

〈解説〉(二)　新聞の特徴は、社会や地域の報道、解説、論評をすばやく広く伝えるという点である。またそのために、「見出し」や「リード」は内容を簡潔に示したものになっているので、ここに着目することで効率よく情報収集できる。　(三)　中学校学習指導要領解説国語編の第3章第1節のC(2)①「エ・オ　自分の考えの形式に関する指導事項」では、表現の特徴として、説明、評論、物語、詩歌等、文章の種類による叙述の特徴、手紙や案内等の様々な形態の文章について取り上げること。ここで、文章の構成や展開、表現の特徴をとらえ、それに関する「自分の考えをもつ」ことに指導の重点を置く。「自分の考えをもつ」とは、文章についての印象をもつに留まらず、さまざまな形態の文章の構成や展開、表現の特徴を分析的にとらえ、その工夫や効果について自分の考えをもつこと、と示している。また第2節の同様の箇所では表現の仕方は、叙述にかかわる表現全般のことを指し、文章の構成や展開、表現の仕方について「自分の考えをまとめる」際には、「根拠を明確に」することを重視する。その際、書き手の意図との関連を考えさせることが重要であり、文章構成や展開、表現の仕方について分析するだけでなく、そのような表現をした書き手の目的や意図を考えたり、その効果について考えたりすることを指導するといったことが示されている。以上を簡潔にまとめて説明するとよい。

【高等学校】

【一】㈠　a　い　b　え　c　く　d　お　e　け　㈡　文章のそれぞれの段落のはたらきを確かめたり、段落相互の関係を読み取ったりすることで、文章に表れている書き手の思考の流れに目を向け、書き手の考えの強調点を読み取り、なぜこの文章を書いたのか、なぜこのように書いたのかということまで読むこと。　㈢　古典の随筆「枕草子」と現代の女性が書いた随筆を読み比べる。そして、内容としては、現代の女性とのものの見方の共通点や相違点について、また表現の仕方についいては、文章の形態や文体、語句の使い方、描写の仕方や比喩をはじめとした表現の技法などについて、その特色や価値などを論じたり、評価したりする文章を書く。

〈解説〉㈡　高等学校学習指導要領解説国語編の第2章第1節の3C(1)のエでは、「書き手の意図をとらえることについて、それぞれの段落のはたらきを確かめたり、段落相互の関係を読み取ったりすることで、文章に表れている書き手の思考の流れに目を向け、書き手の考えの強調点を読み取り、なぜこの文章を書いたのか、なぜこのように書いたのかということにまで迫ること」と示している。　㈢　高等学校学習指導要領解説国語編の第2章第1節の3C(2)のエでは「様々な文章を読み比べ」ることについて、「古典や近代以降の文章を問わず、また、文学的な文章、論理的な文章、実用的な文章を問わず、多種多様な文章を読み比べること。

その際、それらの文章を時代を超えた一続きの言語文化としてとらえ、古典で描かれた話が近代以降の文章にどのように描き直されているのか、対象は同じでも時を経てどのようにとらえ方や描かれ方が変化していったのか、また、和歌(短歌)や俳句のように同じ形式をとりながら近世までと近代以降とでどのように異なるのかなど、視点を定めて読み比べることが大切である」とある。

二〇一二年度　実施問題

【中高共通】

【一】次の文章を読み、(一)〜(八)に答えなさい。

［いま、僕たちの乗った汽車の走っている、この木曾《きそ》の谷の向うには、すっかり春めいた、明かるい空がひろがっているか、それとも、うっとうしいような雨空か、僕はときどきそれが気になりでもするように、窓に顔をくっつけるようにしながら、谷の上方を見あげてみたが、山山にさえぎられた①セマい空じゅう、どこからともなく飛んできてはさかんに舞い狂っている無数の雪のほかにはなんにも見えない。そんな雪の狂舞のなかを、さっきからときおり出しぬけにぱあっと薄日がさして来だしているのである。それだけでは、いかにもたよりなげな日ざしの工合《ぐあい》だが、ことによるとこの雪国のそとに出たら、うららかな春の空がそこに待ちかまえていそうなあんばいにも見える。……］

僕のすぐ隣りの席にいるのは、このへんのものらしい中年の夫婦づれで、問屋の主人かなんぞらしい男が何か小声でいうと、首に白いものを巻いた病身らしい女もおなじ位の小声で相槌を打っている。べつに僕たちに気がねをしてそんな話し方をしているような様子でもない。それはちっともこちらの気にならない。ただ、どうも気になるのは、一番向うの席にいろんな恰好をしながら寝そべっていた冬外套の男が、ときどきおもい出したように起き上っては、床のうえでひとしきり足を踏み鳴らす②クセのあることだった。それがはじまると、その隣りの席で向うむきになって自分の外套で脚をつつみながら本をよんでいた妻が僕のほうをふり向いては、ちょっと顔をしかめて見せた。

そんなふうで、三つ四つ小さな駅を過ぎる間、僕はあいかわらず一人だけ、木曾川に沿った窓ぎわを離れずにいたが、そのうちだんだんそんな雪もあるかないか位にしかちらつかなくなり出してきたのを、なんだか残り③オしそうに見やっていた。もう木曾路ともお別れだ。気《あ》まぐれな雪よ、旅びとの去ったあとも、もうすこし木曾の山山にふっておれ。もうすこしの間でいい、旅びとがおまえの雪のふっている姿をどこか平原の一角から振りかえってしみじみと見入ることができるまで。――

そんな考えに自分が（　A　）なっているときだった。ひょいとしたはずみで、僕は隣りの夫婦づれの低い話声を耳に挿《は》さんだ。

「いま、向うの山に白い花がさいていたぞ。なんの花けぇ？」

「あれは辛夷《こぶし》の花だで。」

僕はそれを聞くと、いそいで振りかえって、身体をのり出すようにしながら、そちらがわの山の端にその辛夷の白い花らしいものを見つけようとした。いまその夫婦たちの見た、それとおなじものでなくとも、そこいらの山には他にも辛夷の花さいた木が見られはすまいかとおもったのである。だが、それまで一人でぼんやりと自分の窓にもたれていた僕が急にそんな風にきょときょととそこいらを見まわし出したので、隣りの夫婦のほうでも何事かといったような顔つきで僕のほうを見はじめた。僕はどうもてれくさくなって、それをしおに、ちょうど僕とは筋向いになった座席であいかわらず熱心に本を読みつづけている妻のほうへ立ってゆきながら、「い せっかく旅に出てきたのに本ばかり読んでいる奴もないもんだ。たまには山の景色でも見ろよ。……」

そう言いながら、向いあいに腰かけて、そちらがわの窓のそとへじっと目をそそぎ出した。

「だって、わたしなぞは、旅先きでででもなければ本もゆっくり読めないいんですもの。」妻はいかにも不満そうな顔をして僕のほうを見た。

「ふん、そうかな」ほんとうを云うと、僕はそんなことには何も苦情をいうつもりはなかった。ただほんのちょっとだけでもいい、そういう妻の注意を窓のそとに向けさせて、自分と一しょになって、そこいらの山の端にまっしろな花を簇《むら》がらせている辛夷の木を一二本見つけて、旅のあわれを味《あじわ》ってみたかったのである。

そこで、僕はそういう妻の返事には④イッコウとりあわずに、ただ、すこし声を低くして言った。

「むこうの山に辛夷の花がさいているとさ。ちょっと見たいものだね。」

「あら、あれをごらんにならなかったの。」妻はいかにも（　B　）しようがないように僕の顔を見つめた。

「あんなにいくつも咲いていたのに。……」

「嘘をいえ。」こんどは僕がいかにも不平そうな顔をした。

「わたしなんぞは、いくら本を読んでいたって、いま、どんな景色で、どんな花がさいているかぐらいはちゃんと知っていてよ。……」

「何、まぐれあたりに見えたのさ。僕はずっと木曾川の方ばかり見ていたんだもの。川の方には……」

「ほら、あそこに一本。」妻が急に僕をさえぎって山のほうを指した。

「どこに？」僕はしかし其処には、そう言われてみて、やっと何か白っぽいものを、ちらりと認めたような気がしただけだった。

「いまのが辛夷の花かなあ？」僕はうつけたように答えた。

「しようのない方ねえ。」妻はなんだかすっかり得意そうだった。「いいわ。また、すぐ見つけてあげるわ。」

が、もうその花さいた木木はなかなか見あたらないらしかった。僕たちがそうやって窓に顔を一しょにくっつけて眺めていると、目《ま》なかいの、まだ枯れ枯れとした、春あさい山を背景にして、まだ、どこからともなく雪のとばっちりのようなものがちらちらと舞っているのが見えていた。

僕はもう⑤カンネンして、しばらくじっと目をあわせていた。とうとうこの目で見られなかった、雪国の春にまっさきに咲くというその辛夷の花が、いま、どこぞの山の端にくっきりと立っている姿を、ただ、心のうちに浮べてみていた。そのまっしろい花からは、いましがたの雪が解けながら、その花の雫のようにぽたぽたと落ちているにちがいなかった。……

（堀 辰雄「信濃路」より）

（注）○辛夷……モクレン科の落葉高木。早春、葉に先だって芳香ある白色の大花を開く。

（一） 傍線部①～⑤のカタカナを漢字で書きなさい。

（二）［　］の部分を要約し、次の「僕のすぐ隣りの席にいるのは、……」の段落から文章を読み始められるようなリード(前書き)として、六十字以内で書きなさい。その際、季節、場所、主要な登場人物、情景がわかるようにまとめなさい。

（三） 傍線部　あ「気まぐれな雪」とあるが、これは雪がどのように降る様子をたとえたものか、簡潔に書きなさい。

（四） Aにあてはまる語句を文章中から探し、七字で書き抜きなさい。また、ここでの意味を簡潔に書きなさい。

（五） 傍線部　い「せっかく旅に出てきたのに本ばかり読んでいる奴もないもんだ。たまには山の景色でも見ろよ。……」と「僕」が言った理由を、文脈に即して二つ書きなさい。

（六） Bに入る語として最も適切なものを次のア～エから選び、その記号を書きなさい。

［ア　まどろこしくって　　イ　うれしくって　　ウ　いじらしくって　　エ　くやしくって　］

（七） 最後の段落の「辛夷の花」の描写について、その意味や効果を分析し、批評する文章を一〇〇字以内で書きなさい。

（八）この文章の主題を考え、「旅のあわれ」、「夫婦」の二つの語句を用いてまとめなさい。
（☆☆☆☆◎◎◎◎）

【二】

次の文章を読み、(一)～(五)に答えなさい。

今は昔、川原の院は、融《とほる》の左大臣《さだいじん》の造りて住み給ひける家なり。陸奥の国の塩竈《しほがま》の形を造りて、潮《うしほ》の水を汲み入れて、池に湛へたりけり。様々にめでたくをかしき事の限りを造りて住み給ひけるを、その大臣《おとど》失せて後は、その子孫にてありける人の、宇陀《うた》の院にあ奉りたりけるなり。然《しか》れば、宇陀の院、その川原の院に住ませ給ひける時に、醍醐《だいご》の天皇は御子《みこ》におはしませば度々行幸ありてめでたかりけり。

さて院の住ませ給ひける時に、夜半ばかりに、西の台の塗籠《ぬりごめ》を開けて、人のそよめきて参る気色のありければ、院見遣《や》らせ給ひけるに、日の装束《しやうぞく》いうるはしくしたる人の大刀《たち》帯《は》きて笏《しやく》取り、かしこまりて、二間《にけん》ばかり去《の》きて居たりけるを、院、「彼は何《な》に人ぞ」と問はせ給ひければ、「この家の主に候ふ翁なり」と申しければ、院、「融の大臣か」と問はせ給ひければ、「さに候ふ」と申すに、院、「それは何ぞ」と問はせ給へば、「家に候へば住み候ふに、かくおはしませば、かたじけなく所せく思ひえ給ふるなり。いかが仕るべき」と申せば、院、「それはいと異様の事なり。我《わ》れはう人の家をやは押し取りて居たる。大臣の子孫のお得させたればこそ住め。ものの霊なりといへども、か事の理をも知らず、いかでかくはいふぞ」と高やかに仰せ給ひければ、霊かき消つ様に失せにけり。その後また現はるる事無かりけり。

きその時の人、この事を聞きて、院をぞかたじけなく申しける、「なほただ人には似させ給はざりけり。この大臣の霊に合ひてかやうにすくやかに異人《ことひと》はえ答へじかし」とぞいひける、となむ語り伝へたるとや。

（「今昔物語集」より）

(注) ○西の台……寝殿の西にある対の屋。
○塗籠……寝殿造りで四方を壁で塗りこめた小部屋。
○日の装束……束帯。当時の貴族の正装。
○二間……約三・六メートル

(一) 傍線部　あ「奉りたりけるなり」、傍線部　い「うるはしくしたる」、傍線部　う「人の家をやは押し取りて居たる」をそれぞれ口語訳しなさい。

(二) 傍線部　え「給ふる」は誰への敬意を表す敬語か、本文中の人物名で書きなさい。

(三) 傍線部　お「得させたれ」を品詞分解した、「得」、「させ」、「たれ」について、次の①、②に答えなさい。

①「得」を例にならって、文法的に説明しなさい。(例)(「造り」ラ行四段活用の動詞「造る」の連用形)

②「させ」、「たれ」を例にならって、それぞれ文法的に説明しなさい。(例)(「ける」過去の助動詞「けり」の連体形)

(四) 傍線部　か「事の理をも知らず、いかでかくはいふぞ」とあるが、宇陀の院はなぜこのように述べたのか、本文中の融の左大臣の霊の言動をふまえて、具体的に説明しなさい。

(五) 傍線部　き「その時の人、この事を聞きて、院をぞかたじけなく申しける」とあるが、本文の文章の展開から読み取ることができる宇陀の院の人物像を五十字以内で具体的に説明しなさい。

(☆☆☆◎◎◎◎)

【三】次の漢詩を読み、(一)〜(五)に答えなさい。なお、設問の都合により訓点を一部省いてある。

江楼夕望招クレ客ヲ　白居易

海天東ニ望メバ夕ベ茫茫タリ
山勢川形潤クシテ あ復長シ
灯火万家城ノ四畔
星河一道水ノ中央
風吹ケバ二古木ヲ一晴天ノ雨
月照ラセバ二平沙ヲ一夏夜ノ □
い能就キテ二江楼ニ一銷センヤレ暑ヲ否 う
比スレバ二君ガ茅舎ニ一校清涼

（「白氏文集」より）

（注）○江楼……湖に臨む楼閣。
○海天……湖と空。

○茫茫……広々としてはてしないさま。
○山勢川形……「山川の形勢」に同じ。
○濶……広々としていること。
○城四畔……街のすみずみまで。
○銷暑……「消暑」と同じで、暑気払いをすること。
○茅舎……かやぶきのあばらや。
○校……かなり。

(一) この漢詩の形式を漢字四字で書きなさい。
(二) 傍線部　あ「復」、傍線部　い「能」、傍線部　う「否」の読み方を、送り仮名を補って平仮名で書きなさい。
(三) 第四句「星河一道水中央」を、どのような光景を表したものかがわかるように口語訳しなさい。
(四) 第五句「風吹古木晴天雨」を、「雨」が何を表しているかがわかるように口語訳しなさい。
(五) 第六句「月照平沙夏夜□」について、次の①、②に答えなさい。
① □に入る漢字一字を、次のア～エから選び、記号を書きなさい。
[ア　霜　　イ　干　　ウ　光　　エ　雪]
② ①で選んだ漢字が入る理由を、漢詩の基本的なきまりをふまえて、具体的に説明しなさい。

(☆☆☆◎◎◎)

【中学校】

【一】次の文は、新中学校学習指導要領「国語」の「各学年の目標及び内容」の「第3学年」に示されている、「〔伝統的な言語文化と国語の特質に関する事項〕」の内容である。あとの(一)〜(三)に答えなさい。

(1)「A話すこと・聞くこと」、「B書くこと」及び「C読むこと」の指導を通して、次の事項について指導する。

ア　伝統的な言語文化に関する事項

(ア)（　a　）などに注意して古典を読み、その世界に親しむこと。

(イ)古典の一節を引用するなどして、古典に関する簡単な文章を書くこと。

イ　言葉の特徴やきまりに関する事項

(ア)時間の経過による言葉の変化や（　b　）による言葉の違いを理解するとともに、（　c　）を社会生活の中で適切に使うこと。

(イ)慣用句・四字熟語などに関する知識を広げ、和語・漢語・外来語などの使い分けに注意し、語感を磨き語彙を豊かにすること。

ウ　漢字に関する事項

(ア)第2学年までに学習した（　d　）に加え、その他の（　d　）の大体を読むこと。

(イ)（　e　）について、文や文章の中で使い慣れること。

(2)書写に関する次の事項について指導する。

ア　身の回りの多様な文字に関心をもち、効果的に文字を書くこと。

(一)　a～eにあてはまる語句を次のあ～こから選び、その記号を書きなさい。

あ　当用漢字　　い　学年別漢字配当表に示されている漢字　　う　常用漢字
え　歴史的仮名遣い　　お　歴史的背景　　か　敬語
き　共通語　　く　方言　　け　地域
こ　世代

(二)　(1)のアの(イ)「古典の一節を引用するなどして、古典に関する簡単な文章を書くこと。」とあるが、この事項について指導する具体的な学習活動の例を考え、「引用する古典」、「書く文章の種類」、「文章を書く目的」を明らかにして書きなさい。

(三)　(2)のア「身の回りの多様な文字に関心をもち、効果的に文字を書くこと。」という事項について、どのようなことを指導すればよいか。「身の回りの多様な文字」として「学級の掲示物」を例に挙げながら、具体的に説明しなさい。

(☆☆☆◎◎◎)

【高等学校】

【一】次の文は、新高等学校学習指導要領「国語」の「各科目」の「国語総合」の「内容」の一部である。あとの(一)、(二)に答えなさい。

B　書くこと

(1)　次の事項について指導する。

ア　相手や(　a　)に応じて題材を選び、文章の形態や文体、語句などを工夫して書くこと。

イ　(　b　)の構成や展開を工夫し、(　c　)に基づいて自分の考えを文章にまとめること。

ウ　対象を的確に説明したり描写したりするなど、適切な表現の仕方を考えて書くこと。

エ　優れた表現に接してその条件を考えたり、書いた文章について(　d　)評価や相互評価を行ったりして、自分の表現に役立てるとともに、ものの見方、感じ方、考え方を豊かにすること。

(2)　(1)に示す事項については、例えば、次のような(　e　)を通して指導するものとする。

ア　情景や心情の描写を取り入れて、詩歌をつくったり随筆などを書いたりすること。

イ　出典を明示して文章や図表などを引用し、説明や意見などを書くこと。

ウ　相手や(　a　)に応じた語句を用い、手紙や通知などを書くこと。

(一)　a～eにあてはまる語句を次のあ～こから選び、その記号を書きなさい。

あ　論理　い　基準　う　言語活動　え　筋道　お　相対
か　方法　き　目的　く　自己　け　論拠　こ　交流活動

(二) (2)のイ「出典を明示して文章や図表などを引用し、説明や意見などを書くこと。」とあるが、この事項について次のような指導計画をたて、授業で取り上げることにした。あとの①、②に答えなさい。

単　　元　意見文を書こう
単元の目標　新聞記事を引用して、自分の意見を書く
時　　間　4時間
指導計画　第1時　教科書の例文を読み、文章や図表などを引用して意見文を書くときの文章の構成や引用の仕方について確認する。
第2時　教師が示したいくつかの新聞記事の中から、興味をもった新聞記事を選ぶ。その内容について、自分の考えをまとめる。
第3時　選んだ新聞記事の文章や図表などを引用して、意見文を書く。
第4時　（　　　　　　　　　　　　　　　　）

① 第4時に(1)エの事項について相互評価を取り入れた授業を行いたい。具体的な学習活動を明らかにして第4時の指導計画を書きなさい。
② 第4時の中心となる評価の観点を明らかにして、具体的な評価規準と評価方法を書きなさい。また、その評価規準に照らして、それが実現していないと判断される生徒に対する指導の手だてを考えて書きなさい。

(☆☆☆◎◎◎◎)

解答・解説

【中高共通】

【二】(一) ①狭　②癖　③惜　④一向　⑤観念　(二) (例) 僕と妻は、木曾の谷を越える汽車に乗っている。春とはいえ無数の雪が狂舞するなかに、ときおり薄日がさす景色を、僕は見ていた。
(三) (例) ・吹雪からあるかないか位にちらつく程度になった雪が、変わりやすく予測が立たない様子。
・春だというのに、季節はずれの吹雪で、雪が舞い狂っている様子。　(四) うつけたように　意味…ぼんやりして　(五) (例) ・隣の夫婦の会話を聞いて急にそこいらを見回しだしたことを夫婦に見とがめられ、照れくさいのを隠すため。　・妻の注意を窓の外に向けさせて一緒に辛夷の木を見つけて、ともに旅のあわれを味わってみたかったから。　(六) イ　(七) (例) 辛夷の花は、春の象徴として「僕」の心の中に美しく結晶化されている。その花の白さは新しい季節の清らかさを、雪解けの雫は暖かさを感じさせ、妻とともに味わう春の旅のイメージを見事に描きだしている。　(八) (例) 辛夷の花を見つけられない「僕」と、見つけて得意げな妻とのやりとりをほのぼのとした雰囲気で描きながら、木曾路の春の美しい景色を眺めて旅のあわれを味わおうと寄り添い合う夫婦の姿を描き表している。

〈解説〉(二) 「僕」と一緒にいる人や、「僕」がしていることなどをまとめるとよい。　(三) 「どこからともなく飛んできてはさかんに舞い狂っている無数の雪」や、「そのうちだんだんそんな雪もあるかないか位にしかちらつかなくなり出してきた」という雪の様子を表現すればよい。　(四) 「うつけ」は、中がからっぽの意から「ぼんやりしていること。また、そのような人。」を意味する。　(五) 「それまで一人でぼんやり…僕はどうもてれくさくなって」や、「そういう妻の注意を窓のそと…味わってみたかったのである」という部分をもとに考える。 (六)「妻はなんだかすっかり得意そうだった」という部分から、妻の心情を推察する。 (七)「雪国の春にまっさきに咲くという…ぽたぽたと落ちているにちがいなかった」の部分を中心にしてまとめる。
(八) この文章の主題は、「夫婦」の辛夷の花をめぐるやりとりと、木曽路の景色についてである。

【二】(一) あ (例) 差し上げたのである い (例) きちんと着ている う (例) どうして人の家を奪い取って居座っていると言うのか、いやそんなことは言えない。 (二) 宇陀の院(院) (三) ① 得…ア行下二段活用の動詞「得」の未然形 ② させ…使役の助動詞「さす」の連用形 たれ…完了の助動詞「たり」の已然形 (四) (例) 川原の院という建物は宇陀の院が融の左大臣の子孫から譲り受けたものであるのに、融の左大臣が霊として現れ、宇陀の院がいると畏れおおく、気づまりだなどと恨みがましいことを言ったことに対して腹を立てたから。 (五) (例) 融左大臣の霊が現れても全く怖がらず、霊の言動の理不尽さに対して一喝し追い払う、豪胆さを持った人物。

〈解説〉(一) 傍線部 う「やは」は、ここでは反語をあらわす。 (二) 下二段活用の補助動詞「たまふ」は、聞き手にかしこまりの気持ちをあらわす謙譲語。 (四)「その子孫にてありける人の、宇陀の院に奉りたりけるなり。」という部分と、「かくおはしませば、かたじけなく所せく思ひ給ふるなり」の部分をまとめるとよい。
(五) 霊と院とのやりとりの部分から、霊が出ても動揺することなく、霊の理不尽な発言に対し一喝して追い払う院の言動をまとめるとよい。

【三】(一) 七言律詩 (二) あ また い よく う いなや (三) (例) 一筋の天の川が、湖面中央に反射して映っている。 (四) (例) 風が古木に吹くと、あたかも晴天に雨が降っているかのような音を立てる。　(五)　①　ア　②　(例)　七言詩では第一句と偶数句の末に押韻のきまりがあるために、「茫」、「長」、「央」、「涼」と同じ韻の、「ア　霜」か「ウ　光」が入る。また、律詩の第三句と第四句、第五句と第六句に対句を用いるというきまりから、「晴天雨」と対句になる形で□の漢字を考えなければならない。そこで、「晴れているのに雨」と対応するように「夏であるのに霜」が適切だと判断できる。よって答えは「ア　霜」である。

〈解説〉(一)　傍線部　あ「復」は「かさねて、ふたたび」の意がある。傍線部　い「能」は、一般的に動詞の前に置き、「よク」と訓読して動詞を修飾する働きがある。　(三)　空にある星の川が、湖面に映っている光景をあらわしていると考えられる。　(四)　音に注目する。風が古木に吹くことで、晴れているにもかかわらず、まるで雨が降っているかのような音がすることを表現していると考えられる。

【中学校】

【一】(一)　a　お　b　こ　c　か　d　う　e　い　(二)　(例)　百人一首の歌を引用して手紙を書く学習活動を行う。手紙を送る相手と状況を設定し、伝えたい気持ちを明らかにした上で、それにふさわしいと思う歌を百人一首から選んで引用し、その意味をふまえて効果的に気持ちを伝える手紙を書く。

(三)　(例)　学級の掲示物の目的や意図をふまえて、字形を正しく整える能力、配列などを整える能力、適切な書体を使い分ける能力、筆記具の選択について工夫する能力など、小学校からこれまでに身に付けてきた書写の能力を総合的に発揮させて書くことを指導する。

〈解説〉(一)　アについては古典作品の背景となる歴史的な状況、作者の当時の立場や置かれていた状況等を知り、作品の内容と関連させた指導を展開することによって、古典の世界をより実感的にとらえることができるようにする。　(三)　我が国の伝統的な文字文化や、これからの社会に役立つ様々な文字文化に関する認識やそれらに親しむ態度の育成をめざす事項が新設されている。これは、義務教育の最終段階にこの内容を設置することで、高等学校芸術科書道への発展性が意識化されている。

【高等学校】

【一】(一) a き b あ c け d く e う (二) ① (例) 同じ新聞記事を選んだ者同士でグループをつくり、グループ内で書いた意見文を交換して、意見が明確であるか、意見を支える根拠を新聞記事から引用しているかについて交流し、それをもとにして文章を推敲する。② (例) 書く能力について、完成した意見文の記述を分析し、引用が、伝えたい内容をより明確にする役割を果たしているかを評価する。また、それが実現していないと判断される生徒に対しては、何のために引用するのかを質問することで、引用した部分と自分の考えとの関係を明確にするよう個別に指導する。

〈解説〉「説明や意見などを書く」際には、事実や事柄と、自分の考えや意見とを明確に区別して書くことが求められる。このことは、小学校第5学年及び6学年の「B 書くこと」で取り上げ、以降継続して指導している。「優れた表現」の条件としては、文章の内容にかかわる個性的なものの見方や考え方、発想の豊かさや観察の鋭さ、構成や展開の着実さや意外性、表現意図の明確な文末表現、読み手を意識した適切な用語や引例などがあげられる。

二〇一一年度　実施問題

【中高共通】

【一】次の文章を読み、(一)〜(八)に答えなさい。

ゆとりという言葉がたとえば広告の文章などに見えかくれするようになってきたのは、ここ十年くらいの問のことだろうか。ゆとりを口にできるくらいに、日本人の生活にもゆとりが出てきたのは、私たちの勤勉のたまものだろう。四畳半ひと間に住んでいた人間が十二畳の居間のあるマンションに引っ①コせば、ゆとりができたと思っても無理はない。

だがそのマンションのローンが親子二代にわたることを思うと、せっかく②タイマイを投じて買った革ばりのカウチも、妙に座りごこちが悪くなってきはしまいか。あ目の前の空間のゆとりが、心の空間をひろびろとさせてくれるとは限らないのだ。ゆとりというここちよげな言葉に自分がだまされているのではないかと疑い始めると、③イッシュンにしてゆとりは失わaれてしまう。

心のゆとりを生むものはまず（　A　）的なゆとりだと言えば、おおかたの人はたしかにその通りと答えるだろう。けれどそう答えたあとで、どうもそれだけとは言えぬような気もすると我にもあらず考えてしまうのも、④ギゼンであると決めつけるわけにはいかぬ自然な心の動きかもしれない。

厳しい自然環境に生きるエスキモーの人々の話を読んだことがある。食物をもとめて⑤ヒョウゲンを移動していていよいよ食料が尽きたとき、エスキモーの老人はみずからその場に座りこみ、他の人々もまた老人を残して移動をつづけるという。ゆとりという言葉の入りこむ隙もない老人のそういう生きかた、あるいは死にかたに、かえってゆとりが感じbられるのは何故だろう。

財産を失うことを恐れる大金持ちと、何ひとつ所有せず道ばたに生きるものぐさ太郎と、そのいずれにゆとりがあるのかと問えば、⑥グンバイはものぐさ太郎に上がるだろうが、いざものぐさ太郎になってみよと言われれば人は誰でもためらう。今の世界が物と金で人をがんじがらめにした上でなければ、ゆとりという言葉を持ち出さないのは、欲に目がくらんだ人の弱みにつけこむのが商売の秘訣だと知っているからだろう。

ゆとりとはまず何よりも（　B　）のことである。ラッシュアワーの満員電車のように、心がぎゅうづめになっていてはゆとりはもてないだろう。心にぎゅうづめになっているものが何であるかは関係ない。それが欲であろうと、感情であろうと、思考であろうと、信仰であろうと、動かすことのできる（　B　）が残っていなければ、息がつまる。そして動かずにこり固まってしまうと心はいきいきしない、他の心と交流できない。

憎めない悪人というのがいる、反対にどうにも好きになれない正義の人というのもいる。私たちは少なくとも建前の上では、善悪正不正を判断の基準としがちだけれども、心というこのわけの分からないものは、ひとつやふたつの基準ではかれるものではないということもまた、私たちは誰に教わらずとも知っているらしい。抱く思想に関係なく私たちは狂信者にいおそけをふるう。

心を動かすことのできる空間、あるいは隙間、そこにはいったい何があるのだろう。せめぎあう感情や思考とからみあって、それらを生かす意識しがたい何かがある。それもまた感情や思考のひとつかもしれないが、それはともすれば固定されようとする感情や思考をほぐす働きをもつのではないだろうか。そして名づけることのむずかしいそれを、私たちはゆとりという仮の名で呼んでいる。

ゆとりは私たちの住む地球に対して、宇宙の真空にも似ていようか、それはまた私たちの生きる一生のつかの間に対して、永遠とも言えようか。自分を、自分の心を突き放し、相対化して見ることのできる視点、心の外のもうひとつの心。うユーモアと呼ばれる心の動きもまたそこに根を下ろしているように思われる。

もしそれこそがえほんとうのゆとりであるとすれば、そのゆとりは金や物の多少に関係がない、信心、不信心にも関係がない、思想のちがいにも、教育の高い低いにも関係がない。私たちが知らず知らずのうちに、ゆとりの有る無しで人を判断するとしたら、それは他の基準による判断よりもずっと深いものであり得る。その判断もまたゆとりあるものであってほしいけれども。

（谷川俊太郎「ひとり暮らし」より）

(注)　○カウチ……休息用の寝椅子。　○エスキモー……イヌイット(ここでは原典を尊重し、そのまま引用した。)

(一)　傍線部①〜⑥のカタカナを漢字で書きなさい。

(二)　傍線部あ「目の前の空間のゆとりが、心の空間をひろびうとさせてくれるとは限らないのだ」とあるが、その理由を説明しなさい。

(三)　傍線部a「れ」と傍線部b「られ」の働きの違いを文法的に説明しなさい。

(四)　A、Bに入る語として最も適切なものを次のア〜オから選び、その記号を書きなさい。

ア　精神　　イ　心理　　ウ　空間　　エ　思想　　オ　経済

(五)　傍線部い「おそけをふるう」について、最も近い意味を次のア〜エから選び、その記号を書きなさい。

ア　怒りをおぼえる　　イ　恐ろしさを感じる　　ウ　疑念をもつ　　エ　無関心を装う

(六)　傍線部う「ユーモアと呼ばれる心の動きもまたそこに根を下ろしている」とはどういうことか。五十字以内で書きなさい。

(七)　傍線部え「ほんとうのゆとり」とはどういうものか。先に述べられている「エスキモーの老人」の例を用いて、百字以内で説明しなさい。

(八)　詩人である谷川俊太郎が筆者であるということを踏まえて、この文章の表現上の特徴について、文章中から具体的な例を挙げて説明しなさい。

(☆☆☆◎◎◎◎)

【二】　次の文章を読み、(一)～(五)に答えなさい。

〈宰相中将(夕霧)は、いとこで幼馴染みの雲居雁と相思相愛の仲であったが、雲居雁の父親である内大臣に結婚を反対されていた。〉

ここらの a年ごろの思ひのしるしにや、かの大臣も、なごりなく思し弱りて、あはかなきついでの、わざとはなく、さすがにつきづきしからんを思すに、b四月朔日ごろ、御前の藤の花、いとおもしろう咲き乱れて、世の常の色ならず、ただに見過ぐさむこと惜しき盛りなるに、c遊びなどしたまひて、暮れゆくほどのいとど色まされるに、頭中将して御消息あり。「一日の花の蔭の対面の飽かずおぼえはべりしを、御暇あらば立ち寄りたまひなんや」とあり。御文には、

Aわが宿の藤の色こきたそかれに尋ねやはこぬ春のなごりを

げにいとおもしろき枝につけたまへり。待ちつけたまへるも、心ときめきせられて、かしこまりきこえたまふ。

Bなかなかに折りやまどはむ藤の花たそかれどきのたどたどしくは

と聞こえて、「口惜しくこそ臆しにけれ。とり直したまへよ」と聞こえたまふ。「御供にこそ」とのたまへば、「わづらはしき随身はいな」とて帰しつ。

大臣の御前に、かくなんとて御覧ぜさせたまふ。「思ふやうありていものしたまへるにやあらむ。さも進み

ものしたまはばこそは、過ぎにし方の孝なかりし恨みも解けめ」とのたまふ、御心おごり、こよなうねたげなり。「さしもはべらじ。対の前の藤、常よりもおもしろう咲きてはべるなるを、静かなるころほひなれば、遊びせんなどにやはべらん」と申したまふ。「わざと使《つかひ》さされたりけるを、早ううものしたまへ」とゆるしたまふ。いかならむと下には苦しうただならず。「d直衣こそあまり濃くて軽びためれ。非参議のほど、何となき若人こそ、二藍《ふたあゐ》はよけれ、ひきつくろはんや」とて、わが御料の心ことなるに、えならぬ御衣ども具して、御供に持たせて奉れたまふ。

（「源氏物語（藤裏葉）」より）

（注）○かの大臣……内大臣のこと。
○頭中将……柏木。内大臣の息子で雲居雁の兄。
○大臣……光源氏。夕霧の父親。
○過ぎにし方の孝なかりし恨み……以前、夕霧と雲居雁の養育方法のことで、大宮を内大臣が非難したことに対する光源氏の恨み

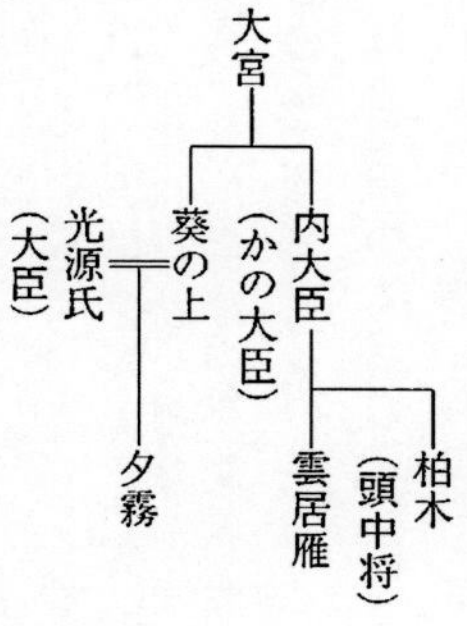

(一)　傍線部a「年ごろ」、c「遊び」の意味を書きなさい。
(二)　傍線部b「四月」、d「直衣」の読み方を、それぞれ現代仮名遣いで書きなさい。ただし、bは月の異

称とする。

(三) 傍線部あ「はかなきついでの、わざとはなく、さすがにつきづきしからんを思す」を、同格の「の」に注意して口語訳しなさい。

(四) 傍線部い「ものしたまへる」、う「ものしたまへ」について、「ものし」はどのような動詞の代わりに用いられているか。それぞれ現代語で終止形に直して書きなさい。

(五) 傍線部A「わが宿の藤の色こきたそかれに尋ねやはこぬ春のなごりを」、傍線部B「なかなかに折りやまどはむ藤の花たそかれどきのたどたどしくは」について、次の①、②に答えなさい。

① 「藤」は誰を暗示しているか。簡潔に書きなさい。

② ①を踏まえて、それぞれの短歌を解釈しなさい。

(☆☆☆☆◎◎◎◎)

【三】 次の文章は、孔子と弟子の顔回の問答の一節である。これを読み、(一)～(五)に答えなさい。なお、設問の都合により訓点を一部省いてある。また、旧字体は新字体に改めている。

孔子在《リ》レ衛《ニ》。昧旦晨《ニ》興《ク》。顔回侍《ス》レ側《ラニ》。聞《ク》二哭《スル》者之声あ甚哀《シキヲ》一。子曰《ク》、回、汝知《ル》二此《レ》何《ノ》所《ナルヲ》レ哭《スル》乎《ト》。対《ヘテ》曰《ク》、回い以《ヘラク》此《ノ》哭声《ハ》非《ズ》二但《ニ》為《ニスル》死者《ノ》而已《ニ》、又有《ル》二生離別一者也《ト》。子曰《ク》、う何《ヲ》以《テ》知《ルト》レ之《ヲ》。対《ヘテ》曰《ク》、回聞《ク》、桓山之鳥生《ム》二四子《ヲ》一焉。羽翼既《ニ》成《リ》、将《ニ》レ分《カレント》二于四海《ニ》一。其《ノ》母悲鳴《シテ》而送《ルト》レ之《ヲ》。哀声有《リ》レ似《タル》二於此《ニ》一。謂《ナリ》二其《ノ》往《キテ》而不《ルガ》レ

返《ラ》也。回（え）窃以《テ》二音《ノ》類《スルヲ》一而知《ルト》レ之《ヲ》。（お）孔子使人問哭者。（か）果曰《ク》、夫死《シ》家貧《シ》。売《リ》レ
子《ヲ》以《テ》葬《リ》、（き）与レ之長《ク》決《レントス》。子曰《ク》、（く）回也善《シト》二於識《ルニ》レ音《ヲ》一矣。

（「孔子家語」より）

（注）
○衛…国名　○昧旦・晨…ともに早朝の意　○哭…大声で泣き悲しむ　○生離別…生き別れ
○桓山…山東省の山の名　○生四子…四羽のひな鳥を育てる。「生」は育てる意
○謂…ため(為)と訓《よ》む　○長決…とわの別れ　○識者…音を聞き分ける

(一)　傍線部あ「甚」、え「窃」、か「果」、き「与」の読み方を、送り仮名も含めて現代仮名遣いで書きなさい。
(二)　傍線部い「回以此哭声非但為死者而已」について返り点を施しなさい。
(三)　傍線部う「何以知之」について口語訳しなさい。
(四)　傍線部お「孔子使人問哭者」は「孔子は関する者の所へ人をやって、訳を尋ねさせた」と解釈できるが、この一文を書き下し文にしなさい。
(五)　傍線部く「回也善於識音矣」は孔子が顔回を評した言葉であるが、顔回はどのような点がすぐれていたのか。本文の内容に即して六十字以内で説明しなさい。

（☆☆☆◎◎◎）

【中学校】

【一】次の文は、新中学校学習指導要領「国語」の「各学年の目標及び内容」の「第一学年」の「内容」の「話すこと・聞くこと」である。あとの(一)〜(三)に答えなさい。

(1) 話すこと・聞くことの能力を育成するため、次の事項について指導する。

ア 日常生活の中から話題を決め、話したり話し合ったりするための材料を（ a ）を通して集め整理すること。

イ 全体と部分、（ b ）と意見との関係に注意して話を構成し、相手の（ c ）を踏まえながら話すこと。

ウ 話す速度や音量、言葉の調子や間の取り方、相手に分かりやすい語句の選択、相手や場に応じた言葉遣いなどについての（ d ）を生かして話すこと。

エ 必要に応じて（ e ）しながら聞き取り、自分の考えとの共通点や相違点を整理すること。

オ 話合いの話題や方向をとらえて的確に話したり、相手の発言を注意して聞いたりして、自分の考えをまとめること。

(2) (1)に示す事項については、例えば、次のような言語活動を通して指導するものとする。

ア 日常生活の中の話題について報告や紹介をしたり、それらを聞いて質問や助言をしたりすること。

イ 日常生活の中の話題について対話や討論などを行うこと。

(一) a〜eにあてはまる語句を次のあ〜こから選び、その記号を答えなさい。

あ 立場　い 技能　う 事実　え 人との交流　お 知識
か 質問　き 感想　く 反応　け メモ　こ 図書館やインターネット

(二)　(2)のイの「討論」を授業で取り上げることにした。「話題」、「討論の形式と方法」を明らかにして、具体的な言語活動を考えて書きなさい。

(三)　各領域において、(2)のように具体的に言語活動が例示されたことには、どのような意味があるか。新中学校学習指導要領における国語科改訂の要点を踏まえて説明しなさい。

(☆☆☆◎◎◎)

【高等学校】

【一】次の(一)、(二)に答えなさい。

(一)　次の文は、現行の高等学校学習指導要領「国語」の「各科目」の「現代文」の「内容の取扱い」の一部である。a～gにあてはまる語句をあとのあ～せから選び、その記号を書きなさい。

(1)　話すこと・聞くこと及び書くことの言語活動を(　a　)に取り入れるようにする。

(2)　生徒の読書意欲を喚起し、(　b　)を高めるよう配慮するものとする。

(3)　近代の文章や文学の変遷については、文章を読むための参考になる程度とする。

(4)　指導に当たっては、例えば次のような言語活動を通して行うようにする。

ア　論理的な文章を読んで、書き手の考えやその(　c　)の仕方などについて意見を書くこと。

イ　文学的な文章を読んで、人物の生き方やその(　d　)の仕方などについて話し合うこと。

ウ　文章の理解を深め、興味・関心を広げるために、関連する文章を読んだり(　e　)な活動を行ったりすること。

エ　自分で設定した課題を(　f　)し、その成果を発表したり報告書などにまとめたりすること。

(5) 教材は、近代以降の様々な種類の文章とする。その際、現代の社会生活で必要となる(　g　)な文章も取り上げるようにする。なお、翻訳の文章や近代以降の文語文も含めることができる。

あ　活用　　い　探究　　う　展開　　え　理解　　お　表現

か　構成　　き　感じ方　く　実用的　け　積極的　こ　効果的

さ　想像的　し　創作的　す　読解力　せ　読書力

(二)「現代文」で、次のような指導計画をたてて、授業を行うこととした。①、②に答えなさい。

単　　元　詩―「永訣の朝」(宮澤賢治)

単元の目標　作品(詩)の鑑賞を通して、言葉に対する感受性を磨く

配当時間　2時間

指導計画　第1時　方言の効果などに注意しながら、詩の情景や心情を読み取り、ワークシートにまとめる。

　　　　　第2時(　　　)

① どのような言語活動を行うかを示して、第2時の指導計画を簡潔に書きなさい。

② 第2時の中心となる評価の観点を明らかにして、評価規準と評価方法を書きなさい。

(☆☆☆◎◎◎)

解答・解説

【中高共通】

【一】㈠ ①越　②大枚　③一瞬　④偽善　⑤氷原　⑥軍配　㈡ (例) 広いマンションに引っ越して空間的にはゆとりがあるにしても、そのローンがずっと続くことで精神的にはゆったりとできないから。　㈢ aの「れ」は受け身、bの「られ」は自発の働きをする助動詞である。　㈣ A オ　B ウ　㈤ イ　㈥ (例) ユーモアは、自分の状況や感情を相対化して客観的に判断する心のゆとりから生まれるものだということ。　㈦ (例) 食料が尽きたとき、生きたいという感情にとらわれず、自分の心を突き放して座りこむという行動をとる「エスキモーの老人」のように、真のゆとりとは、固定された感情や思考にとらわれない心の柔軟さのことである。　㈧ (例)「ラッシュアワーの満員電車のように、心がぎゅうぎゅうづめになっていてはゆとりはもてないだろう」や、「ゆとりは私たちの住む地球に対して、宇宙の真空にも似ていようか」などのように、たとえを用い、婉曲的な表現を多用していること。

〈解説〉㈠ ②「大枚」は多くの金額。たくさんのお金という意味。⑤は聞きなれない言葉ではあるが、エスキモーの話題から漢字を類推することは可能であろう。⑥「軍配」はやや難しいが書けない漢字ではない。間違えないようにしたい。　㈡ ここは、第二段落の始めの部分、マンションのローンのことを思い出すと「大枚を投じて買った革のカウチも、妙に座りごこちが悪くなってきはしまいか」を受けて、四畳半から十二畳の居間に引っ越し空間的なゆとりは出たとしても、その空間的なゆとりは必ずしも経済的な心のゆとりにはつながらないということを言わんとしているのである。よって、その点を考慮に入れて、解答のようにまとめる。　㈢ 助動詞「る」「らる」の用法は、自発、受け身、可能、尊敬の四種。aは、「ゆとりは失われてしまう」とあり、「～される」という意味なので、受け身。bは、「感じられる」で、「感じることができる」と言い換え可能なので、可能の用法で使われている。助動詞「る」「らる」の識別は、高校入試でも頻出のため、しっかりと押さえておきたい。その他よく出る助動詞や助詞の識別も押さえておきたい。(四) Aには、第一段落の四畳半から十二畳のリビング付きのマンションに引っ越したという一文、それから、設問(二)にあるような空間的なゆとりはあっても、経済的なゆとりのなさを感じることで、ゆとりの気持ちが失われるという一文を踏まえて、オの経済が入れる。Bについては、ラッシュアワーの例や二つ目のBの空欄の前後、「動かすことのできる(B)が残っていなければ」ということを考慮に入れて、ウの空間が入る。(五)「おぞけをふるう」は漢字にすると、「怖気をふるう」となり怖れる心という意味。たとえ知らなくても、前後の文脈から判断して選択肢から、「イ　恐ろしさを感じる」は選べる。(六)「ユーモアと呼ばれる心の動きもまたそこに根を下ろしている」に「もまた」とあることから、前文の「自分を、自分の心を突き放し、相対化して見ることのできる視点、心の外のもうひとつの心」を受けて、そのような時にユーモアも生まれると考えることができる。その点を押さえて解答例のように解答する。(七) 形式段落の8において、筆者はゆとりと仮の名で呼ばれるものを「固定されようとする感情や思考をほぐす働きをもつものではないだろうか」と述べている。形式段落4におけるエスキモーの老人の例にも、そのようなゆとりが感じられるというのが筆者の主張である。食料が尽きたとき、生きたいという感情にとらわれず、自分の心を突き放して座りこむという行動をとることは、固定された感情や思考にとらわれないゆとりを感じさせると筆者は考えているのである。その点を踏まえて、解答例のように記述する。(八) この文章では、詩人らしい比喩が多用されている。そのため、しっかりとその比喩が何を表しているのか理解していかなければ読解が難しい問題である。その他には、詩人らしい特徴として、最後の結末「その判断もまたゆとりあるものであってほしいけれども」という表現は「けれども」

で終わることで余韻を残す効果を出している。このような個所なども指摘可能であるが、基本的には詩の表現技法を頭に入れて、その表現を複数個所指摘するのが妥当であろう。よって、解答例は最も一般的な比喩を例に示した。

【二】（一）a 長年　c （和歌・）管絃の遊び　（二）b うづき　d のうし（なおし）　（三）ちょっとした折で、そうあらたまってではなく、そうはいってもやはりそれにふさわしい折にと思っていらっしゃる　（四）い （例）招待する・招く　う （例）出発する・出かける　（五）① 雲居雁　② A （例）私の家の藤の花が色美しく咲いておりますこの夕暮れに、春の名残を尋ねておいでくださらぬことがありましょうか。　藤の花に負けず美しいわが娘に会いにいらっしゃい。　B （例）夕暮れ時のはっきりしないころでは、春の名残を尋ねよとおっしゃられても、なまじその藤の花を手折ってよいものか途方にくれるばかりです。　娘に会わせるというあなたの本心もよくわかりませんので。

〈解説〉（一）a「年ごろ」は「長年、数年来」の意味の頻出単語。　c 古語での「遊び」とは「詩歌管絃の遊び」のこと。　（二）b「四月」は陰暦の異称で「卯月（うづき）」　d「直衣（のうし）」は、公家上流の貴族の平常服。　（三）まずは基本語彙をおさえる。「はかなし」は、ここでは「ちょっとした」の意。「ついで」は「機会」。「わざと」は「正式に、本格的に」。「さすがに」は「とはいっても、やはり」。「つきづきし」は「似つかわしい、ふさわしい」の意。また、同格の「の」は「〜で」と訳し、格助詞「が」の上下が同等である関係を示している。以上を踏まえて口語訳する。　（四）「ものす」は、いる、行く、来る、食べる、手紙を書く、などの代動詞として用いられる。さまざまな動作の代わりとして用いられることから、それぞれの「ものす」の前後の文脈を動作の主語を明確にしておさえる必要がある。　（い）は、夕霧を家に招こうとして内大臣が送りつけた手紙を、夕霧が光源氏に見せた場面。手紙を見た光源氏の発言であるから、「(内大臣も)思うことがあって、(このように)招待なさったのであろう」とすると文意が通る。 (う)も同様に、源氏の夕霧に対する発言。「(内大臣は)改まって、使い(=頭中将)をお差し向けになったのだから、早くお出かけなされ。」とすると文意が通る。 (五) リード文や人物関係図、それまでの文から、人物関係を捉えれば、Aは内大臣から夕霧に宛てた招待の歌、Bはそれに対する夕霧の返事であり、また、内大臣が「我が宿の」と詠んでいることなどから「藤」は雲居雁を指していると推測できる。Aの和歌で、結婚を反対されていた内大臣から招待を受けた(=娘に会いに来ることを許された)ことで、かえって夕霧が、藤の花を手折って(=雲居雁を自分のものにして)よいか、迷っていることを読み取って記述する。

【三】(一) あ はなはだ え ひそかに か はたして き と (二) 回以此哭声非㆘但為㆓死者㆒而已㆖ (三) どうしてそれがわかるのか。 (四) 孔子人をして哭する者に問はしむ。 (五) 泣き声には、死別の悲しみだけではなく、子の巣立ちを見送る親鳥のような、生き別れの悲しみが含まれていることを聞きわけた点。

〈解説〉(一) あ「甚」は「はなは(ダ)」と読み、程度が普通の状態をこえていることを意味する。 え「窃」は「ひそ(カニ)」と読み、人に知られないようにこっそりとする様子を意味する。 か「果」は「はた(シテ)」と読み、物事が予想と同じようであったときに使用する。 き「与」は「と」と読む返読文字である。
(二) 問題文の送り仮名を参考にする。また、「非(あらズ)」が否定の返読文字であること、「而已」を「のみ」と読むことに注意する。 (三)「何以」は「なにをもつて」と読み、理由を尋ねるものである。「どうして…か」と訳す。 (四)「使」の用法に注意。ここでは「AヲシテBセシム」と読み、「AにBさせる」という意味を表す。解答は、現代仮名遣いでも正解とする。 (五) 顔回の一度目と二度目の発言の内容を読み取って解答する。顔回は一度目の発話で、ここで泣き悲しんでいるものは、死者を悼むだけではなく、生き別れも悲しんでいるのだろうと言う。二度目の発話では、四匹の雛を育てた親鳥が、子の巣立ちを悲しんで見送った話を聞いたと言う。この悲しみが、今泣いている者の悲しみにも含まれているというのである。これらのことをまとめる。

【中学校】

【二】（一）a　え　b　う　c　く　d　お　e　か　（二）（例）「学級の席替えの方法として、くじ引きは是か非か」、「学校での昼食は、給食がよいか、弁当がよいか」、「映画館で映画を観るのと自宅でビデオを観るのはどちらがよいか」の三つの話題についてディベートを行う。クラスを六つの班に分け、話題と立場を分担して、ルールに従って議論する。まとめとして、自分の班の話題と違う話題について、他の班のディベートを踏まえて自分の考えを文章にまとめる。　（三）（例）国語科の各領域において、基礎的・基本的な知識・技能を活用して課題を探求することのできる国語の能力を身に付けさせるため、言語活動を重視し、(2)に示された社会生活に必要とされる言語活動例を通して(1)の指導事項を指導することを一層明確にし、各領域の能力を確実に身に付けることができるようにした。

〈解説〉（一）　a「人との交流」の中で、自分自身が直接体験したことだけでなく、身近な人々の体験や知識なども材料として集め整理して、自分の考えや意見を明確にすることを重視している。　b「事実と意見」との関係に注意するとは、自分の伝えたい意見を述べるのにどのような事実を根拠として取り上げるかなどを考えて、話を構成することである。　c「相手の反応を踏まえながら話す」とは、うなずきや表情などという聞き手の反応から、話の受け止め方や理解の状況をとらえて話すことである。小学校では、相手を見て話すことについて指導しているが、中学校では「相手の反応」に注意することを指導する。　d「知識を生かして」とあるのは、これらの内容は、すでに小学校において指導しているからである。第1学年では、小学校における学習内容を振り返らせ、これらの知識を生かして話すことが、中学校における音声言語活動の基礎となることを十分に理解させるようにする。　e「必要に応じて質問しながら聞き取り」とは、必要に応じて質問し、相手が言いたいことを確かめたり、足りない情報を聞き出したりすることである。その場の状況に応じて話の途中で質問したり、話が終わった時点で質問したりするなど、質問の適切な機会をとらえることができるように指導する。　(二)　討論の「話題」は中学校学習指導要領(2)のイにあるように　生徒にとってどれだけ「日常生活の中」の身近な「話題」を取り上げられているかということが重要となる。「討論の形式と方法」については、模範解答に挙げたように、三つのグループで違う話題に関して討論をした後に、他のグループの討論内容を吟味する。そのことによって自分たちのグループの討論方法について、より客観的に観る目を養うことができる。

(三)　キーワードとして、「基礎的・基本的な知識・技能を活用して課題を探求することができる国語の能力」と、「社会生活に必要とされる言語活動」が挙げられる。学校や生徒の実態に応じて様々な言語活動を工夫し、その充実を図っていくことが重要である。なお、この具体的な言語活動は例示のため、これらのすべてを行わなければならないものではなく、それ以外の言語活動を取り上げることも考えられるものである。

【高等学校】

【一】(一)　a　こ　b　せ　c　う　d　お　e　し　f　い　g　く　(二)　①　(例)　前時に記入したワークシートをもとに、詩の中のセリフの部分とそれに対する心情について、各自が読み取ったことをグループでの話合いによって深め、それをまとめたものを全体に発表する。　②　(例)　読む能力について、発表の内容とワークシートの記述を分析し、心情の変化を読み取っているかを評価する。

〈解説〉(一)　現行の高等学校学習指導要領(平成十一年告示)の「国語」の「各科目」の「現代文」の「内容の取

り扱い」からの抜粋。よく問われる箇所が空所になっているため、確実に覚えておきたい。また、受験者は平成二十一年度告示の新しい学習指導要領についても、空所補充問題の対策をしておきたい。特に、新学習指導要領においては、国語科においては大幅な科目変更があった。対策としては、平成十一年度版と比較しての相違点や、科目ごとの特徴を正確に把握しておくとよいだろう。（二）「永訣の朝」は宮沢賢治が、妹の死をみとる悲痛な気持ちを詠んだ作品であり、「松の針」「無声慟哭」と合わせて、妹の死を悼む三部作をなしている。本問題においては、この詩の内容や表現について、おおまかに理解しておくことが、解答をする上で最低限必要となる。なお、ここで示した解答は一例であり、これ以外の言語活動や、それに応じた評価規準を挙げることも可能である。①　単元の目標および第一時の指導計画を吟味した上で、第二時の指導計画を記述することが求められる。解答例では、第一時に個人で心情を読み取ったワークシートをもとに、話合い活動を行い、個人で考えたことを深化・共有できるよう学習活動を設定している。②　評価規準の作成に当たっては、目標との一体化が求められる。①で述べた学習活動のねらいに基づいて、どのような能力について、何を材料として、どのような点を評価するかを具体的に述べたい。

二〇一〇年度 実施問題

【中高共通】

【一】次の文章を読み、(一)〜(九)に答えなさい。

青年にとって、性格を問題にするのは、たぶん、自分とはどういうものか、本来何をしたがってるのか、を知りたい、一口で言えば自分に、出会いたいからでしょう。

しかし、自分に出会うということは、性格を「判断する」というような作業で可能なものかどうか。レッスンで追い込まれて生まれて初めてという思いもかけぬ大きな声で歌を歌い切れたとき、汗みどろで、ああこれがオレの出会いたかったものだった、と思った、という青年があります。かれはただ力まかせにガナったのではない。その時自分の声がみつかったのです。そういう［　A　］な出会い方しかないのではないか？　この地点にはもう あ性格論は関係なくなってくる。

最近ある学校で、話しかけのレッスンという a のをやりました。なん人かが出てきて自由に坐っている。その後ろから一人がだれかを選んで話しかける。自分に話しかけられたと思ったら手をあげる。これが基本になった単純なレッスンだが、い人が人にほんとに話しかけることがいかに少ないかに否応なしに気づかされる仕組みです。その場に、今まで学校はもちろん自分の家でも、そ b の子の笑い顔を見た人がないという女の子がいました。何度めかの話しかけで、ある人が後ろからその子に話しかけた。

みなそれぞれ手をあげたり、こっち c の方へ声が行ったと指したりしている d のへ、私がたずねてまわったのですが、その子に近寄って、どうだったと私が ①タズねたら、その子はフッと顔を上げて自分の胸を押えて、

「本当にあたしに話した」と小さな声で、フッと答えた。ほとんどそういう答えをすることeのなかった子だということを、後で聞いたんですけれども。

ところがその経過を、ある人が写真にとっていたわけです。その写真を見て、私はびっくりした。実に可愛い顔で、う笑ってる。ところが私は、その子が笑ったという記憶がまったくないのです。非常に自分を閉ざしている子で、きつく目を②スえ、上を見なかった。私も③シンケンになって話しかけたとたん、何かフッと、こう、火がついたっていうか、何か花がほころんだっていうか、そういうふうになって答えが出てきたっていう感覚だけはあるけれども、笑ったという記憶はまったくない。

最初、非常に閉ざした本当にきつーい顔をした写真から、だんだん注意が集中していって、最後にフッと笑う、そして、私の問いに答えて、ニコニコしながらしゃべっている表情まで一連の写真があるのですが、それを先生に見せてもらって、その子はびっくりして恥ずかしそうに少し笑ったそうです。その子も、自分が笑ったという記憶は全くなかったのだそうです。自分もこういう顔で笑うのか、ということを初めて確認したのだろうと思います。つまり、自分に出会った、といっていいだろうと思います。え自分っていうものに対する感覚が変わった、それからかの女は、笑顔を見せるようになった。

ひと月ばかりたって、私が同じ学校へ行きましたら、その子の母親から学校に電話がきていて、今まで家で笑顔を見たことがなかったのに、笑顔を見せて話をするようになったといって感謝していたということです。

もちろん、その一回のレッスンで変わったということだとは思いません、教師や友だちやたくさんのふれあいの中でほどけていったに違いない。しかし、自分がたしかに笑ったのだということを、からだの中の感じと写真と、両方で確認したということが、その子にとって、あるステップになったことは、確かだと思います。

性格というか、その人の生きている一つの感覚なり、行為のパターンなりが変わるという時には、顔つきも変わるし、声も変わるし、つまりその人の存在の仕方全体が変わってしまう。何かどっかだけが変わるということはない。

④シバイに、道化(クラウン)という役柄があります。ふつうはただ、笑わせ役と受けとっているようですが、フランスのルコックという演劇教師は、こういうふうに言ってます。

第一に、何をやってもお客が笑わない、どう苦労しても客に受けない、あれをやってもこれをやってもどうにもならなくって、にっちもさっちもいかなくなってしまう。それでも何かしなきゃいけないその⑤セトギワで、自分の計算も経験もいっさい役に立たなくなった時に、しでかすことが本当のクラウンになる。

ということは、それを演じる人が、ほとんど無意識のうちに、自分はこれだけは他人に⑥カクしたいと思っているものを、表にむき出しにしてしまう結果になる。その時、クラウンが成り立つのだ。

つまりこれは、自分でも気づかなかった、あるいは気づきたくなかった自分があらわれてる、ということにほかならない。人が「変わる」というのはこういうことだと私は思うのです。あらわれてから後で、ああこれがオレなんだ、とわかる。私が演じて、クラウンが成り立ったと言わせたとき、それは「哀しいクラウン」でした。自分に出会うということは、自分を[　B　]ことでもあるわけです。

(竹内敏晴「自分に出会うということ」より)

(一) 二重傍線部①～⑥のカタカナを漢字で書きなさい。

(二) 波線部a「の」の用法について説明しなさい。また、同じ用法で用いられているものを波線部b～eの中から一つ選び、その記号を書きなさい。

(三) 空欄Aに入る語として最も適切なものを次のア～エから選び、その記号を書きなさい。

ア　みょう　イ　ふい　ウ　じか　エ　むちゃ

(四)　傍線部あ「性格論は関係なくなってくる」とあるが、どういうことか。本文の内容に即して書きなさい。

(五)　傍線部い「人が人にほんとに話しかけることがいかに少ないかに否応なしに気づかされる仕組み」とあるが、なぜ気づかされることになるのか。最も適切なものを次のア～エから選び、その記号を書きなさい。

ア　ふだん話しかけたことがない相手に対してどういう言葉を発すればいいのか、いざとなると何も思いつかないから。

イ　声以外の要素に助けられることがないので、きちんと話しかけたつもりでも相手に声が届かないから。

ウ　手をあげてほしい人はなかなかあげず、関係のない人ばかり手をあげるので、思いを伝えることができないから。

エ　だれも笑い顔を見たことがない女の子でも、心を開いて素直に話しかければ答えてくれるから。

(六)　傍線部う「笑ってる」とあるが、この笑いはどういうことのあらわれと考えられるか。本文の内容に即して四十字以内で書きなさい。

(七)　傍線部え「自分っていうものに対する感覚が変わった」とあるが、このことを最も具体的に説明している部分を本文中から四十字以内で抜き出して書きなさい。

(八)　空欄Bに入る語として最も適切なものを次のア～エから選び、その記号を書きなさい。

ア　捨てる　イ　見せる　ウ　変える　エ　許す

(九)　「自分に出会うということ」について、筆者はどのようにとらえているか。本文中の三つの例に共通するものをふまえて百字以内で説明しなさい。

(☆☆☆◎◎◎)

【二】　次の文章を読み、(一)～(五)に答えなさい。

今はむかし、物ごと自慢くさきはあ未練のゆへなり。物の上手の上からは、すこしも自慢はせぬ事也。我より手上の者ども、広き天下にいかほどもあるなり。諸芸ばかりに限らず、侍道にも武辺・口上以下、いさらに自慢はならぬものを、今の世は、貴賤上下それぞれに自慢して、声高に荒言はきちらし、わがままをする者多し。その癖に、うをのれが疵《きず》をかくさんとて、よき者を誹《そし》り笑ふ事あり。ある者、座敷をたてて絵を描かする。白鷺の一色《いっしき》を望む。絵描き、「心得たり」とて焼筆をあつる。亭主のいはく、「いづれも良さそうなれども、此《この》白鷺の飛びあがりたる、羽づかひがかやうでは、飛ばれまい」といふ。絵描きのいはく、「いやいや此飛びやうが第一の出来物ぢや」といふうちに、本の白鷺が四五羽うちつれて飛ぶ。亭主これを見て、「えあれ見給へ。あのやうに描きたいものぢや」といへば、絵描きこれを見て、「いやいやあの羽づかひではあってこそ、それがしが描いたやうには、(　)飛ぶまい」といふた。

（「浮世物語」より）

(注)　○武辺……武芸。　○口上……武士としての口のきき方。　○荒言……勝手気ままな暴言。広言。
○疵　……欠点。　○一色……他のものを交えないこと。　○焼筆……下絵を描くのに用いる筆。

(一)　傍線部あ「未練のゆへなり」、傍線部い「さらに自慢はならぬ」をそれぞれ口語訳しなさい。

(二)　傍線部う「をのれが疵《きず》をかくさんとて、よき者を誹《そし》り笑ふ」について、①、②に答えなさい。

①　ここでいう「疵」は、このあとの話ではどういうことか、説明しなさい。

②　「よき者」にあたるものを、このあとの本文中から抜き出して書きなさい。

(三)　傍線部え「あれ見給へ。あのやうに描きたいものぢや」について、この言葉は「亭主」が「絵描き」にどのような気持ちを込めて言ったものか。この場面の状況をふまえて説明しなさい。

(四)　文中の(　　)に入る語として最も適切なものを次のア～エから選び、その記号を書きなさい。

ア　あに　　イ　いかで　　ウ　え　　エ　な

(五)　この文章は「作者が批判と笑い話を結びつけた一章」と言われるが、この文章における①「批判」、②「笑い話」について、それぞれ本文の内容に即して分かりやすく説明しなさい。

(☆☆☆◎◎◎)

【三】 次の文章は、親友の微之からの手紙に対する白居易(白楽天)の返信の一節である。これを読み、(一)～(三)に答えなさい。なお、設問の都合により訓点を一部省いてある。

僕初《メテ》到《リシ》二潯[注]陽一時、有《リ》二熊[注]孺登《ノ》来《タル》一、得《タリ》二足下前年病甚《ダシキ》時《ノ》一札《ヲ》一。上《ニ》報《ジ》二疾状《ヲ》一、次《ニ》序《シ》二病心《ヲ》一、終《ハリニ》論《ズ》二平生《ノ》交分《ヲ》一。且《ツ》云《フ》、「危[注]惙之際、不《ラン》レ暇《アラ》レ及《ブニ》レ他《ニ》。唯《ダ》収《メ》二数[注]帙《ノ》文章《ヲ》一、封《ジテ》題《シテ》二其《ノ》上《ニ》一曰《ハク》、『他日送二達《セヨト》[注]白二十二郎《ニ》一。』あ便請《フ》以《テ》代《ヘント》レ書《ニ》。」悲《シイ》哉、微之《ノ》於《ケル》レ我《ニ》也、其《レ》い若レ是乎《か》。又睹《みルニ》レ所《ヲ》レ寄《スル》、聞《クノ》二僕《ノ》左降《ヲ》一詩《ニ》云《フ》、

う
残灯無《クシテ》レ焔影憧憧《タリ》
此《ノ》夕《べ》聞《ク》三君《ガ》謫《セラレシヲ》二九江《ニ》一
垂死《ノ》病中驚《イテ》起坐《スレバ》
闇風吹《イテ》レ雨《ヲ》入《ルト》二寒窓《ニ》一

此ノ句、他人尚不レ可レ聞。況ンヤ僕ノ心ヲ哉ヤ。至ルマデレ今ニ毎ニレ吟ズル、猶ホ惻注惻タル耳。且ラク置キ二是ノ事ヲ一、
略ボ叙セン二近懐ヲ一。

『白氏長慶集』

(注) ○潯陽＝九江(今の江西省九江県)白楽天の長編詩「琵琶行」の舞台　○熊孺登＝人名
○危惙＝危篤　○数帙＝数巻　○白二十二郎＝白楽天　○惻惻＝身にしみて感じる様

(一) 傍線部あ「便」、い「若是」、お「耳」の読みを、送り仮名も含めて現代仮名遣いで書きなさい。

(二) 漢詩について①〜③に答えなさい。

① この詩は、ある約束事に基づいて三つの漢字を句末に配置している。その約束事の名称と、それらの三つの漢字を書きなさい。

② 傍線部うを「残灯」の意味するところを説明しながら、わかりやすく口語訳しなさい。

③ この詩から読み取れる微之の心境を六十字以内で書きなさい。

(三) 傍線部え「他人尚不可聞」を平仮名のみで書き下し文にしなさい。

(☆☆☆◎◎◎)

【中学校】

【一】 次の文は、現行の中学校学習指導要領「国語」の「各学年の目標及び内容」の「第二学年及び第三学年」の「内容」の「書くこと」である。あとの(一)、(二)に答えなさい。

(1)　書くことの能力を育成するため、次の事項について指導する。

ア　広い範囲から課題を見付け、必要な材料を集め、自分のものの見方や考え方を深めること。

イ　自分の(　a　)及び伝えたい事実や事柄を明確にすること。

ウ　文章の形態に応じて適切な(　b　)を工夫すること。

エ　自分の意見が相手に効果的に伝わるように、(　c　)を明らかにし、論理の展開を工夫して書くこと。

オ　書いた文章を読み返し、文や文章を整えて、(　d　)のある文章にすること。

カ　書いた文章を互いに読み合い、論理の展開の仕方や材料の活用の仕方などについて自分の(　e　)に役立てること。

(一)　a～eにあてはまる語句を次のあ～こから選び、その記号を書きなさい。

あ　題材　い　根拠　う　構成　え　考え　お　推敲　か　立場　き　説得力

く　筋道　け　表現　こ　整合性

(二)　第一学年の「書くこと」の指導事項に、「身近な生活や学習の中から課題を見付け、材料を集め、自分の考えをまとめること」がある。これをふまえて、第一学年では次のような学習活動を行った。①、②に答えなさい。

「家庭における自分の役割」というテーマで、友人や家族へのインタビュー、テレビ、新聞・雑誌、インターネットなどから得た情報をもとに、意見文を書く。

①　学習の系統性を考え、第二学年及び第三学年の「書くこと」の指導事項アをふまえた学習活動を一つ考え

て、書きなさい。

② ①の学習活動の指導計画の中に、「推敲」の活動を一時間設定した。その時間の生徒の学習状況について評価する際に、国語の評価の五観点のうち、どの観点を中心にどのような評価を行うか、評価規準と評価方法を具体的に書きなさい。

（☆☆☆◎◎◎）

【高等学校】

【一】次の(一)、(二)に答えなさい。

(一) 次の文は、現行の高等学校学習指導要領「国語」の「各科目」の「古典」の「内容の取扱い」の一部である。a～gにあてはまる語句をあとのあ～せから選び、その記号を書きなさい。

イ 教材は、次のような観点に配慮して取り上げること。

(ア) 古典を進んで学習する意欲や（ a ）を養うのに役立つこと。

(イ) 人間、（ b ）、自然などに対する様々な時代の人々のものの見方、感じ方、考え方について理解を深めるのに役立つこと。

(ウ) 様々な時代の人々の（ c ）について考えたり、我が国の（ d ）と伝統について理解を深めたりするのに役立つこと。

(エ) 古典を読むのに必要な（ e ）を身に付けるのに役立つこと。

(オ) 言語（ f ）を豊かにするのに役立つこと。

(カ) 中国など（ g ）の文化との関係について理解を深めるのに役立つこと。

あ　知識　い　生き方　う　生活　え　世代　お　文化　か　伝統　き　考え方
く　歴史　け　感覚　こ　活動　さ　外国　し　文法　す　社会　せ　態度

(二)「国語総合」で、次のような指導計画をたてて、授業を行うこととした。①、②に答えなさい。

単　元　相手の心に届く手紙を書く
単元の目標　ア　相手を意識し、自分の思いを伝える手紙を書こうとする態度を育成する。
イ　相手への用件とそれにかかわる自分の思いを伝えることができるように、効果的な表現を工夫して手紙を書く。
ウ　手紙の形式を理解し、書くために必要な知識を身に付ける。
配当時間　3時間
指導計画　第1時　手紙の形式について学び、友達へのメールと目上の人に出す手紙の違いについて理解する。
第2時　（　　　　　　　　　　　　　　　　　　）
第3時　自己評価の結果や、他者からの意見をもとに、推敲し手紙文を完成する。

① 第2時の指導計画を簡潔に書きなさい。
② あなたが、この単元を通して、生徒の学習状況について評価する際に、国語の評価の五観点のうち、どの観点を中心にどのような評価を行うか、具体的に書きなさい。

(☆☆☆◎◎◎)

解答・解説

【中高共通】

【二】(一) ① 尋 ② 据 ③ 真剣 ④ 芝居 ⑤ 瀬戸際 ⑥ 隠　(二) 用法：〈解答例〉体言の代用　記号：d　(三) ウ　(四)〈解答例〉性格を「判断する」というような作業では自分に出会うことはできないということ。　(五) イ　(六) 自分を閉ざしていた少女が、「私」の問いかけに答え、自分を表出できたということ。　(七) 自分がたしかに笑ったのだということを、からだの中の感じと写真と、両方で確認した　(八) ア　(九)「自分に出会うということ」は、固定化した「本来の自分」というものを知ることではなく、何かの体験を通して自分でも気づかなかった自分が現れてくることで、結果的にその人の存在の仕方全体が変わることにもなる。

〈解説〉(一) 同音異義語・異字同訓や類似の字形に注意すること。　(二)「の」には、①格助詞で、体言＋「の」＋体言の形で、上の体言と下の体言とをいろいろな意味関係で結びつける。②準体助詞で、連体形で終わる文を受けて、文全体を名詞化する。③主格を表す格助詞「の」がある。aは、②。bは、連体詞「その」の一部。cは①。dは②。eは、③。aとdが、同じ用法。　(三) Aには、レッスンでの、直接体験による自分との出会いである。　(四) あの「性格論は関係なくなってくる」という状況が生じるのは、「この地点」である。「この地点」(じかな出会い)＝直接体験の場でしか、自分に出会えないとすれば、性格を「判断する」ような作業ではノーということである。　(五) 自分の坐っている後ろから声をかけられても、肩に手をかけられたり、自分の前から顔を見ながら話しかけられたりしないと、自分に対して話しかけられていることが、分かりにくい(届きにくい)ということ。　(六)「私」の話しかけにより、閉ざされていた心の扉を開いて応答したことで、心の交流が生じ喜びの表情に変わったのである。　(七)　他者との会話によって笑みを浮かべた写真の中の自分に、新たな自分の表情との出会いがあり、発見があった。新鮮な感覚で少女の性格や生き方を改変したレッスンの成果である。　(八)　自分との出会いが、新しい自己への変身であるとすれば、自分に出会うということは、今までの自分を「捨てる」ことに他ならない。　(九)　冒頭の、青年の課題「自分を知るための自分との出会い」について筆者は、観念的・客観的自己分析によってではなく、直接的な経験による出会いを強調する。直接的な人生での様々な個人的経験がその人の性格を変えることについて、文豪ゲーテは、「才能は静けさの中で、性格は世の激流の中で創られる」とのべている。筆者は、さらに、「性格というか、その人の生きている一つの感覚なり、行為のパターンなりが変わるという時には、顔つきも変わるし、声も変わるし、つまりその人の存在の仕方全体が変わってしまう。」とのべている。

【二】〈解答例〉(一)　あ　未熟だからである　い　まったく自慢できない　〈解答例〉(二)　①　絵師の描いた白鷺の羽づかいでは飛べそうにないこと。　②　本の白鷺　〈解答例〉(三)「亭主」の批評にもかかわらずなおも自慢げな態度の「絵描き」に対し、偶然にも本物の白鷺が飛んでいったのを見て、得意になってからかう気持ちで言ったもの。　(四)　ウ　〈解答例〉(五)　①　未熟なくせに自慢げに偉そうなことを言って、勝手なことをする人が多い世の風潮への批判。　②　自分の絵を自慢するあまり本物の白鷺の飛び方さえ誹り笑うという、本末転倒な絵描きの姿の滑稽さ。

〈解説〉(一)　あ「未練のゆへなり」の「未練」は、「未熟」と同じ。　い「さらに自慢はならぬ」の「さらに」は、「まったく」の意。「自慢はならぬ」とは、「自慢できる柄でもないのに」の意。　(二)　う「をのれが疵」の「疵」は、欠点のこと。ある人が座敷の襖に白鷺だけを描くように注文したが、その白鷺の飛び上がっている羽の使い方では飛び立てまい、と注文主が絵かきに言ったところ、「いやいや此飛びやうが第一の出来物ぢや」と自慢気に答えた点をいう。「よき者」とは、「本物の白鷺」（本の白鷺）。絵かきは、逆に本物の白鷺を誹り笑ったのである。　㈢　冒頭の文に、「物ごと自慢くさきは未練のゆへなり」とある。白鷺を描く絵かきの未熟さを、絵の注文主が本物の白鷺の飛ぶ姿のように描けという揶揄。　㈣　「え」は、下に打消の助動詞「ず」を伴い、不可能の意を表す副詞。　㈤　①　㈢との関連で、未熟な者が自慢したがることへの批判である。「今の世は、貴賤上下それぞれに自慢して～わがままをする者多し。」と世の風潮へも厳しい批判を浴びせている。　②「その癖に、をのれが疵をかくさんとて～」にのべてある「よき者」を誹る負け惜しみの理屈の滑稽さが「笑い話」の種となっている。

【三】㈠　あ　すなわち　い　かくのごとき　お　のみ　㈡　①　名称：押韻　漢字：憧　江　窓　〈解答例〉②　病の床にある自分の命は今、まるで燃え尽きかけたともしびのようにはかなく、消えかかる火影のように虚しく揺らいでいる。　〈解答例〉③　突然親友の左遷を知り、意識が揺らぐ病の床から思わず跳ね起きるほどの驚きを感じ、暗澹たる思いの中で友へ同情を寄せる心境。　㈢　たにんすらなほきくべからず。

〈解説〉㈠　あ「便」は、「すなわち」と読む。「すぐに」の意。い「若是」は、「かくのごとし」と読む。「このようである。このとおりである」の意。お「耳」は「のみ」と読む。限定を表す助字。　㈡　①　七言絶句では、第一句と偶数句の末に押韻する約束事がある。「憧・江・窓」がこれである。　②「残灯」は、残り少ない燈火。余命幾ばくもない微之の生命を暗示している。「影憧憧」は、火影が絶えず揺れている様子。

③　第二句（承句）の「此の夕べ君が九江に謫せられしを」の「九江に謫せられし」は、白居易（七七二～八四六）が、九江（今の江西省九江県）に左遷されたことをいう。「謫」（たく）は、「流謫」（流刑）のこと。「垂死の病中驚いて起坐すれば」の「垂死」は、危篤状態のこと。重病の中、友の左遷の報に接し激しく驚き、心の暗く寒々

した心情を、結句の「闇風雨を吹いて寒窓に入ると」にのべている。

(三)「他人(たにんすら)而(なお)不㆑可㆑聞(きくべからず)」

【中学校】

【一】(一) a か b う c い d き e け (二)〈解答例〉①「人間の生活と環境」というテーマで、テレビ、新聞・雑誌、図書館、インターネットなどから適する情報を探し、それを整理して、気付いたことや学んだこと・自分の考えなどをまとめ、報告する文章を書く。 ② 書く能力について教師の示した推敲の視点に照らして、自分の書いた文章の改善すべき箇所を見つけ、適切に書き直すことができたかを回収したワークシートと文章で評価する。

〈解説〉(一)「B書くこと」の内容は、小学校における「B書くこと」の指導を受けて、中学校各学年の目標の(2)の達成を目ざし、書くことの能力と態度とを一層高めることをねらいとして設定されている。設問のア～カは、「B書くこと」の指導事項に従って並べてある。アは、「発想や認識」、イは、「事柄や意見」、ウは、「構成」、エは、「記述」、オは、「推敲」、カは、「評価・批評」。 (二) ① 第二学年及び第三学年の「書くこと」の指導事項は、「広い範囲から課題を見つけ、必要な材料を集め、自分のものの見方や考え方を深めること。」と示してある。この指導事項では、社会生活全般に目を広げ、自然、社会、人間、文化などにかかわる様々な問題に気付き、考えかつ解決すべき課題を見つけ、それに関連する材料を収集する。それらの課題に即して、例えば、「自然環境の保護」「介護に関する諸問題」「地域の文化」等に関して、コンピュータによる情報の検索、学校図書館や地域の図書館あるいは博物館等を利用した資料の収集等、情報活用能力を養うことが重要となる。②「推敲」は、「書くこと」の指導事項のオに「書いた文章を読み返し、文や文章を整えて、説得力のある文章にすること」と示してある。第二学年及び第三学年では、段落の設け方、段落相互の関係、論点と論拠の関係などについて検討して適切なものとしていくことが求められる。その点の指導を行い、国語の評価の五観点の中の「書く能力」を観点とし筋道を立てて論理的な文章にしていく能力を評価すること。

【高等学校】

【一】(一)　a　せ　b　す　c　い　d　お　e　あ　f　け　g　さ　(二)〈解答例〉①　手紙の相手や伝える目的を具体的に設定し、相手や目的に応じた手紙を実際に書く。　②　書く能力について、手紙の目的を明確にし、効果的な表現を工夫して書いている。

〈解説〉(一)　現行の高等学校学習指導要領国語では、「古典」の教材に関する事項では、そのアに次のように、教材選定の基本的な考え方を示している。「教材は、様々な文章や作品、文種や形態などについて、親しみやすく基本的なものをできるだけ精選し、長短や難易を考慮して適当な部分を取り上げること。また、言語活動が十分行われるよう教材を選定すること。」イは、教材の選定に当たっての具体的な観点を示している。(ア)及び(イ)は、「古典」の目標を受けたものである。(ウ)から(カ)は、いずれも科目の内容にかかわるもので、資質の向上、人間形成に関連するもの、社会の変化、特に国際化につながる異文化理解などを取り上げている。(二)　①　手紙文を書く指導は、内容の取扱いの(3)に、言語活動例が示されており、「(イ)　相手や目的に応じて適切な語句を用い、手紙や通知などを書くこと。」とある。手紙文の内容も、私信から宣伝を兼ねた通知文まで、種類が多様であるとともに、形式に従った書き方が必要である。第1時での手紙の形式および、内容についての学習のあと第2時では、相手や目的に応じた文章づくりである。その場合、相手や目的に応じた「適切な語句」を用いること、語句の正しい意味や使い方を正しく理解させておくことが大切である。　②　国語の評価の五観点では、「B書くこと」の領域での「手紙文」を形式とともに目的に応じた内容であるかどうか、適切な語句を用いて効果的に書いているかどうかを評価することになろう。

二〇〇九年度　実施問題

【中高共通】

【一】　次の文章を読み、(一)〜(七)に答えなさい。

私たちは過去がどのように形成されてきたのかを考察することによって現在をつかみ、未来をみつけだそうとする。（　A　）それは、あ大きな錯覚のなかでおこなわれている①エイイなのではなかったか。

過去とは現在から照射された過去である。

（　B　）私たちは、過去のある事実を知っている。たとえばフランス革命は一七八九年に起こった。その事実は誰も否定することはできない。ところが一七八九年にフランス革命が起きたという言葉を発したとき、私たちは単なる事実を述べているのではなく、すでにそれが近代革命であることを知っていて、近代革命のもつ意味を含意させてフランス革命を語っている。（　C　）それは、解釈された一七八九年のフランス革命なのである。そしてその解釈は現在の問題意識をとおしておこなわれ、（　D　）その問題意識は個人の問題意識であるとともに、その時代に包まれているがゆえに成立する個人の問題意識である。

現在を包んでいるものが、個人にそのような問題意識を成立させ、それを介して解釈された過去が成立する。とするとここに成立した過去とは、事実としての過去ではなく、い物語られた過去、ということにはならないか。

同じように、たとえば私たちは一六〇〇年に関ヶ原の戦いが起きたという事実を知っている。しかしそれも戦国時代の最終的な終了であり、幕藩体制の確立という、現在の問題意識からとらえられたひとつの時代認識として、私たちは語っている。やはりここにaあるのも物語られた過去でbある。

とすると、事実としての過去はどこにあるのだろうか。認識された過去が、現在性のなかからつかみとられ、展開された過去であるとするなら、事実としての過去はつかみえないものになるはずだ。

だが、しかし、と多くの人は言うかもしれない。たとえ正しく認識することには多くの困難があるとしても、事実としての過去は実際に成立していたのだ。だからそれを正確に読み解こうとして、人々は多くの文献を読み、それを正確に読解しようとして、これまで努力してきたではないか。それを積み上げていけば百パーセント正確な過去はとらえられなくても、事実に近似的な過去は描けるはずではないのか。

このように述べられたなら、私はそれを、う半分は肯定し、半分は否定するだろう。たとえば近代になって自動車が開発され、移動、②ウンパン手段の中軸になっていった歴史がある。そしてこの歴史は、どのようにして自動車が開発され、いかに改良、量産化され、社会のなかで利用されていったのかを多くの資料を使って精密に考察すれば、事実としての自動車の歴史に近似的な歴史を描くことはできるだろう。

だがそこで問わなければいけないもうひとつのことは、自動車の歴史をとおして研究者は何を語ろうとしているのか、である。近代的な産業の発達史なのか、技術者たちの③クトウの歴史なのか、そこで働いた労働者たちの近・現代史なのか。今日なら④カンキョウ破壊の大きな原因がいかに形成されていったのかという視点もありうる。私たちを包んでいる世界が、このような視点も要求しているからである。

とすると結局生まれてくるのは、現在の問題意識によってとらえられ、物語られた自動車の歴史、ということになるだろう。

だが、さらに次のように述べるかもしれない。私は⑤イッサイの主観を排して、客観的事実だけをとらえようとしているのだ。とすればみえてくるのは、⑥ジュンスイな事実だけなのではないか、と。

このような問いかけに対して、私はふたつのことだけを述べておくことにしよう。ひとつは、人間は主観を排することができると思うことはできても、主観を排することはできないということである。なぜなら人間は、主観とは個人的に産出したものだと錯覚しているけれど、実際にはその個人を包んでいる世界のなかで個人的に形成されたものだからである。つまり、包んでいる世界がたえず主観を要求し、それと向き合うとき生まれてくるのが主観である。だから自覚的であれ、無自覚的であれ、包んでいるものと向き合うことをやめることができない以上、人間は主観を捨て去ることはできないだろう。

もうひとつ指摘しておかなければならないのは、「客観的事実」とは何か、である。たとえば一八六八年に明治政府が成立したのは客観的事実である。ところがそれを語ろうとするとき、前提として、そのことによって歴史が動いていったという主観が介在する。つまりこういうことである。一八六八年に江戸は東京に変わり、東京に新しい中央政府が設立された。だがそれがすべての人の出来事だったのかといえばそうではない。まだ各地の藩も残っていた。村々では一八六八年になっても、変わることのない村人の生活と労働があった。一八六八年に何の転機も迎えなかった多くの人々がいたのである。

とすると、そのどちらを重視するのか。え描かれているのは主観によって選択された「客観的事実」である。

（内山　節「日本人はなぜキツネにだまされなくなったのか」より）

(一) 傍線部①〜⑥のカタカナを漢字で書きなさい。

(二) 傍線部あ「大きな錯覚」について、何をどのようにとらえることか、書きなさい。

(三) A〜Dに入る語句として最も適切なものをア〜キから選び、その記号を書きなさい。

ア　しかも　　イ　しかし　　ウ　あるいは　　エ　もちろん　　オ　たとえ

カ　すなわち　　キ　もし

(四) 傍線部い「物語られた過去」とはどういうことか、本文中から二箇所抜き出し、それぞれ二十五字以内で書きなさい。

(五) 傍線部a「ある」と傍線部b「ある」の文法的な違いについて、分かりやすく説明しなさい。

(六) 傍線部う「半分は肯定し、半分は否定する」とあるが、それはなぜか。本文中の語句を用いて五十字以内で書きなさい。

(七) 傍線部え「描かれているのは主観によって選択された『客観的事実』である。」とはどういうことか。本文に即して百字以内で書きなさい。

(☆☆☆◎◎◎)

【二】 次の文章を読み、(一)〜(六)に答えなさい。

達人《たつじん》の人を見る眼《まなこ》は、少しもあやまる所あるべからず。

たとへば、或人《あるひと》の、世に虚言《そらごと》をかまへ出して人をはかる事あらんに、すなほにまことと思ひて、言ふままにはからるる人あり。あまりに深く信をおこして、なほ あわづらはしく虚言《そらごと》を心得添《こころえそ》ふる人あり。又、何《なに》とも思はで、心をつけぬ人あり。又、いいささか覚束《おぼつか》なくおぼえて、たのむにもあらず、たのまずもあらで、案じゐたる人あり。又、まことしくは覚えねども、人のいふ事なれば、さもあらんとてやみぬる人もあり。又、さまざまに推《すい》し心得《こころえ》たるよしして、賢《かし》げにうちうなづき、ほほゑみてゐたれど、つやつや知らぬ人あり。又、う推《すい》し出《いだ》して、あはれ、さるめりと思ひながら、なほ誤りもこそあれと怪《あや》しむ人あり。又、ことなるやうもなかりけりと、手を打ちて笑ふ人あり。又、心得たれども、知れりとも言はず、覚束《おぼつか》なからぬは、とかくの事なく、知らぬ人とおなじやうにて過ぐる人あり。又、この虚言《そらごと》の本意《ほい》を、はじめより心得て、少しもあざむかず、かまへ出したる人とおなじ心になりて、力をあはする人あり。

愚者《ぐしや》の中の戯《たはぶ》れだにえ、知りたる人の前にては、このさまざまの得たる所、詞《ことば》にても顔にても、かくれなく知られおぬべし。まして、明《あき》らかならん人のか、まどへるき我等《われら》を見んこと、掌《たなごころ》の上の物を見んが如《ごと》し。但《ただ》し、かやうの推《お》しはかりにて、仏法までをなずらへ言ふべきにはあらず。

（「徒然草」第一九四段より）

(一)　傍線部あ「わづらはしく」、傍線部い「いささか覚束なくおぼえて」をそれぞれ解釈しなさい。

(二)　傍線部う「推し出して、あはれ、さるめりと思ひながら、なほ誤りもこそあれ」について、「さ」の内容がわかるように口語訳しなさい。

(三)　傍線部え「だに」は軽いものをあげて他にもっと重いものがあることを類推させる副助詞であるが、作者はここで「だに」を用いることで、何を表そうとしたのか。本文の内容に即して説明しなさい。

(四)　傍線部か「明らかならん人」について、①、②に答えなさい。

①　この場合、何が明らかであるのか、書きなさい。

②「明らかならん人」に近い内容の語を本文の中から抜き出して書きなさい。

(五)　傍線部お「れ」、傍線部き「る」について、それぞれ例にならって文法的に説明しなさい。

達人《たつじん》の人を見る眼《まなこ》は、少しもあやまる所あるべからず。

例　「ず」・・打消の助動詞「ず」の終止形

(六)　作者はこの章段全体を通して、どのようなことを言おうとしているのか。次の三つの語句を必ず用いて簡潔に書きなさい。なお、解答する際は三つの語句を［　　］で囲むこと。

達人　　虚言　　仏法

（☆☆☆◎◎◎）

【三】 次のA～Cの文章を読み、(一)～(五)に答えなさい。なお、設問の都合により訓点を一部省いてある。

A 廏《うまや》焚《ヤケタリ》。子退《ク》レ朝《ヨリ》。曰《ク》、「傷レ人[あ]乎。」[い]不レ問《ハ》レ馬《ヲ》。

（「論語」より）

B 季路問《フ》レ事《つかフルコトヲ》二鬼神《ニ》一。子曰、「未《ダ》レ能《ハ》レ事《フルコト》レ人《ニ》、[う]焉能事レ鬼。」[え]敢問《フ》レ死《ヲ》。曰《ク》、「未《ダ》レ知《ラ》レ生《ヲ》、焉《ンゾ》知《ラントヲ》レ死《ヲ》。」

（「論語」より）

B 王子猷作《なル》二桓車騎《ノ》騎兵參軍《ト》一。桓問《ヒテ》曰《ク》、「[お]卿《ハ》何《ノ》署《ゾト》。」答《ヘテ》曰《ク》、「不レ知《ラ》二何《ノ》署《ナルカヲ》一。時《ニ》見《レバ》二牽《ひキテ》レ馬《ヲ》來《ルヲ》一、似《タリト》二是《レ》馬曹《ナルニ》一。」桓又問《フ》、「官《ニ》有《リヤト》二幾馬一。」答《ヘテ》曰《ク》、「[か]不レ問《ハ》レ馬《ヲ》、何《ニ》由《ツテ》知《ラント》二其《ノ》數《ヲ》一。」又問《フ》、「馬比《このゴロ》死《スルコト》多少《ゾト》。」答《ヘテ》曰《ク》、「[き]未《ダ》レ知《ラ》レ生《ヲ》、焉《ンゾ》知《ラントヲ》レ死《ヲ》。」

(注) 季路＝子路のこと。　鬼神＝鬼は死者の霊、神はここでは天地の神々のこと。
王子猷＝王徽之《きし》。　王義之《ぎし》の子。　桓車騎＝桓沖《ちゅう》。　車騎は車騎将軍。
騎兵參軍＝參軍は役所の属官。騎兵參軍は馬をつかさどる。　馬曹＝馬をあつかう下級役人。

(一) 傍線部あ「乎」、え「敢」の読みを、送り仮名も含めて現代仮名遣いで書きなさい。
(二) 傍線部う「焉能事鬼。」を、平仮名だけの書き下し文にしなさい。
(三) 傍線部お「卿」とは誰のことか。Cの文章中から抜き出して書きなさい。
(四) 傍線部か「不問馬」は、傍線部いの「不問馬」を踏まえた表現である。それぞれどういうことを表現しているのか、分かりやすく説明しなさい。

(五) 傍線部き「未知生、焉知死。」は、ここでは何の「生」「死」について述べているかを明らかにして口語訳しなさい。

(☆☆☆◎◎◎)

【中学校】

【一】次の文は、現行の中学校学習指導要領「国語」の「指導計画の作成と内容の取扱い」の一部である。(一)、(二)に答えなさい。

指導計画の作成に当たっては、次の事項に配慮するものとする。

(1) 第2の各学年の内容の「A話すこと・聞くこと」、「B書くこと」、「C読むこと」及び〔言語事項〕について相互に密接な関連を図るとともに、各学年にふさわしい学習活動を組織して効果的に指導すること。

(2) 第2の各学年の内容の「A話すこと・聞くこと」に関する指導については、次の事項に留意すること。

ア (　a　)や方向に沿って効果的に話したり、相手の(　b　)を考えながら聞いたりする能力を高めるようにすること。その際、広く話題を求めるよう、意図的、計画的に指導する機会を設けること。

また、(　c　)のための教材を積極的に活用するなどして、指導の効果を高めるよう工夫すること。

(3) 第2の各学年の内容の「B書くこと」に関する指導については、次の事項に留意すること。

ア 相手や(　a　)に応じて効果的な文章を書くことのできる能力を高めるようにすること。その際、様々な形態の文章を書かせるとともに、(　d　)に書く能力を育てるようにすること。

(4) 第2の各学年の内容の「C読むこと」に関する指導については、次の事項に留意すること。

ア (　a　)や(　b　)に応じて的確に読み取る能力や読書に親しむ態度を育てるようにすること。その際、広く（　e　）についての関心を深めるようにしたり、日常生活における（　f　）活動が活発に行われるようにしたりすること。

(一)　a～fにあてはまる語句をア～シから選び、その記号を書きなさい。

ア　表現の工夫　イ　テーマ　ウ　意図　エ　言語文化　オ　読書
カ　積極的　キ　話し合い　ク　音声言語　ケ　情報教育　コ　論理的
サ　文化や伝統　シ　目的

(二)　(一)に配慮して、次のような授業を行った。①、②に答えなさい。

単　　元　意見文を書こう
単元の目標　相手の意見を正確に理解したうえで、構成を工夫して自分の意見を書く。
指導計画　第1時　教科書を読み、相手の意見に反論する文章を書くときのポイントや手順について理解する。
　　第2時　教師が示したいくつかの新聞の投書から一つを選び、反論の意見文を書く。
　　第3時　（　　　　　　　　　　　　　　　　）

①　第3時で、「話すこと・聞くこと」との関連を図った学習活動例を、簡潔に書きなさい。
②　あなたが、この単元を通して、生徒の学習状況について評価する際に、国語の評価の五観点のうち、どの観点を中心にどのような評価を行うか、具体的に書きなさい。

（☆☆☆◎◎◎）

【高等学校】

【一】次の(一)、(二)に答えなさい。

(一)　現行の高等学校学習指導要領「国語」の「各科目」の「国語総合」の「内容の取扱い」の一部について、①～⑥にあてはまる語句をa～lから選び、その記号を書きなさい。

イ　教材は、次のような観点に配慮して取り上げること。

(ア)（　①　）に対する関心や理解を深め、国語を尊重する態度を育てるのに役立つこと。

(イ)　日常の言葉遣いなど言語生活に関心をもち、（　②　）を高めるのに役立つこと。

(ウ)（　③　）を伸ばし心情を豊かにし、言語感覚を磨くのに役立つこと。

(エ)（　④　）を活用して、公正かつ適切に判断する能力や創造的精神を養うのに役立つこと。

(オ)　科学的、（　⑤　）な見方や考え方を養い、視野を広げるのに役立つこと。

(カ)　生活や人生について考えを深め、人間性を豊かにし、たくましく生きる意志を培うのに役立つこと。

(キ)　人間、社会、自然などに広く目を向け、考えを深めるのに役立つこと。

(ク)　我が国の文化と（　⑥　）に対する関心や理解を深め、それらを尊重する態度を育てるのに役立つこと。

(ケ)　広い視野から国際理解を深め、日本人としての自覚をもち、国際協調の精神を高めるのに役立つこと。

a　伝統　　b　知識　　c　情報　　d　歴史　　e　論理的　　f　実用的

g　想像力　　h　思考力　　i　言語表現　　j　言語文化　　k　社会生活　　l　伝え合う力

(二)「国語総合」で、次のような授業を行った。①、②に答えなさい。

単　元　意見文を書く―新聞に投書しよう―
単元の目標　論理的な構成を工夫して、自分の考えを文章にまとめる。
配当時間　3時間
指導計画　第1時　教科書にある新聞の投書の例を読み、ワークシートに記入しながら内容を整理する。
第2時　「日常生活の中で気づいたこと」を題材にして、新聞への投書を書く。
第3時　（　　　　　　　　　　　　　　　　　　）

① 第3時の学習活動例を簡潔に書きなさい。
② あなたが、この単元を通して、生徒の学習状況について評価する際に、国語の評価の五観点のうち、どの観点を中心にどのような評価を行うか、具体的に書きなさい。

（☆◎◎◎◎）

解答・解説

【中高共通】

【一】（一）① 営為　② 運搬　③ 苦闘　④ 環境　⑤ 一切　⑥ 純粋　（二）過去を客観的事実のようにとらえること。（三）A イ　B エ　C カ　D ア　（四）・現在の問題意識からとらえられたひとつの時代認識　・現在性のなかからつかみとられ、展開された過去　（五）どちらの

「ある」も品詞とてしては動詞である。しかし、傍線部aの「ある」が普通の動詞なのに対し、傍線部bの「ある」は、本来の意味を失って、補助の関係で用いられる補助動詞である。　(六)　事実に近似的な過去を認識することはできるが、現在の問題意識による視点をなくすことはできないから。　(七)　私たちが認識している歴史は、正確な過去ではなく、現代からみてその歴史がどのような意味をもっているかという主観を前提にして、それに合う出来事をあえて客観的事実のように見なしたものであるということ。

〈解説〉(一)　①の「営為」は、「いとなみ」の意。　(二)「過去」は、「歴史」でも可。　(四)　傍線部直前の「事実としての過去ではなく」という記述がヒントになる。　(五)　補助動詞の「ある」は、直前に「て」や「で」が来ることが多い。補助動詞は、「形式動詞」でも可。　(六)　傍線部の3行後に、「～はできるだろう。だが」とある。　(七)　直前の一文が、「とすると」で始まっているので、その前を見ればよいとわかる。

【二】(一)　あ　うるさいほど　　い　いくらか不審に思われて　　(二)　推測して、「ああ、嘘であろう」と思いながら、やはり自分の考え違いもあったら大変だ　　(三)　人生を洞察し道理を悟った達人が迷っている我々を見て大局を見通せるのは、いうでもなく自明なことであるということ。　(四)　①　世の中の道理や人としてのあり方　②　達人　　(五)　お　受身の助動詞「る」の連用形　　き　存続(完了)の助動詞「り」の連体形　　(六)　様々な[虚言]と、それに反応する人々の姿が映し出されているが、作者は虚言に対して客観的に観察し、[達人]が我々を洞察する識見について高い評価を与えながらも、一方では[達人]であろうとも仏法については一線を画し、世俗の事象とは同格に扱ってはならないということを言おうとしている。

〈解説〉(一)　あ「わづらはし」は「うるさい・やっかいだ」の意。　い「覚束なし」は、「不審だ・疑わしい」。「おぼゆ」は、「思われる」の意。　(二)「あはれ」は、「ああ」の意の感動詞。「さる」は、「さある」の約。

「なほ」は、「やはり」。「AもこそB・AもぞB」で不安・危惧を表し、「AがBしたら大変だ・困る」の意。(三)「だに〜まして」の構文に着目すればよい。(五)「る・れ」の識別。「a音＋る・れ」は、助動詞の「る」。「e音＋る・れ」は、助動詞の「り」である。(六) 最終段落が、作者の意見のまとめになっている。

【三】(一) 乎　か(と)　敢　あえて　(二) いづくんぞよくきにつかへん(や。」と)。(三) 王子猷

(四) 傍線部い　家人の安否を気遣い自分の財産のことは尋ねなかったという孔子の慈愛に満ちた人柄を表したものである。　傍線部か　論語の言葉を引用して上司の質問をうまくはぐらかしたという王子猷の機知に富んだ人柄を表したものである。　(五) 生きている馬のこともわからないのに、どうして死んだ馬のことがわかるだろうか、いやわかるはずがない。

〈解説〉(一) 乎　文脈から「反語」ではなく、「疑問」である。　(二) この「焉」は、疑問詞で「いづくんぞ」と読み「どうして」の意。「能―」は、「よく―」と読み、「―できる」。文末は、「未然形＋ン(ヤ)」と「反語」で読む。直後の「孔子」の発言内容と対句になっていることから判断できよう。　(三)「卿」は、二人称の代名詞。同輩以下に使う。　(五)「馬の生死」を述べていることは、直前の問いの内容から明らか。「未―」は、「いまダ―ず」と読む再読文字で「まだ―ない」。「焉」は、「いづくんぞ」と読み、「どうして」。文末が、「知ラン」と「未然形＋ン」になっているので、「反語」で訳出する。

【中学校】

【一】(一) a シ　b ウ　c ク　d コ　e エ　f オ　(二) ① 同じ投書を選んだ人とグループになり、書いた文書をもとに意見発表会を行う。教師が提示した評価の観点にしたがって相互評価し、それを活かして自分の意見文を推敲する。　② 書く能力について、完成した作品を分析し、次のことを評価

する。　・投書の意見の内容を正確に理解して書いているか。　・その内容をふまえた論理的な反論になっているか。　・分かりやすい構成で意見文を書いているか。

〈解説〉「学習指導要領」に関する空欄補充の出題は多い。内容を理解するのはもちろん、しっかり暗記しておきたい。　(二)　②　国語の評価の五観点とは、「国語への関心・意欲・態度」「話す・聞く能力」「書く能力」「読む能力」「言語についての知識・理解・技能」を言う。

【高等学校】

【一】(一)　①　j　②　l　③　h　④　c　⑤　e　⑥　a　(二)　①　友人と投書を交換して読み合い、そこで得られた意見や反論を参考に自分の投書を推敲する。　②　書く能力について、完成した投書を分析し、意見が明確で客観性があるか、読み手を意識した論理的でわかりやすい構成になっているかを評価する。

〈解説〉(一)「学習指導要領」に関する空欄補充の出題は多い。内容を理解するのはもちろん、しっかり暗記しておきたい。　(二)　②　国語の評価の五観点とは、「国語への関心・意欲・態度」「話す・聞く能力」「書く能力」「読む能力」「言語についての知識・理解・技能」を言う。

二〇〇八年度 実施問題

【中高共通】

【一】次の文章を読み、(一)~(六)に答えなさい。


家を借りに来た代書人は、十二三の子供の家主面《やぬしづら》を見ると、あ笑い出さずにはいられなかった。

「生意気を言ってないで、お母さんに手紙を出して聞いとくれよ。」

「母さんならことわるよ。おらから借りときな。」

「それで家賃はおいくら。」

「さあ――――五円だな。」

「ふん、①ソウバを知っている。」と、代書人は少し真面目《まじめ》な風を②ヨソオった。

「五円は高いな。三円にまけときな。」

「知らないよ。」と、い子供は今にも裏の野原へ駈け出して行ってしまいそうだった。代書人はこの子供っぽい駈引きにたわいなくひっかかった。彼にはこの郡役所前の家が絶対に必要だったのだ。

「家賃は、今月だけ前払いでおくれよ。」

「お前に渡すのかい。」

「うん。」と、子供は家主らしい自信を見せてうなずいた。しかし、こみ上げて来る子供の微笑を噛《か》み殺しそこなって、いよいよ鹿爪《しかつめ》らしく口を結んでいた。彼は新しく覚えた金の取引が面白《おもしろ》くてたまらないのだった。

これで二度目の取引だった。

母は姉娘のお産の手伝いに東京へ行ったまま三月も帰らなかった。東京へ来いとは言うが旅費は送ってくれなかった。子供は隣家の世話になっていた。隣家へ来た屑屋《くずや》を引っぱって来て、自分の家の古雑誌やぼろを売った。その調子に乗って、

「これは高いか。」と、火鉢《ひばち》の鉄瓶《てつびん》を外して屑屋に見せてからは、あらゆる物が売れる④ユウギに夢中だった。貧しい家を引っかき廻《まわ》して、死んだ父の晴着まで売ってしまった。もう五円もあれば東京へ往復出来る。子供はこれ等《ら》の取引で大人の生活、日々の④カテが得られる不思議な生活を感じることが出来た。しかも、取引の金を受け取ると同時に、屑屋にしろ、老代書人にしろ、彼等の生活に疲れたみじめさが、子供の頭にはっきり写った。大人の生活の第一歩で自分が勝者に見えた。世の中で飯を食って行くことが出来る見込を感じた。

子供は青森の成子林檎《なりこりんご》の青い匂いを背負って、上野駅に着いた。母もあきれて⑤シカることも出来なかった。帰る故郷も家もなくなった思いが水のように胸に拡がった。長男も東京にいる。あの家屋敷を売れば長男の商売の元手が出来ると何年も責められ通しながら手放せなかったのだった。自分の着物を売り食いしながら残して来た夫の晴着を、この子供はぼろのように売ってしまったではないか。

「三日分寝るんだよ。」と、子供は姉の家へ着くと直《す》ぐ深々と眠ってしまった。

大きい池のある⑥コウガイだった。翌《あく》る日は朝から子供一人でその池へ釣《つ》りに出て行った。帰りにはもう近所の子供を五六人連れて来て、家の門口《かどぐち》で十匹ばかりの鮒《ふな》を分けてやっていた。

家では母も姉も泣いていた。姉の夫が勤先の知り合いの左官屋へ子供を小僧にやるときめて置いたので、今夜⑦ムカえに来るはずだった。母は奉公に出すくらいなら二人で田舎へ帰ると言い張った。子供がつかつか上って来て、う細い川をことをなげに飛び越える時のように言った。

「そんなに皆が喧嘩《けんか》して泣くなら、おらどこへでも奉公するよ。」

母は黙って子供の足袋《たび》をつくろい始めた。子供は母の単衣《ひとえ》とそれから自分のものは、これから夏に向おうというのに、冬の足袋まで行李《こうり》に詰めて持って来ていた。

（川端康成「故郷」より）

(一)　二重傍線部①～⑦のカタカナを漢字で書きなさい。

(二)　傍線部あについて「代書人」が「笑い出さずにはいられなかった」のはなぜか。四十字以内(句読点を含む)で書きなさい。

(三)　傍線部い「子供は今にも裏の野原へ駈け出して行ってしまいそうだった」にある子供の行動にはどのような気持ちを読み取ることができるか、書きなさい。

(四)　傍線部う「細い川をこともなげに飛び越える時のように」にある比喩の種類は何か。また、作者はこの比喩ではどのようなことを伝えたいのか、書きなさい。

(五)　傍線部え「子供は母の単衣《ひとえ》とそれから自分のものは、これから夏に向おうというのに、冬の足袋まで行李《こうり》に詰めて持って来ていた」の背景にある「子供」の気持ちについて、本文に沿って具体的に五十字以内(句読点を含む)で説明しなさい。

(六)　この作品のタイトルである「故郷」に込められた意味について、あなたの意見を本文に沿って、百字以内(句読点を含む)で書きなさい。

(☆☆☆◎◎◎)

【二】次の文章を読み、(一)〜(五)に答えなさい。

あ月やあらぬ春や昔の春ならぬ我身ひとつはもとの身にして

いこの歌、とりどりに解きたれども、いづれもその意くだくだしくして、一首《ひとうた》の趣とほらず。これによりて、今おのが思ひえたる趣をいはんには、まづ二つのやもじは、やはてふ意にて、月も春も、去年にかはらざるよしなり。さて一首の意は、月やは昔の月にあらぬ月も昔のままなり、春やは昔の春にあらざる、春も昔のままの春なり、然るにただ我身ひとつのみは、もとの昔のままの身ながら、昔のやうにもあらぬことよ、とよめるなり。昔とは、思ふ人に逢ひ見たりしほどなり。もとの身といふも、その時のままの身といふことなり。さて身にしてといふは、（う）の意にて、かくとぢめたる所に、昔のやうにもあらぬことよ、といふ意をふくめたるものなり。にしてといへる語のいきほひ、上の句に、月も春も昔のままなるに、といへるとあひ照らして、おのづからふくめたる意は聞こゆるなり。この人の歌、え心あまりて、詞たらずといへるは、かかるをいへるなるべし。伊勢物語のはしの詞に、立ちて見ゐて見見れど、去年に似るべくもあらず、といへるは、おこのふくめたる意を、あらはしたるものなり。去年に似ぬとは、月春の似ぬにはあらず、見るわがここちの、去年に似ぬなり。新古今集雑上に、清原深養父注の、

　昔見し春は昔の春ながら我身ひとつのあらずもあるかな

とよめる歌は、この業平の朝臣の歌を、註したるがごとし。これにて、よく聞えたるものをや。

（「玉勝間」より。ただし、一部文章を改編した。）

（注）清原深養父……平安前期の歌人。

(一) 傍線部あの和歌の作者は誰か、書きなさい。

(二) 傍線部い「この歌、とりどりに解きたれども」とあるが、この歌は助詞「や」の意味によって二通りの

解釈ができる。次の①、②に答えなさい。

① 助詞「や」の意味を二つ示し、それぞれの意味でこの歌を解釈しなさい。

② 筆者は助詞「や」の意味として、①で示したどちらをとっているか、書きなさい。

(三) (う)に入る語句を、本文中から抜き出して書きなさい。

(四) 傍線部え「心あまりて、詞たらず」とはどういうことか、説明しなさい。

(五) 傍線部お「このふくめたる意を、あらはしたるものなり」とあるが、どういうことを含んでいるのか、本文に即して説明しなさい。

(☆☆☆◎◎◎)

【三】 次のA・Bの漢詩を読み、(一)~(四)に答えなさい。

A 芳野懐古　梁川　星巌

今来古往茫《ぼう》茫《ぼう》
石馬無ク㆑声抔《ほう》土《ど》荒ル
春ハ入リテ㆓桜花ニ㆒満山白ク
南朝ノ天子御魂香《あ》シ

(梁川星巌全集)

(注) ○今来古往…昔から今に至るまで
○石馬…石で造った狛犬《こまいぬ》
○抔土…一つまみの土、転じて陵墓の意
○天子…後醍醐天皇のこと

B　芳野　　藤井　竹外

古陵ノ松柏吼ユ二天《てん》飆《ぴょう》ニ一
山寺尋ヌレバレ春ヲ春寂寥（い）
眉雪ノ老僧時ニ輟ヤメレ帚クコトヲ
落花深キ処説ク二［う］一

（竹外二十八字詩）

（注）○古陵…後醍醐天皇の御陵
○天飆…天の一角より吹き来るつむじ風
○眉雪…雪のように白い眉
○輟帚…帚《ほうき》で掃くことを止めること

㈠　A・B二つの漢詩に共通する形式を漢字で書き、そう判断した理由とこのような形式の漢詩の構成を書きなさい。

㈡　Aについて、次の①、②に答えなさい。

①　第三句を、すべて現代仮名遣いの平仮名で書き下しなさい。

②　傍線部あ「香シ」とあるが、何が香シなのか、二つ書きなさい。

㈢　Bについて、次の①、②に答えなさい。

①　傍線部い「春寂寥」を口語訳しなさい。

②　［う］に入る漢字二字を、Aの漢詩の中から抜き出して書きなさい。

㈣　A・Bはどちらも「吉野の桜」に材をとった作品であるが、この二つの漢詩の違いを書きなさい。

（☆☆☆◎◎◎）

【中学校】

【一】次の(一)、(二)に答えなさい。

(一) 中学校学習指導要領「国語」の「指導計画の作成と内容の取扱い」について、次の(a)～(f)にあてはまる語句をア～コから選び、その記号を書きなさい。

① 「話すこと・聞くこと」、「書くこと」、〔言語事項〕の書写に関する指導に配当する授業時数の国語科の授業時数に対する割合は次のようになっている。

・「話すこと・聞くこと」……各学年とも(a)程度

・〔言語事項〕の書写……第一学年は(b)程度、第二学年及び第三学年は(c)程度

② 古典の指導については、古典としての古文や漢文を理解する基礎を養い(d)を育てるとともに、我が国の(e)について関心を深めるようにすること。その教材としては、古典に関心をもたせるように書いた文章、易しい文語文や格言・故事成語、親しみやすい古典の文章などを生徒の発達段階に即して適宜用いるようにすること。なお、指導に当たっては、音読などを通して文章の内容や優れた表現を味わうことができるようにし、文語における(f)については、細部にわたることなく、教材に即して必要な範囲の指導にとどめること。

ア 十分の一	イ 十分の二	ウ 十分の三	エ 十分の一～十分の二
オ 十分の二～十分の三	カ 表現の仕方や文章の特徴	キ 文化や伝統	
ク 古典に親しむ態度	ケ 伝え合う力	コ 言葉のきまり	

(二) 第二学年及び第三学年の〔言語事項〕の「慣用句」について次のような学習を設定した。あとの①、②

に答えなさい。

	ねらい	学習活動
第1時	・慣用句の性質や用法を理解させる。	・教師の説明を聞き、慣用句とはどのような言葉なのかをノートにまとめる。 ・教科書の文章から慣用句を探し、辞書で意味を調べてワークシートに書く。 ・三つの慣用句を選び、短文を作ってワークシートに書く。
第2時	・慣用句に関連した多様な語句についての理解を深め、語感を磨き語彙を豊かにする。	

① 第1時で、「慣用句」とはどのような言葉なのかを生徒に説明したい。慣用句の例を一つあげて慣用句の定義を書きなさい。

② 第2時の学習活動を、ねらいと次の留意点にしたがって工夫し、書きなさい。

留意点　・調べ学習の実践
　　　　・学び合う学習活動

(☆☆☆◎◎◎)

【高等学校】

【二】次の(一)、(二)に答えなさい。

(一)　高等学校学習指導要領「国語」について、「国語総合」の「内容の取扱い」ではどのような言語活動を通して行うようにすることとされているか。「A　話すこと・聞くこと」、「B　書くこと」、「C　読むこと」について適切なものを次のア～コからそれぞれ二つずつ選び、その記号を書きなさい。

ア　相手や目的に応じて適切な語句を用い、手紙や通知などを書くこと。
イ　古文や漢文の調子などを味わいながら、音読、朗読、暗唱をすること。
ウ　情報を収集し活用して、報告や発表などを行うこと。
エ　考えを広げるため、様々な古典や現代の文章を読み比べること。
オ　話題を選んで、スピーチや説明などを行うこと。
カ　文章に表れたものの見方や考え方などを読み取り、それらについて話し合うこと。
キ　文章の理解を深め、興味・関心を広げるために、関連する文章を読んだり創作的な活動を行ったりすること。
ク　自分で設定した課題を探究し、その成果を発表したり報告書などにまとめたりすること。
ケ　古典を読んで関心をもったことなどについて調べ、文章にまとめること。
コ　本を読んでその紹介を書いたり、課題について収集した情報を整理して記録や報告などを書いたりすること。

(二)「国語表現Ⅰ」で、次のような授業を行った。あとの①、②に答えなさい。

単　　元　紹介・案内の技術　―学校紹介のパンフレットを作る―
単元の目標　様々なパンフレットの工夫や効果を吟味し、（　ア　）に役立てる。
配当時間　5時間
指導計画　第1時　いろいろなパンフレットを集め、用途と関連させながら、工夫や効果を分析する。
第2時　グループで学校紹介のパンフレットを作るための企画を立て、役割分担を決める。
第3時～第4時　分担に従って取材し、紹介文を書き、構成を考えてパンフレットを完成させる。
第5時　完成したパンフレットを展示し、互いに批評しあう。

① 高等学校学習指導要領「国語」の「内容」の指導事項を踏まえて、（　ア　）に入る適切な語句を書きなさい。
② あなたが、この単元を通して、生徒の学習状況について評価する際に、国語の評価の五観点のうち、どの観点を中心にどのような評価を行うか、具体的に書きなさい。

（☆☆☆◎◎◎）

解答・解説

【中高共通】

【二】(一) ① 相場 ② 装 ③ 遊戯 ④ 糧 ⑤ 叱 ⑥ 郊外 ⑦ 迎 (二) 代書人は、子供が自分を家主のように振る舞う姿に対して逆に子供らしさを感じたから。 (三) 今にも駈けだしそうな様子を代書人に与えることにより、取引を有利に進めたい気持ち。 (四) 比喩の種類 明喩(直喩) 母や姉が心配している奉公に出ることについては、成長を遂げた今の子供にとっては、十分乗り越えられることだということ。 (五) 母を尊敬するとともに、日々の糧を得ることへの自身を持ち、故郷を出て大人として自立しようとする気持ち。 (六) 「故郷」を出ることによって、「故郷」ができるということを暗示し、子供はやがて大人へと自立を遂げるが、「故郷」で過ごした様々な経験が世の中をわたる上での価値観を醸成し、自信を育む土壌となっていること。

〈解説〉(一) 同音異義語・同訓異字・類似の字形に注意すること。 (二) 「十二三の子供の家主面」と以後の会話から子供の大人びた応待に代書人は失笑せざるを得なかったのである。 (三) 子供ながら、自分の要求を相手に認めさせるための大人っぽい駆け引きの心情。 (四) 「~のように」「~のようだ」を用いて直接比喩する修辞法。明喩ともいう。奉公に出ることへの子供の決意を表す。 (五) 「母の単衣」は、これから夏へ向うために母親に必要な着物であり、母親思いの子供であることを表している。自分のもので冬の足袋まで準備していたことは、奉公に出る決意で上京したことを示している。 (六) 子供が「故郷」で経験した代書人や屑屋との取引の生活で、大人の生活を教えてくれたものを、東京での新しい生活で役立てるという意識の中に、子供は「故郷」の有難さ、存在価値を感じ取っている。

【二】(一)　在原業平　(二)①　意味　疑問　解釈　月は昔の月ではないのだろうか。春は昔の春ではないのだろうか。私の身一つはもとのままなのに、すべては変わってしまった。　意味　反語　解釈　月は昔の月ではないのか、いや昔のままの月だ。春は昔のままの春ではないのか、いや昔のままの春だ。私の身一つはもとのままなのに、私の心はすっかり変わってしまった。　②　反語　(三)　身ながら　(四)　作者の心情はありあまるほどよく伝わってくるが、表現が不十分だ、ということ。　(五)　月も春も私の身も(あの人とともにいた)昔のままであるが、それを見ている私の心は昔のようではないことよ、ということ。

〈解説〉(一)　在原業平(八二五〜八八〇)　阿保親王の子。在五中将とも呼ばれた。　(二)①「や」は、係助詞で、疑問と反語の意を表す。結びとなる活用語は連体形をとる(係結びの法則)。「月やあらぬ」「春や昔の春ならぬ」の「ぬ」は、打消の助動詞「ず」の連体形。　②「まづ二つのやもじ、やはてふ意(「やは」という意)にて、月も春も、去年にかはらざるよしなり」とある。「やは」は反語を表す係助詞。　(三)「然るにただ我が身ひとつのみは、もとの昔のままの身ながら、昔のやうにもあらぬことよ、とよめるなり。」とある。(四)「心あまりて」は、「ありあまるほど伝わってくる心情」。「詞たらず」は、「表現不足」。　(五)「お」の前の文「伊勢物語のはしの詞に、立ちて見ゐて見見れど、去年に似るべくもあらず」と「お」以下の文「去年に似ぬとは、月春の似ぬにはあらず、見るわがここちの、去年に似ぬなり。」から正しく判じ、説明すること。

【三】(一)　形式　七言絶句　理由　一句七字で四行の漢詩であるから。　構成　起句、承句、転句、結句という四句構成で、初句末及び偶数句末に押韻する。　(二)①　はるはおうかにいりてまんざんしろく　②　(吉野山全体に咲く)桜の花　南朝の天子(後醍醐天皇)の(御)魂　(三)①　(まことに・ひっそりと)もの寂しい春(である)。 ② 南朝 (四) どちらも「吉野の桜」と後醍醐天皇の昔、南朝を詠んだ(日本)漢詩だが、Aが「満山白く」とあるように春真っ盛りの中で、歴史の興亡の悲哀を絵画的に描写しているのに対して、Bは春の盛りはすでに過ぎてしまったもの寂しい春に、「眉雪の老僧」を登場させ「落花深き処」と相まって、動画的な構成としている。

〈解説〉(一)「七言絶句」は、七字四句形式。唐代に確立された近体詩の一種。絶句の構成として起承転結の法則がある。起句(第一句)で詩の内容を歌い起こし、承句(第二句)で、第一句を承けて展開し、転句(第三句)で、詩想を一転させ、結句(第四句)で全体を結ぶ。押韻は、五言絶句は、二・四句末。七言絶句は、一・二・四句末。 (二) ① 第三句は、訓点に従って書き下すこと。「桜花」(おうか)「満山」(まんざん)に注意する。 ② 「香」の主語は、「南朝天子御魂。」それに「満山白く咲く桜花」の芳香を含めている。 (三) ①「春寂寥」の「寂寥」(せきれう・せきりょう)は、「寂寞」と同じ。さびしく静かなさま。 ②「古陵」は、後醍醐天皇の陵(塔尾陵)。南朝の天子の墓。ここにもヒントがある。 (四) A、Bともに「南朝の天子」(後醍醐天皇)を偲ぶ歌であり、季節は「春」。Aの「春入桜花満山白」の中での歴史的興亡の悲哀の詩とBの「山寺尋春春寂寥」のあとに続く老僧の南朝を語る悲嘆の詩とが対照的である。

【中学校】

【一】(一) a エ b イ c ア d ク e キ f コ (二) ① 慣用句の例 お茶を濁す 定義 二つ以上の語を組み合わせて、別の新しい意味を持つようになった決まり文句のこと。 ② 第2時 例 1 辞書で同じ言葉(例えば体の一部など)が使われている慣用句の意味や用法、あるいは慣用句の類義語・対義語を調べ、慣用句に関するクイズを作る。 2 グループでクイズの問題と答えに間違いがないかを確かめてから、提示用の画用紙に問題を書く。 3 グループごとにクイズを出題し、他の生徒がそれに答える。

〈解説〉(一)　旧学習指導要領の領域構成は「A　表現」「B　理解」の二領域であったが、新学習指導要領では、「A　話すこと・聞くこと」「B　書くこと」「C　読むこと」の三領域に改訂されるとともに、学年も第一学年と第二学年及び第三学年の二つの学年に改められた。「言語事項」の「書写」もそのために各学年の指導に配当する授業時数の割合も変更されている。　古典の指導については、(f)を含む文が新しくつけ加えられた。

(二)　設問の「慣用句」に関する学習は、学習指導要領の「第二学年及び第三学年」の「言語事項」(1)「A　話すこと・聞くこと」「B　書くこと」「C　読むこと」の指導を通しての指導イに「慣用句の意味や用法に注意すること」が示されている。　①　慣用句を正しく定義づけるとともに、慣用句を用いた短文づくりも計画してみよう。　②　慣用句と故事成語との関わりや用法の間違いなども指導すること。

【高等学校】

【二】(一)　A　ウ、オ　B　ア、コ　C　エ、カ　(二)　①　自己の表現や推敲　②　(例)　書く能力について、完成されたパンフレットの紹介文やレイアウトを分析し、用途にあった情報を効果的に伝えるようにしているかを評価する。

〈解説〉(一)「国語総合」は、総合的な言語能力の育成を目指し、従前の「国語I」の内容を改善した必履修科目である。教科の目標を全面的に受け、小学校国語及び中学校国語と同様の趣旨により、「A　話すこと聞くこと」「B　書くこと」「C　読むこと」及び「言語事項」の三領域一事項から内容を構成し、これに基づいて内容を構成し、これに基づいて内容の重点化を図っている。　言語活動例は、領域ごと科目ごとの指導内容と言語活動との密接な関連を図り、学習意欲を高め、主体的な学習活動を通して、指導内容を確実に身に付けさせることをねらいとしたものである。　イとケは、「古典」の言語活動例。キとクは、「現代文」の言語活動例。

(二)「国語表現Ⅰ」は、従前の「国語表現」及び「現代語」の内容を再構成して、新たに設けた必履修科目である。「A　話すこと・聞くこと」及び「B　書くこと」の領域を中心として内容を構成し、特に、自分の考えを持ち、論理的に意見を述べたり、相手の立場や考えを尊重して話し合ったりする態度や能力、目的や場面に応じて適切に表現する能力の育成を重視する教科である。①　空欄アに入る単元目標は、「国語表現Ⅰ」の内容の指導事項のエを学習目標にしたものである。②　国語の観点別学習状況の五観点は、「国語への関心・意欲・態度」「話す・聞く能力」「書く能力」「読む能力」「言語についての知識・理解・技能」のうち、この授業では「書く能力」に関して、単元目標についての学習到達度を評価することをのべる。

二〇〇七年度　実施問題

【中高共通】

【一】次の文章を読み、(一)～(六)に答えなさい。

去年の秋、木曽を通った。強い送り風が吹いていて、風の呼吸のたびに、タクシーの背中がどっと重味を感じ、無数の落葉が走るくるまを追い抜いて、乱舞した。胴ぶるいのくる冷えだったが、寒くて先急ぎしたい気持とは別に、落葉のみごとさは、これはもう飽かずに眺めていたい景色だった。

桟《かけはし》のうえは、ひときわおもしろい落葉の舞だった。どっと吹くと、道も川も山も空も、縦横の木の葉のあ飛行になった。いのちあるもののようにとび①カい、心をもっているもののように舞った。梢をはなれる葉がまた、なんともいえない眺めだった。一瞬のなごりも残さず、ついと同時に、何十枚もが一斉に枝をはなれる。それなり飛んでとんで、（　A　）群舞の中へまぎれ、もう見わけがつかない。何度（　B　）目をみはっていても、落葉は行方をくらました。雲のきれ目から、夕陽がほそい縞になって射した。陽の縞のなかにはいったところは、山も川も落葉も、おどろくほど濃い色になった。華麗だった。

宿へついてからも、落葉のことばかり思った。あれはいったい、何万枚の葉だったろうとおもう。それにつけても、いったい一本の広葉樹は、毎年どれだけの葉を脱ぐものなのか。見当もつかないことだった。専門の人にはきっと、ちゃんとした計算法もあり、また習熟や経験から、②モクサンもたつものかもしれない。なぜならある植物学の人が、この木だと実はおよそ何千、といろはもみじについて話してくれたことがあるからで、きっと葉についても何等かの計算があるものとおもう。木の葉の数なんてどうということもないものだが、一度はてと思いつくと、びっくりしてその③ボウダイな数を気にする。十本二十本ならまだしも、百本をこえる広葉樹の葉の数となったら、それはもう④トウテイ、想像も及ばない数量だ。山というしかないだろう。それなのに別に年々山が大きくなるわけでもなし、川が⑤ウまることもきかない。

葉だけではない。花も実も同じこと、木は毎年花を咲かせ、花を散らせ、実を結ばせその実を振りおとしている。葉と花と実と、年に三度新しくつくっては捨てる。つねに新生を好く性質なのか、つねに捨てるのを好む性質なのか。木が古いままずっと持ち続けていくのは、樹幹と根である。これとて年々の新しい生産は勿論あるのだが、それを捨て去ることはしない。ここにだけ⑥シュウチャクがある、というようにも見える。女の目からみれば、幹と根はからだ、葉と花と実はいわばい上っ張り。上っ張りはその時の用にたてばそれまでのこと、古くなればどんどん脱ぎかえる。

なににせよ、木の生命は何十年か、何百年か。樹種にも⑦カンキョウにもよるだろうが、その長い一生をずっと狂うことなく、毎年新しくつくりつつ、捨てつつ生きていくとは、思えば（　C　）潔すぎて、こわいみたいなことである。色うつくしい落葉の舞を見ているかぎりでは、恍惚として楽しいが、それから先をちょっとでものぞこうとすれば、なんだかぎょっとこわい。自然のものはやさしく美しいけれども、うなにか冷え冷えと凄い感じをもたされることしばしばである。

なんでもたいがいは、自分にことよせてものを思う、という。落葉が気になったのも、無意識のうちに下敷にしているものがあったからだとおもう。木の捨て好きというか、裸になりたがるというか、それともう一つは落葉の軽さとに、え下敷のはしがひっかかったのである。軽い、ということはかねてから気にしていたことなのだが、昨冬病んでからは、一層気をはなれず、軽くありたい、軽くなるにはまず捨てることだ、とそれがいつも下敷になってついてまわる。

といっても私のことだから、身辺のごく小さな整理なのだが、なにしろこの年齢までひきずってきた整理しきれぬ事ども、物どももだからそう思うほどたやすく、捨てきれない。親のかたみだとか、自分の心やりだとか、歳月のかかったものは、捨てるにも置くにも、とかく手にあまる重さである。六十何年暮してくれば、そして病んだあとにしみじみ思えば、軽くなっているのは持時間だけ、浮世のしがらみはなにやかやと目方がついていた。こんな下地があるから、木を見ておそれることにもなるのだろう。

（幸田　文「網目」より）

(一)　傍線部①～⑦のカタカナを漢字で書きなさい。

(二)　空欄Ａ～Ｃに最も適する副詞をア～オから選び、その記号を書きなさい。

ア　いささか　　イ　きっと　　ウ　しっかり　　エ　あたかも　　オ　たちまち

(三)　傍線部あ「飛」と傍線部い「張」の筆順について、次の黒字部分はそれぞれ何画目か。漢数字で書きなさい。

飛　　　　張

(四)　傍線部うの「なにか冷え冷えと凄い感じ」とは「木」のどのような性質から作者が抱いた感慨か。本文中の語句を用いて四十字以内で書きなさい。

(五)　傍線部えについて、「下敷のはしがひっかかった」とはどういうことか。百字以内で書きなさい。

(六)　本文を教材として授業の中で扱う際に、傍線部お「浮き世のしがらみ」と「木」との関係を板書で説明することを想定し、黒板に見立て、わかりやすく図示しなさい。その際、キーワードとして「軽い」「重い」「下敷」は必ず用い、その語句を□で囲むこと。

（☆☆☆◎◎◎）

【二】 次の文章を読み、(一)〜(五)に答えなさい。

下総国《しもつふさのくに》に御家人ありけり。領家[注1]の代官と相論する事あつて、度々問答しけれども、事ゆかずして、鎌倉にて対決しけり。泰時[注2]、御代官[注3]の時なりけるに、地頭[注4]、領家の代官と重々問答して、領家の方に肝心の道理を申し述べたりける時、地頭手をはたはたと打ちて、泰時の方へ向きて、「あら負けや」と云ひたりける時、座席の人々一同に、「は」と笑ひけるを、泰時うちうなづきて、「いみじく負け給ひぬる物かな。泰時御代官として年久しく、かくの如く成敗[注5]仕《つかまつ》るに、『あはれ負けぬる物を』と聞く人も、叶《かな》はぬ物ゆゑに、一言も陳じ申す事にて、よそより A こそ負けに落とさるれ、我と負けたる人未だ承らず。前の問答は、互ひにさもと聞えき。今領家の御代官の申さるる所肝心と聞ゆるに、陳状[注6]なく負け給ひぬる事、返す返すいみじく聞え候ふ。正直の人にておはするに B こそ」とて、涙ぐみて讃《ほめ》られければ、C 笑ひつる人々もにがりてぞ見えける。さて領家の代官、「日来《ひごろ》の道理を聞きほどき給ひ、ことさらのひが事にはなかりけり」とて、六年が未進[注7]の物、D 三年をば許してけり。情けありける人なり。これ E こそ、(　)の風情なれ。

されば、人は物の道理を知り、正直なるべき物なり。失《とが》を犯しても、物の道理を知りて我がひが事と思ひて、正直に失を顕《あら》はし恐れ慎めば、その失許さるるなり。失とも思はず、隠し、そら事をもてあやまらぬ由を云ふは、いよいよ失も重し。仏法の中の懺悔《ざんげ》もこの心なり。心地観経[注8]に云はく、「若し罪を隠せば罪いよいよ増長し、発露懺悔[注9]すれば罪即ち消滅す」といへり。F 木の根に土を置けば木いよいよさかえ、根をあらはせば木の枯るるに喩《たと》ふ。罪障《ざいしやう》の木を枯らさんと思はば、発露懺悔して根をあらはすべし。

（「沙石集」より）

(注1) 領家……荘園領主。 (注2) 泰時……北条泰時。鎌倉幕府第三代執権。 (注3) 御代官……執権のこと。 (注4) 地頭……源頼朝によって荘園に配置された職。御家人が任命された。

（注5）成敗……裁決すること。（注6）陳状なく……反論なく（注7）未進の物……未納の年貢
（注8）心地観経……「大乗本生心地観経」のこと。（注9）発露懺悔……罪を顕して悔いること。

(一) 傍線部A・B・Eの「こそ」を用いて、「係り結び」について説明する授業を計画した。どのように説明するか、それぞれの結びがどうなっているかを明らかにした上で書きなさい。

(二) 傍線部C「笑ひつる人々もにがりて」となった理由を分かりやすく説明しなさい。

(三) 傍線部D「三年をば許してけり」とはどういうことか。理由を含めて説明しなさい。

(四) （　）の中に入るものとして、最も適するものをア～オから一つ選び、その記号を書きなさい。

ア　案ずるより生むが易し　　イ　海老をもつて鯛を釣りたる　　ウ　虎穴に入らずんば虎子を得ざる

エ　覆水盆にかへらず　　オ　負けたればこそ勝ちたれ

(五) 傍線部F「木の根に土を置けば木いよいよさかえ、根をあらはせば木の枯るるに喩ふ」について、授業の中で生徒に次のように説明した。①、②に、たとえている内容を書きなさい。

木の根に土をかぶせると木の勢いが盛んになるように、（　①　）、木の根をあらわにすると木が枯れるように、（　②　）。

（☆☆☆◎◎◎）

【三】次の漢文を読み、(一)~(五)に答えなさい。

古之學者《ハ》必《ズ》有《リ》レ師。A師者所二以傳《ヘ》レ道《ヲ》授《ケ》レ業《ヲ》解《ク》一レ惑《ヒヲ》也。B人《ハ》非《ズ》二生《レナガラニシテ》而知《ル》レ之《ヲ》者《ニ》一。孰《カ》能《ク》無《カラン》レ惑《ヒ》。惑《ヒテ》而不《ンバ》レ從《ハ》レ師《ニ》、其《ノ》爲《ル》レ惑《ヒ》也、終《ニ》不レ解《ケ》矣。生《レテ》二乎吾《ガ》前《ニ》一、其《ノ》聞《ク》レ道《ヲ》也、固《ヨリ》先《ナラバ》二乎吾《ヨリ》一、吾從《ツテ》而師《トセン》レ之《ヲ》。生《ルトモ》二乎吾《ガ》C《ニ》一、其《ノ》聞《ク》レ道《ヲ》也、亦先《ナラバ》二乎吾《ヨリ》一、吾從《ツテ》而師《トセン》レ之《ヲ》。吾《ハ》師《トスル》レ道《ヲ》也。D夫《レ》庸《ゾ》知《ラン》三其《ノ》年之先二後生《ナルヲ》於吾《ヨリ》一乎。是《ノ》故《ニ》無《ク》レ貴《ト》無《ク》レ賤《ト》、無《ク》レ長《ト》無《ク》レ少《ト》、道之所《ハ》レ存《スル》、師之所レ存《スル》也。

(「文章軌範」より)

(注)學者＝学問に志す者　業＝読書や作文といった具体的な知識や技術　固＝もちろん

(一)傍線部A「師者所以傳道授業解惑也。」を平仮名だけの書き下し文にしなさい。

(二)傍線部B「人非生而知之者。孰能無惑。」を口語訳しなさい。

(三)空欄Cに入る漢字一字を書きなさい。

(四)傍線部D「夫庸知其年之先後生於吾乎。」に用いられている句法をア~エから一つ選び、その記号を書きなさい。

ア　使役　イ　比較　ウ　否定　エ　反語

(五)この文章を授業で扱うにあたって、「学ぶ」ことと「師」との関係について生徒にどのように説明するか、書きなさい。

(☆☆☆◎◎◎)

【中学校】

【二】次の(一)、(二)に答えなさい。

(一) 次の表は、中学校学習指導要領「国語」の「言語事項」の各学年の指導事項である。a～hにあてはまる語句をア～タから選び、その記号を書きなさい。

	第1学年	第2学年及び第3学年
(1) 「A話すこと・聞くこと」、「B書くこと」及び「C読むこと」の指導を通して、次の事項について指導する。	ア　話す（　a　）や音量、言葉の調子や間のとり方などに注意すること。 イ　語句の辞書的な意味と文脈上の意味との関係に注意すること。 ウ　事象や行為などを表す多様な語句について理解を深めるとともに、話や文章の中の語彙について関心をもつこと。 エ　話や文章の中の段落の役割や文と文との（　d　）などを考えること。 オ　単語の（　f　）について理解し、指示語や接続詞及びこれらと同じような働きをもつ語句などに注意すること。 カ　話し言葉と書き言葉との違いについて理解し、適切に使うこと。	ア　音声の働きや仕組みについて関心をもち、理解を深めること。 イ　慣用句、（　b　）と対義語、同音異義語や多義的な意味を表す語句の意味や用法に注意すること。 ウ　（　c　）な概念などを表す多様な語句についての理解を深め、語感を磨き語彙を豊かにすること。 エ　相手や目的に応じて話や文章の形態や展開に違いがあることに気付くこと。 オ　文の中の（　e　）の順序や照応、文の組立てなどについて考えること。 カ　単語の（　g　）について理解し、助詞や助動詞などの働きに注意すること。 キ　共通語と方言の果たす役割などについて理解するとともに、（　h　）についての理解を深め生活の中で適切に使えるようにすること。

ア　活用　イ　具体的　ウ　技術　エ　多義語　オ　接続関係　カ　敬語
キ　修飾語　ク　主述関係　ケ　速度　コ　文の成分　サ　はたらき　シ　類別
ス　抽象的　セ　意味・用法　ソ　話材　タ　類義語

(二)　中学校学習指導要領解説「国語編」の「言語事項」の書写に関する事項のうち、第1学年の行書の指導にあたって留意すべき点を四つ書きなさい。

(☆☆☆◎◎◎)

【高等学校】

【一】　A高校では、1学年は「国語総合」を、2学年は「現代文」と「古典」を、3学年は「国語表現Ⅰ」を履修している。
次の(一)、(二)に答えなさい。

(一)　「現代文」と「古典」の指導をする際に準拠すべき、「高等学校学習指導要領」の「内容」及び「内容の取扱い」として適するものをア～コから五つ選び、その記号を書きなさい。

ア　文語のきまり、訓読のきまりなどついては、読むことの指導に即して行う程度とすること。なお、口語のきまり、言葉遣い、敬語の用法などについても、必要に応じて扱うこと。

イ　文語文法の指導は読むことの学習に即して行い、必要に応じてある程度まとまった学習もできるようにする。

ウ　常用漢字の読みに慣れ、主な常用漢字が書けるようになること。

エ　古典を読んで、日本文化の特質や日本文化と中国文化の関係について考えること。

オ　近代の文章や文学の変遷については、文章を読むための参考になる程度とする。

カ　論理的な文章について、論理の展開や要旨を的確にとらえること。
キ　文章の内容を叙述に即して的確に読み取ったり、必要に応じて要約したりすること。
ク　話すこと・聞くことを主とする指導には十五単位時間程度を配当するものとし、計画的に指導を行うこと。
ケ　書くことを主とする指導には三十単位時間程度を配当するものとし、計画的に指導を行うこと。
コ　話すこと・聞くこと及び書くことの言語活動を効果的に取り入れるようにする。

(二)　「国語表現Ⅰ」で、次のような授業を行った。①、②に答えなさい。

単　　元　「電話の伝言を正しく伝えよう」（3時間）
単元の目標　情報を収集、整理し、（　a　）かつ（　b　）に伝える文章にまとめる。
配当時間　3時間
指導計画　第1時　VTRや資料を用いて、電話で話すこと・聞くことの留意点に気づく。
　　　　　第2時　用件を伝える効果的なメモの書き方について理解する。
　　　　　第3時　電話で用件を聞き、内容を伝えるメモを作成する。

①　高等学校学習指導要領「国語」の「内容」の指導事項を踏まえて、a、bに適する語句を書き、単元の目標を完成させなさい。
②　あなたが、このような授業を行った場合、生徒の学習状況について評価する際に、国語の評価の五観点のうち、どの観点についてどのような評価を行うか、一つの観点をあげて具体的に書きなさい。
（☆☆☆◎◎◎）

解答・解説

【中高共通】

【二】(一) ① 交 ② 目算 ③ 膨大 ④ 到底 ⑤ 埋 ⑥ 執着 ⑦ 環境 (二) A オ B イ C ア (三) あ 六画目 い 四画目 (四) (例) 毎年葉をつけ花を咲かせ実をつけ、やがてそのすべてを捨て去り新生を好む木の性質。 (五) (例) 何事も自分の身にことよせて人間は考えるものだが、特に落葉が気になるのは、すべてを捨てる姿と恬淡として散る落葉の軽さである。昨年病んだ自分にとって、この軽さが無意識のうちに私の心のはしに残ったということ。 (六) 解説参照

〈解説〉(一) 同音異義語・同訓異字・類似の字形に注意すること。 (二) 空欄前後の文との関係を正しく捉え、文脈が整合するように適切な語を選ぶこと。 (三) 筆順は、小学校教育で学習済みだと思われるが、正しく点画についても確認のこと。 (四) 花は咲いてもやがて散り、人は生まれてもやがて死ぬ。この世の転生を象徴する「木」の性質に対する感慨。 (五) 「下敷」の比喩は、昨冬の病から「軽くありたい」という身の周りの処理への願望。木と落葉のことが心の隅に残ったのである。 (六) 「浮き世のしがらみ」(人生でのまつわりつくもの)と木を左右に分けて板書し、「しがらみ」と「木の葉・木の実」を対比させる。「しがらみ」の内容を「整理しきれないこと・物」として、その内容を①親の形身、②自分の心やり、③歳月のかかったもの(作品・育児等)に列挙してみよう。この全体(しがらみ)の要約として「重い」とし、その下に「軽い」(残された寿命)と示しておく。一方、「木」の方では、「しがらみ」に対応するものとして、「葉と花と実」を書き双方向の矢印で対比させる。※「木の性質」と記して、「捨て好き・裸になりたがる・落葉の軽さ」を書き「軽い」として、「浮き世のしがらみ」の要約「重い」と双方向の矢印で対比する。この双方向の矢印の下に「下敷」とし

(軽くありたい願い)で包む。

【二】(一)　文語文においては、文中に係助詞「ぞ、なむ、や、か、」があると、それを受ける文末は連体形、係助詞「こそ」があると已然形で結ぶ。これを係り結びの法則という。「こそ」の係り結びの働きは強調である。その典型となっているのがEである。ここでは文末の結びが「風情なれ」のように断定の助動詞「なり」の已然形となっている。ただしこの用法以外に、Aのように、「落とさるれ」と已然形で文が終止せずに、読点「、」で続いていく場合には、後の文と逆接(けれども)でつなぐ働きを持つものもあり、これを「逆接強調」の用法と呼ぶ。さらに、Bのように「こそ」で文が終止し、結びの語がない場合があるが、これを「結びの省略」という。このような場合、文脈に応じて結びの語を補って訳すとよい。今回は「あらめ」や「あれ」という語が省略されていると考えられる。(二)　自ら裁判での負けを認めた地頭を人々は愚かなことと思わず笑ってしまったが、執権泰時が潔く自らの過ちを認めた地頭の正直さを涙ながらに賞賛したことで、人々は自分たちの浅はかさに気まずさを感じたから。(三)　領家の代官は、地頭が自分の過ちを素直に認め、また故意に非道な行いをしたのではないことが分かったため、六年間の年貢の滞納のうち三年間分を免除されたということ。(四)　オ　(五)　①　過ちを隠したり嘘でごまかしたりするとますますその過ちは大きくなってしまう。②　過ちを正直に素直に認めるのがよい。

〈解説〉(一)　まずは「係り結び」全体に対する説明をすること。その中で「こそ」の用法を基本のもの(E)から詳細を述べていくとよい。Bのように「結びの省略」例については、省略された結びの語に対する説明を加えた方がよい。(二)　「にがる」とは、「顔をしかめる。苦い顔をする」の意。人々が笑った理由とその後苦い顔に変化した理由の二点をまとめるとよい。まず、笑った理由であるが、地頭が裁判で負けをあっさり認めたことへの滑稽さであり、次に、苦い顔に変化したのは、執権泰時が地頭の正直さを褒め讃えたからであり、早計にも笑ってしまった自分たちの行為を恥じたのである。　(三)　「三年を許してけり」の具体的内容をまとめることと、許された理由の二点をまとめること。三年の具体的内容については、傍線部の直前から六年間の未納の年貢の半分の三年であることが把握できるはず。さらに許された理由は、領家の代官のせりふ「日来の道理を聞きほどき給ひ、ことさらのひが事にはなかりけり」に明らかである。以上の二点をまとめればよい。
(四)　第一段落の挿話の内容を理解しよう。地頭が裁判に敗れたにもかかわらずその正直さから、未納の年貢の半分を免除されたという結果は、裁判では負けたが結果としては勝ちを得たということである。よって正解はオとなる。　(五)　設問の「木」がどのような「木」かを押さえる。そのためには傍線部直後に「罪障の木を枯らさんと思はば、発露懺悔して根をあらわすべし」の部分が手がかりとなる。「罪障の木」に「土をかぶせ」ることは、失敗・罪を隠蔽することであり、その行為は罪を増大していくことにつながる。また、「木の根をあらわにする」ことは、失敗は正直に認めるということである。地頭のエピソードも手がかりにしよう。

【三】(一)　しはみちをつたへげふをさづけまどひをとくゆゑんなり。　(二)　人間は生まれたときからものごとを知っている者ではないし、だれが迷いを持たずにいることができようか、いやだれもが迷いを持つであろう。
(三)　後　(四)　エ　(五)　人は誰でもはじめから何でも知っていたりすることはなく、分からないことが多くて迷ってしまうものである。そこで「師」について「学ぶ」ことが必要になるわけであるが、「師」にとって大切なことは、身分や年齢ではなく、真理を伝え、技術を教え、分からないと迷っている人の迷いを解決することである。
〈解説〉(一)　平仮名だけで書き下すことを注意すること。書き下す際には歴史的仮名遣いが基本である。「者」は主語を提示する働きを持ち「は」と読む。「傳」は「伝」の旧字体。「所以」は重要語。読めるようにしておきたい。(二)「之(これ)」の指示内容を明示すること。指示内容は直前の文の、「道(真理)」や「業(知識・技術)」を指す。次に「孰カ」はこの場合「たれカ」(誰が)と読むことに注意しよう。当然「誰が」という文頭なのであるから、文末は「〜か」で終わる必要があるが、ここは疑問ではなく反語表現であることに注意し、訳では反語表現であることを明示しよう。(三)問題文最後に二行で、師の存在意義にふれているところに注目しよう。「師」とは「身分や年齢の多い少ないに関係ない」と述べられている。先に生まれようが後に生まれようが、真理を聞き知った人が「師」なのである。(四)基本問題。書き下し文にすると「夫れ庸ぞ其の年の吾より先後生なるを知らんや」となるが、「庸ぞ〜んや」は反語の典型的パターンである。(五)まずは、人はどのような状態にあるから「学ぶ」行為を実践するのかを説明すること。次に、正しく「学ぶ」には「師」につかなければならないという学ぶことと「師」との「関係」について説明を加えること。そして最後に「師」はどのような資質がいるのかを説明するとよい。

【中学校】

【一】(一)　a　ケ　b　タ　c　ス　d　オ　e　コ　f　シ　g　ア　h　カ

(二)(例)①　文字の大きさや形を整えて書く。②　配列に注意すること。③　点画と筆順についての規準の緩和。④　文字の組立てに注意すること。

〈解説〉(一)　旧学習指導要領の二領域一言語事項は、改訂により「A　話すこと・聞くこと」「B　書くこと」「C　読むこと」の三領域と一言語事項に変わり、より充実した言語能力の育成を図っている。言語事項は、領域を支える語句、用法的な機能についての指導事項である。(二)　中学校国語の学習指導要領の第一学年の「言語事項」(3)のイに、「漢字の行書の基礎的な書き方を理解して書くこと。」と示してある。書写に関する

「言語事項」は、小学校教育でその基礎が培われていると思われるから、行書については、楷書との違い(点画・筆順等の緩和)等について正しく指導すること。

【高等学校】

【二】(一)イ、エ、コ(現代文)　オ、カ(古典)　(二)①　a　正確　b　簡潔　②　解説参照

〈解説〉(一)アは「国語総合」「内容の取扱い」の「言語事項」のイにあるが、「文語のきまり、訓読のきまりなどに」は、文言になく「エについては」とあるのみ。ウは、「国語総合」の「言語事項」のウ。クは、「国語総合」の「内容の取扱い」の(2)のア。ケも同じく(3)のア。キは、「国語総合」の「C　読むこと」のア。

(二)①　aとbは、「国語表現Ⅰ」のイに示されている。改訂前の学習指導要領には、「情報を収集～」の前に、「適切な話題や題材を取り上げ、それについて」の文言があった。②　新学習指導要領は、学習領域を「A　話すこと・聞くこと」「B　書くこと」「C　読むこと」の三領域とし、評価の対象はこの三領域に加え、「知識・技能」面と「意欲・関心・態度」の情意的面がある。どの分野での生徒の取組みを評価するかを明らかにして設問に答えること。

二〇〇六年度　実施問題

【中高共通】

【一】次の文章を読み、(一)〜(七)に答えなさい。

これまで「永訣の朝」は賢治の挽歌とされてきた。（　1　）、それに誤りはない。そのためであろう。賢治の言葉をのせる標準語の部分が、この詩の骨格とされてきた。朗読するときも、その部分が大きく強くクローズアップされて読まれてきた。それにくらべるとき、とし子の岩手方言は、カッコにくくるという作者の演出も手伝って、どちらかというとくぐもったような口調で(気持ちで)読まれてきた。暗い背景から明るい詩語の表面にとどけられるような言葉として、それは発語されてきた。標準語が主旋律、方言がその伴奏、といった感覚だったのではないだろうか。標準語が前景にせり出し、方言が後景に①シリゾいている。そういう解釈、そういう読み方、そしてそのような朗読の仕方が定着してきた。私の目にはそのように映るのである。

（　2　）、それは間違った解釈、誤った読み方ではないだろうか。なぜならこの詩の真の主人公は最愛の妹とし子の魂の声のほうではないかと思うからだ。「けふのうちに　とほくへいってしまふわたくしのいもうと」は本当は妹の魂であり、そのとし子の魂の声を、それこそ全身を耳にして聞きとろうとしている賢治がそこにいるからだ。賢治はとし子の②亡骸のそばにいて、（　3　）そこにはいない。賢治の魂も、遠くへ逝ってしまうとし子の魂を追って③ヒショウしている。

賢治のか細い、すがりつくような標準語が、（　4　）宙を流れていっているようではないか。その断片のような標準語の浮き沈みのなかから、大気を引き裂くようなとし子の声が聞こえてくる。そして、さきにもふれたように、④ユイゴンのようにいいのこした最後の言葉が、この詩の終わり近くになって姿をあらわす。「うまれでくるだて　こんどはこたにわりやのごとばかりでくるしまなあよにうまれてくる」(こんど生まれてくるときは、自分のことばかりで苦しまないような人として生まれてきます)。

(　5　)、この詩の主旋律は、とし子が呼びかける方言のなかにこそ流れていると思わないわけにはいかない。そのとし子の魂の呼びかけに全身をとらえられているのが、なんとか標準語をつむぎ出そうとしている賢治のほうだ。つぶやくような低い声で言葉にしている賢治が、そこにうずくまっている。打ちのめされたように弱々しい言葉だ。

「永訣の朝」はだから、とし子の岩手方言をこそ息を吸って強くひびかせるように読まなければならないのである。そのときこの詩は、天地をつらぬく挽歌の悲傷を浮かび上がらせるのではないだろうか。賢治の魂呼《たまよ》ばいに応答するとし子の、あたかもカミの声のような叫びが地上に降ってくるのである。

そのようなくっきりA明暗を分けた光景が、(注)さきの長岡輝子さんのすばらしい朗読でもかならずしもはっきりしていない。とし子の声が天界の奥から垂直に降下してくるようにはとらえられてはいない。賢治とし子がただ向かい合っているような気配だけが伝わってくるのである。

翌年の七月、――賢治は何を思ったか、青森から北海道へ、そして樺太への旅に発つ。教え子の就職あっせんという仕事をかかえてはいたが、本当のところはとし子の魂の行方を追いかける旅であった。それはこの傷心の旅のさなかに書かれた「青森挽歌」や「オホーツク挽歌」をみればわかる。

八月一日、深夜十二時半の連絡船で青森を発ち、翌早朝五時に函館に着いている。二日、旭川・稚内をへて、樺太大泊行きの連絡船に乗る。大泊からは車で東海岸沿いに豊原市へ。そこからは汽車で栄浜へ出たが、その砂浜でとし子との魂の交信を試みた。

「青森挽歌」のはじめに出てくる言葉に目をとめよう。

[I]
あいつはこんなさびしい停車場を
たったひとりで通っていったらうか
どこへ行くともわからないその方向を
どの種類の世界へはひるともしれないそのみちを
たったひとりでさびしくあるいて行ったらうか

とし子と交信するための助走である。このときとし子はまだ姿をあらわしてはいない。宗谷⑤カイキョウをわたり、車窓に身を寄せて東海岸を北上するにつれてオホーツクの海が眼前にひろがってくる。果てしない広漠たる天空……。

車輌がきしみ、すると大きく眼をあけたとし子があらわれた。その声がきこえてきた。なつかしい岩手弁ではないか。

[II]《おらあど死んでもいゝはんて
あの林の中さ行ぐだい
うごいで熱は高ぐなっても
あの林の中でだらほんとに死んでもいいはんて》

「おらあど死んでもいい」は「無声慟哭」のなかにも出てくるとし子のなつかしい（　a　）だ。その声を賢治はオホーツクへの旅のなかでもいつも聞いていた。その言葉が、いまこの樺太鉄道の車窓のなかにこだましている。ところがそのとし子の岩手弁に向かって、賢治はここでも標準語で応答している。

[III]　一千九百二十三年の

とし子はやさしく眼をみひらいて
透明薔薇の身熱から
青い林をかんがへてゐる
ファゴットの声が前方にし
Funeral march があやしくいままたはじまり出す　（「オホーツク挽歌」）

「永訣の朝」の招魂のドラマがここでも再現されている。標準語で呼びかける賢治、岩手弁で応答するとし子。とし子の「死んでもいいはんて」がファゴットの音に混じってひびいてくる。葬送行進曲の旋律にのってきこえてくる。

賢治はなぜ岩手弁でB語りかけなかったのか。せっかくとし子の悲しみの声を岩手弁のなかにとらえることができたのに、どうして自分の悲しみを標準語などでC説明しようとしたのだろうか。近代詩の形式がかれの心の自在な動きを抑制していたのかもしれない。おそらくそのためであろう。賢治のやせ細った標準語の破片が、とし子の情感あふれる岩手弁にすがりつこうとしている⑥テントウの光景がそこにあらわれた。その結果、ここでもDとし子の声をカッコのなかに封じこめてしまっている。そしてそのとき、賢治の心は挽歌の原郷、悲傷の泉からかぎりなく引き離されていたのではないだろうか。八月十二日、オホーツクへの旅から花巻に帰着したとき、賢治の心は深く傷つき、あの世とこの世に引き裂かれてしまった詩の言葉の前で立ちすくんでいたにちがいない。

（山折　哲雄「悲しみの精神史」より）

（注）前段で紹介されている朗読者

（二）傍線部①～⑥のカタカナを漢字で書き、漢字は読み方をひらがなで書きなさい。

(二)（ 1 ）〜（ 5 ）に入る適切な語句をア〜キから選び、記号を書きなさい。

ア　あるいは　イ　しかも　ウ　むろん　エ　しかし　オ　だから　カ　あたかも
キ　もはや

(三)　傍線部Ａ「明暗を分けた光景」とあるが、ここでいう「明」と「暗」はそれぞれどういうことか、本文に即して説明しなさい。

(四)（　ａ　）には詩歌に用いられる表現技法を示す言葉が入る。その言葉(カタカナ)を書きなさい。

(五)　授業の中で傍線部Ｂ「語り」と傍線部Ｃ「説明」の違いについて質問が出た。国語教師として、どのように説明するか、書きなさい。

(六)　傍線部Ｄ「とし子の声をカッコのなかに封じこめてしまっている。」のはなぜか、本文に即して説明しなさい。

(七)　[II][III]で応答されている二つの詩について、両者を関連させつつその鑑賞文を百字以内で書きなさい。なお「標準語」と「岩手弁」という語を必ず用い、例のように[　　]で囲むこと。(例　[標準語]は…[岩手弁]…)

(☆☆☆◎◎◎)

【二】次の文章を読み、(一)〜(五)に答えなさい。

そもそも、上手にも悪き所あり、下手にもよき所かならずあるものなり。これを見る人もなし。Ａ主も知らず。上手は、名を頼み、達者に隠されて、悪き所を知らず。下手は、もとより工夫Ｂなければ、悪き所をも知らねば、よき所のたまたまあるをもわきまへず。されば、上手も下手も、たがひに人に尋ぬべし。さりながら、能と工夫を極めたらんは、これを知るべし。

いかなる[注1]をかしき為手《して》なりとも、よき所ありと見ば、上手もこれを学ぶべし。これ、第一の手立なり。もし、よき所を見たりとも、「我より下手をば似すまじき」と思ふ[注2]情識あらば、その心に繋縛《けばく》せられて、我が悪き所をも、Cいかさま知るまじきなり。これすなはち、極めぬ心なるべし。また、下手も、上手の悪き所もし見えば、「上手だにも悪き所あり。（ ① ）」と思ひてこれを恐れて、人にも尋ね、工夫をDいたさば、いよいよ稽古になりて、能は早く上がるべし。もし、さはなくて、「（ ② ）」と慢心あらば、我がよき所をも、真実知らぬ為手なるべし。よき所を知らねば、悪き所をも良しと思ふなり。さるほどに、年は行けども、能は上がらぬなり。これすなはち、下手の心なり。

されば、上手にだにも、[注3]上慢あらば、能は下がるべし。いはんやかなはぬ上慢をや。よくよく[注4]公案して思へ。「上手は下手の手本、E下手は上手の手本なり」と工夫すべし。下手のよき所を取りて、上手の[注5]物数に入るる事、無上至極の理なり。人の悪き所を見るだにも、我が手本なり。Fいはんやよき所をや。「稽古は強かれ、情識はなかれ」とは、これなるべし。

（「風姿花伝」より）

（注1）をかしき為手……こっけいなほど下手な演じ手　（注2）情識……慢心に基づく強情・頑固な心

（注3）上慢……仏教用語の増上慢のこと。慢心とほぼ同じ意味。

（注4）公案して……工夫・思案して　（注5）物数…自分の演目

（一）第一段を口語訳させたところ、生徒は、傍線部A「主も知らず」を「主人も知らない」と訳したため、意味が取れなくなってしまった。そこで、正しい訳を示したうえで、「知らず」という状態になる理由を本文に即して説明しなさい。

（二）傍線部B「なければ」と傍線部D「いたさば」を用いて、「ば」について説明しなさい。

(三)　傍線部C「いかさま知るまじきなり」、傍線部F「いはんやよき所をや」をそれぞれ口語訳しなさい。

(四)　①、②に入る適切なものをア～オから選び、記号を書きなさい。

ア　さてはめづらしき事あるべし　　イ　我はあれ体に悪き所をばすまじきものを

ウ　初心忘るべからず　　エ　我は昔よりこのよき所を持ちてこそ名をも得たれ

オ　いはんや初心の我なれば、さこそ悪き所多かるらめ

(五)　傍線部E「下手は上手の手本なり」とあるが、どうしてそういえるのか、本文に即して分かりやすく説明しなさい。

(☆☆☆◎◎◎)

【三】次の漢詩を読み、(一)～(四)に答えなさい。

無題　　夏目漱石

人間誰カ道フ別離難シト
百歳ノ光陰指一弾
只ダ為ニ㆓桃紅ノ㆒訂ス㆓旧好ヲ㆒
莫令李白酔長安
風ハ吹キテ㆓遠樹ニ㆒南枝暖カニ
浪ハ撼《うご》カシテ㆓高楼ヲ㆒北斗□
天地有情春合ニ㆑識ル
今年今日又成スシ㆑歓ビヲ

(注)　○百歳…百年　○指一弾…指を一はじきする短い時間　○桃紅…桃花の紅さ
○訂旧好…昔からなじみ親しんできたものだとしみじみ思うこと
○北斗…北斗七星

(「漱石全集十二」より)

㈠　この漢詩の形式を漢字で書き、そう判断した理由とこのような形式の漢詩の構成を書きなさい。

㈡　次の①、②に答えなさい。

①　傍線部A「人間」の意味と、傍線部B「道」の読みを書きなさい。

②　第四句「莫令李白酔長安」に返り点を付け、書き下し文をすべて平仮名で書きなさい。

㈢　第六句の□に入る漢字一字を書きなさい。

㈣　傍線部C「天地有情」とあるが、一般に「天地無情」と言われている。作者が、「天地有情」としたことに留意して、第七句と第八句の口語訳を書きなさい。

(☆☆☆◎◎◎)

【中学校】

【二】次の(一)、(二)に答えなさい。

(一) 次の表は、中学校学習指導要領解説「国語編」の各学年の目標である。（　a　）～（　h　）にあてはまる語句をア～タから選び、記号を書きなさい。

	A　話すこと・聞くこと	B　書くこと	C　読むこと
第1学年	(1)　自分の考えを大切にし、目的や（　a　）に応じて的確に話したり聞いたりする能力を高めるとともに、（　b　）を大切にしようとする態度を育てる。	(2)　必要な（　c　）を基にして自分の考えをまとめ、的確に書き表す能力を高めるとともに、進んで書き表そうとする態度を育てる。	(3)　様々な種類の文章を読み（　e　）を的確に理解する能力を高めるとともに、（　f　）に親しみものの見方や考え方を広げようとする態度を育てる。
第2学年及び第3学年	(1)　自分のものの見方や考え方を深め、目的や（　a　）に応じて的確に話したり聞いたりする能力を身に付けさせるとともに、（　b　）を豊かにしようとする態度を育てる。	(2)　様々な（　c　）を基にして自分の考えを深め、自分の立場を明らかにして、（　d　）に書き表す能力を身に付けさせるとともに、文章を書くことによって生活を豊かにしようとする態度を育てる。	(3)　目的や（　g　）に応じて文章を読み、広い範囲から（　h　）を集め、効果的に活用する能力を身に付けさせるとともに、（　f　）を生活に役立て自己を向上させようとする態度を育てる。

ア　叙述的　イ　材料　ウ　意図　エ　要旨　オ　場面　カ　教材　キ　標準語
ク　論理的　ケ　結論　コ　状況　サ　読書　シ　情報　ス　敬語　セ　資料
ソ　話し言葉　タ　内容

㈡　選択教科としての「国語」の「課題学習」について、学習活動の例を一つあげて、具体的に書きなさい。

（☆☆☆◎◎◎）

【高等学校】

【一】㈠、㈡に答えなさい。

㈠　高等学校学習指導要領「国語」について①に、高等学校学習指導要領解説「国語編」について②に答えなさい。

①「国語総合」の「内容」の〔言語事項〕ではどのような事項について指導することが述べられているか、適切なものをア～オから三つ選び、その記号を書きなさい。

ア　文や文章の組立て、語句の意味、用法及び表記の仕方などを理解し、語彙を豊かにすること。

イ　常用漢字の読みに慣れ、主な常用漢字が書けるようになること。

ウ　文法や漢文訓読に慣れ、日本文学の成り立ちや特質について理解すること。

エ　読書意欲を喚起し読書力を高めるとともに、情報を収集し活用できるようになること。

オ　目的や場に応じた話し方や言葉遣いなどを身に付けること。

②　高等学校の国語の必履修科目について説明した文である。（　1　）～（　3　）に入る適切なものをア～サから選び、記号を書きなさい。

高等学校の国語の必履修科目は（　1　）か（　2　）のいずれか1科目であり、（　3　）。

ア　国語表現Ⅰ　　イ　国語表現Ⅱ　　ウ　国語総合　　エ　古典　　オ　古典講読　　カ　現代文

キ　現代語　　ク　1学年で履修するように定められている

ケ　この二つを並行して履修させることはできない　　コ　履修する学年等は特に指定していない

サ　他の科目はこれらを履修した後に履修させることが定められている

(二)「国語総合」の「読むこと」で、次のような授業を行った。①、②に答えなさい。

単　　元　　古文入門―「児のそら寝」

単元の目標　文章に描かれた人物、情景、心情などを(　　　)。

配当時間　　3時間

指導計画　　第1時　歴史的仮名遣いに注意して「児のそら寝」を音読し、表現の特色に気付く。

　　　　　　第2時　語句の意味を確認しながら内容の大体を理解する。

　　　　　　第3時　ワークシートを用いて各場面に現れている登場人物の心情を把握し、「児」の心情について話し合う。

① 高等学校学習指導要領の「内容」の指導事項を踏まえて、(　　　)に入る適切な語句を書き、単元の目標を完成させなさい。

② あなたが、この授業を行った場合、生徒の学習状況について評価する際に、国語の評価の五観点のうち、どの観点についてどのような評価を行うか、書きなさい。

(☆☆☆◎◎◎)

解答・解説

【中高共通】

【二】(一) ① 退 ② なきがら ③ 悲傷 ④ 遺言 ⑤ 海峡 ⑥ 転倒 (二) 1 ウ 2 エ 3 キ 4 カ 5 オ (三) 「明」は、カミの声のようなとし子の声。「暗」は、挽歌の悲傷を浮かび上がらせる賢治の魂呼ばい。 (四) リフレイン (五) 解説参照 (六) 近代史(口語自由詩)は、話し言葉を文体化した標準語を基調とする。そのため、方言であるとし子の声をカッコで閉じたのである。 (七) 解説参照

〈解説〉 (一) 同音異義語、同訓異字に注意し、文脈に添うように表記すること。 (二) 接続詞や副詞の意味と空欄前後の文の内容を正しく把握し、適切な語を補充すること。 (三) とし子の天界の奥から垂直に降下する声(明)と賢治の天地をつらぬく挽歌の悲傷(暗) (四) 反復することばのリズム(おらあど死んでもいい)。 (五) 会話における「語り」(音声の言語)は、標準語に限らず方言を含むが、方言は地域性があり限定的。標準語は、幅広く人々に詩を理解させる共通語であるために説明に適している。ただ、悲傷などの情感を伝えるためには、「語り」ほどの迫真性はない。 (六) 近代詩は、言文一致運動による口語文体の確立を目ざした。言文一致運動は、東京の中流階級の「話し言葉」を中心に教育制度を通じて文体化を図ったものである。口語体(標準語)に対して、一方、地方による特殊な話し言葉、方言「仲間うち言葉」として存在する。とし子の声をカッコで閉じたのは、近代詩の形式(口語自由詩の標準語の基調性)に関係している、という筆者の考えをヒントにする。 (七) 方言の特殊性、地域性、血縁性等にふれ、「仲間うち言葉」としての岩手弁。一方、標準語は、共通語として国内外の日本語として一般性、普遍性を持つこと内容に含め、鑑賞文を書くこと。

(五)の「語り」と「説明」に関連させてもよかろう。

【二】(一)(例)「主」は「ぬし」と読む。「主人」の意味ではなく、「当人・本人」の意味。前の文は、「上手の芸にも欠点があり、下手にも必ず長所があるがそれを見分ける人もいない」と解釈する。「知らず」は、「そのことについて本人も自覚していない」という意味である。　(二)　接続詞の「ば」は、活用語の未然形につければ「仮定条件」の内容になり、活用語の已然形につけば、「既成条件」の内容になる。Bは「なし」(形容詞・ク活用)の已然形＋「ば」で後者。Dは動詞「いたす」(サ行四段活用)の未然形で前者。　(三)　C　おそらく自覚できないであろう。　F　まして良い所を見つけて学ぶ効果は絶大であろう。　(四)　①　オ　②　イ　(五)(例)　どんな下手な役者であっても、その芸にすぐれた点があれば、上手がその芸を自分の芸に取り入れ一層充実させることが大切だから。

〈解説〉(一)「主」(あるじ)と読めば、「主人」。「ぬし」は、「主人」の意もあるが、ここは「当人」。(二)　接続動詞「ば」は、①順接の仮定条件を表す(用言・助動詞の未然形につく)。②順接の確定条件を表す(用言・助動詞の已然形につく)。　(三)　C「いかさま」は、「多分。恐らくは。」の意。「まじき」は打消推量の「まじ」の連体形。Fは、抑揚形「人の悪き所を見るだにも、我が手本なり」を受けている。　(四)　前後の文を正しく読解し、筆者の考える能のあり方(上手・下手)を文脈に即して整合させること。　(五)　E以下の文と第二段落「いかなるをかしき為手なりとも~上手もこれを学ぶべし」を説明に加える。

【三】(一)　七言律詩。七字八句の漢詩。三句と四句、五句と六句が対句。第一句末と偶数句末が押韻されている。　(二)　①　A　人間(ヒト)・俗世間。ここは前者。　B「言う」　②　莫レ令三李白酔二長安一りはくをしてちょうあんによわしむるなかれ　(三) 寒　(四) (例) 天地に喜怒哀楽の感情があることを、春こそ心得ているはず。今年の今日、春(私)は喜びにあふれている。

〈解説〉(一) 五字・七字で八句形式の漢詩をそれぞれ「五言律詩」「七言律詩」という。唐代に確立された近代詩の一種。二句を一組として聯(連)と呼び、首(起)聯・頷(がん)聯・頸(けい)聯・尾聯と称する。第三句と第四句(頷聯)と第五句と第六句(頸聯)が対句をなし、五言律詩では偶数句末、七言律詩では第一句末と偶数句末に押韻する。(二) ①「人間」は、「にんげん」と読めば「ヒト」。「ジンカン」と読めば「俗世間」。二句の「百歳光陰指一弾」から考えて、ここは「にんげん」と読む。②「莫」は「勿」と同じ否定詞。「令」は「使」と同じく使役形をつくる。ここは、「李白」の字が李(すもも)の白さとも読めるのを利用し、「桃紅」の対語とした語戯。(三) 押韻との関係で、偶数句の六句は、南枝暖に対する「北斗寒」の対語。「暖」にも押韻されている。(破格) (四)「有情」は、人間や鳥獣の動物の感情ある存在を対象にするがこの詩では、「春」を擬人化して、「天地有情」として、「春こそは心得ているはず」としたのである。「識」は「知」と同義。「成歓」の主格は、春とも読めるし、漱石自身とも読める。

【中学校】

【一】(一) 第一学年　a オ　b ソ　c イ　e タ　f サ　第二学年及び第三学年　a オ　b ソ　c イ　d ク　g ウ　h シ　f サ　(二) 解説参照

〈解説〉(一) 学習指導要領改訂により従来の「A 表現」「B 理解」の二領域が、「A 話すこと・聞くこと」「B 書くこと」「C 読むこと」の三領域に改訂された。さらに、第一学年と二学年および第三学年の二つの学年に統括され、言語能力育成の内容が一層充実したものになっている。中学生の心身の発達に応じ、各領域の学年目標は低学年の学習を基礎にし高学年では、より発展的な内容になっている。(二) 旧学習指導要領で初めて、「国語」が選択教科に加えられ、新学習指導要領においても明文化されている。これは生徒の能力・適正、興味・関心等の多様化が進む中で、生徒の個性を生かす教育の充実を図るためのものである。そのための学習の一つに「課題学習」がある。例えば、「地域に根ざした国語教育」の一環として、郷土の文学の調査や「地域の言葉の特色」(方言研究)等が挙げられる。

【高等学校】

【一】 (一) ① ア、イ、オ　② 1 ア　2 ウ　3 コ　(二) ① 表現に即して読み味わうこと。

② 解説参照

〈解説〉(一) ① 「国語総合」の「言葉事項」は、各領域の指導を通して行われる「国語力の基礎となる国語に関する事項」である。文字や文法、語句、語彙等、音声言語および文字言語に関連したものが内容をなしている。ウとエも大切な指導内容であるが、示されていない。② 「国語表現Ⅰ」と「国語総合」は、選択必修で並行して履修させることは不可ではないが、単位数(前者は2単位、後者は4単位)の関係で問題がある。サの規定はない。　(二) ① は「国語総合」の「C 読むこと」のウに示してある。② 国語評価の観点は、絶対評価を基準にし五つの観点で評価する。「読むこと」の指導では、学習指導要領の目標に照らしその実現状況を見る「生きる力」の知的側面「確かな学力」を定着させるため、「国語への関心・意欲・態度」「読む能力」「言語についての知識・理解・技能」が評価の観点になる。生徒の自己評価、第三者の評価を評価資料として取り入れて活用することもふまえて、自分の評価の観点を述べること。

●書籍内容の訂正等について

弊社では教員採用試験対策シリーズ（参考書，過去問，全国まるごと過去問題集），公務員試験対策シリーズ，公立幼稚園・保育士試験対策シリーズ，会社別就職試験対策シリーズについて，正誤表をホームページ（https://www.kyodo-s.jp）に掲載いたします。内容に訂正等，疑問点がございましたら，まずホームページをご確認ください。もし，正誤表に掲載されていない訂正等，疑問点がございましたら，下記項目をご記入の上，以下の送付先までお送りいただくようお願いいたします。

> ① **書籍名，都道府県（学校）名，年度**
> （例：教員採用試験過去問シリーズ　小学校教諭 過去問　2025 年度版）
> ② **ページ数**（書籍に記載されているページ数をご記入ください。）
> ③ **訂正等，疑問点**（内容は具体的にご記入ください。）
> （例：問題文では“ア～オの中から選べ”とあるが，選択肢はエまでしかない）

〔ご注意〕

○ 電話での質問や相談等につきましては，受付けておりません。ご注意ください。

○ 正誤表の更新は適宜行います。

○ いただいた疑問点につきましては，当社編集制作部で検討の上，正誤表への反映を決定させていただきます（個別回答は，原則行いませんのであしからずご了承ください）。

●情報提供のお願い

協同教育研究会では，これから教員採用試験を受験される方々に，より正確な問題を，より多くご提供できるよう情報の収集を行っております。つきましては，教員採用試験に関する次の項目の情報を，以下の送付先までお送りいただけますと幸いでございます。お送りいただきました方には謝礼を差し上げます。

（情報量があまりに少ない場合は，謝礼をご用意できかねる場合があります）。

◆あなたの受験された面接試験，論作文試験の実施方法や質問内容

◆教員採用試験の受験体験記

送付先	
	○電子メール：edit@kyodo-s.jp
	○FAX：03-3233-1233（協同出版株式会社　編集制作部 行）
	○郵送：〒101-0054　東京都千代田区神田錦町2-5　協同出版株式会社　編集制作部 行
	○HP：https://kyodo-s.jp/provision（右記のQRコードからもアクセスできます）

※謝礼をお送りする関係から，いずれの方法でお送りいただく際にも，「お名前」「ご住所」は，必ず明記いただきますよう，よろしくお願い申し上げます。

教員採用試験「過去問」シリーズ

青森県の
国語科 過去問

編　集　© 協同教育研究会
発　行　令和6年2月10日
発行者　小貫　輝雄
発行所　協同出版株式会社
〒101-0054　東京都千代田区神田錦町2－5
電話　03－3295－1341
振替　東京00190－4－94061
印刷所　協同出版・POD工場

落丁・乱丁はお取り替えいたします。
